Financial Cooperation in Northe
The Next Decade

东北亚金融合作

未来十年

刘澜飚　柳　明◎著

天津出版传媒集团

天津人民出版社

图书在版编目（CIP）数据

东北亚金融合作 ：未来十年 / 刘澜飚，柳明著. --
天津 ：天津人民出版社，2022.12
ISBN 978-7-201-18170-7

Ⅰ. ①东… Ⅱ. ①刘… ②柳… Ⅲ. ①金融—国际合
作—研究—东北亚 Ⅳ. ①F833.1

中国国家版本馆CIP数据核字（2023）第057930号

东北亚金融合作 ：未来十年
DONGBEIYA JINRONG HEZUO : WEILAI SHINIAN

出　　版	天津人民出版社	
出 版 人	刘　庆	
地　　址	天津市和平区西康路35号康岳大厦	
邮政编码	300051	
邮购电话	（022）23332469	
电子信箱	reader@tjrmcbs.com	

责任编辑　佟　鑫
装帧设计　明轩文化·李晶晶

印　　刷	天津新华印务有限公司	
经　　销	新华书店	
开　　本	710毫米×1000毫米　1/16	
印　　张	20.5	
字　　数	280千字	
版次印次	2022年12月第1版　2022年12月第1次印刷	
定　　价	99.00元	

谨以此书,献给为东北亚金融合作而不懈奋斗的人们。

新的时代　继续前行

王述祖

　　二○二一年，是伟大的中国共产党建党一百周年。中国在这一百年中，发生了翻天覆地的变化。中国人民在中国共产党的领导下，取得了巨大的成就。特别是在改革开放以来，中国的经济建设日新月异，以前所未有的姿态开创着这个堪称奇迹的时代。当然，随着中国经济的崛起，我们面对的压力和困境也在逐渐地增加。从外部来看，美国率先挑起的贸易战，全球范围内的新冠肺炎疫情，全球产业链遭受的重大挫折，以及原油市场和原材料市场的剧烈波动，都给中国未来的经济增长带来了相当大的压力；从内部来看，从拉动内需到对外投资，从需求侧到供给侧，从产业结构到科技创新等各方面也都来到了调整转换的关键时期。如何在这转型期内百尺竿头更进一步，顶住压力实现可持续增长，并进而真正地跻身于世界强国之列，成为我们目前发展的首要问题。

　　但值得注意的是，老牌资本主义发达国家并不会真正地希望见到中国和中华民族的复兴和崛起，他们必然会不断地设置障碍，阻碍中国未来的发展进步，设置所谓的"中等收入陷阱"。因此从现在开始，到中国真正地跨越中等收入，成为发达国家之前，中国必然会面临着以美国为首的西方国家主导的持续性挑战。想要突出重围，中国的全球化布局也必然将做出相应的调整。一方面，中国会一如既往地坚持和平和双边、多边合作，通过"一带一路"倡议，拓展自己的国际发展空间；另一方面，中国也必须继续学习国际上先进的、有效的经验，才能让自己顺利地迎接未来的光明前景。无论从哪个方面来看，东亚地区在未来的十年都将特别重要。

首先，东亚地区是中国对外经济关系的核心利益所在。我们可以将东亚地区分为东南亚和东北亚。从贸易角度看，中国是东北亚区域日本、韩国、俄罗斯的第一大贸易伙伴，而日本、韩国和俄罗斯则分别是中国第四、第五、第十大贸易伙伴。东南亚国家作为东盟这个整体，已经与中国互相成为第一大贸易伙伴。东亚地区的贸易交往，是中国对外经济关系中最稳定、最坚固的基本盘。维持良好的贸易关系，同时基于良好的贸易交往来维持良好的经济关系，对中国未来的经济发展至关重要。从产业结构角度来说，东南亚区域凭借低廉的劳动力具备了承接中国大量产业转移的能力；而东北亚地区，尤其是日韩，在产业结构上仍遥遥领先于世界上大多数经济体，在科技领域也处于世界前沿。从某种意义上来说，东亚各国在很多产业链中分别处于上下游或者是直接的竞争对手，同时在更多的领域中，各国都面临着全球其他区域的竞争，也需要更多的合作。这种产业链中竞争与合作并存的关系，对于中国而言也必须十分重视，一方面我们希望中国的产业结构不断提升；另一方面，只有处理好产业结构的合作竞争关系才能与东亚各国互惠共赢。

其次，东亚地区是中国地缘政治的核心利益所在。从外部压力来说，因为东亚区域的经贸合作十分密切，所以对于美国等西方国家来说，对中国的遏制战略就不可避免要对中国和平合作发展东亚经济政治关系进行干预甚至破坏，以此来拖延、阻碍中国的崛起。美国对亚洲的影响力仍然非常巨大，日本、韩国，甚至包括东盟的越南、菲律宾等国都不可避免地在美国的裹挟下,在某些特定的时期与中国的利益发生局部的冲突。特别是从东亚区域走向更大的亚太地区的时候,中美之间的矛盾很可能在未来十年更加激烈,东亚各国很可能也会面临被迫选边的局面,这样的局面显然不是中国希望见到的。因此中国必须在东亚区域合作甚至亚太区域合作中运用高超的政治智慧和外交智慧,尽量维系良好的地缘政治关系,努力协调维护东亚的整体发展势头,实现经济包容性增长。

再次,东亚区域是中国可以践行互惠互利的重要一环。这里值得注意的一个事实是,世界上能够从"中等收入陷阱"中走出,实现向发达经济体跨越的经济体,至今只有日本和"亚洲四小龙"(韩国、新加坡、中国香港和中国台湾)。尽管这背后有美国为了遏制中国而给予的支持,但不可否认的是,这几个经济体的增长历程也都具有一定的特色。中国与东亚国家在社会经济文化等各领域的相似性和互补性都非常明显,与东亚国家之间的互相合作、互相学习,将十分有利于中国克服眼前的困难,取得更大的成功。

正是因为如此,东北亚乃至东亚的经济合作,对于中国而言十分关键。在过去四十多年改革开放的历程中,东北亚区域合作经历了众多的艰辛,但是在各国有识之士的共同努力下,东北亚区域的合作一直在砥砺前行。在这个进程中,我们的很多老朋友付出了许多的努力,但是近一段时间以来,很多老朋友陆续与世长辞,特别是中国亚太研究会会长邹平先生、东北亚经济论坛主席赵利济先生的故去让我们万分悲痛。但是,我们坚信,他们乐观坚定的合作精神仍将继续鼓舞着我们奋勇前行。

在这段极其关键的历史时期,我们对东北亚国家的合作未来进行了一些评估,同时兼顾了东盟和亚太地区的总体合作分析。这既是回顾,也是展望。我们希望我们在未来的十年中,能够继续坚持和平、合作和发展,为中国营造更美好的地缘政治经济环境。

我们将继续努力!

| 序 二 |

东北亚金融合作：坚持的力量

张晓雁

近年来，世界政治经济形势发生了深刻变化，从特朗普时代到拜登时代，美国挑起的贸易摩擦不断升级。疫情下，美国在其国内政治经济的压力下不断制造矛盾，使得亚太地区特别是东北亚区域不断发生各种冲突。同时，美国试图影响日韩等国，给中国的发展增加阻碍。在这一宏观背景下，中国始终坚持践行多边主义，反对逆全球化倾向，携手维护自由贸易体系，努力化挑战为机遇，共同推进地区合作发展。习近平总书记在2021年的博鳌亚洲论坛年会上强调，20年来，亚洲国家深入推动区域经济一体化，协力促进经济社会发展，推动亚洲成为全球经济最具活力和增长潜力的地区。作为亚洲大家庭重要成员，中国不断深化改革开放，积极推动地区合作，与亚洲同进步，与世界共发展。

落实习近平总书记关于亚洲发展的战略要求，应当深刻把握外部环境变化的新特征，抓住机遇，以创新性思维和务实精神，深入谋划推进区域一体化发展的新路径，积极探索搭建于我有利、多方受益的多边合作新支点。金融是发展的核心要素，金融合作是区域合作的重要内容。共建东北亚经济圈,实现均衡、普惠、可持续发展,需要获得与本地区利益需求相适应的金融合作平台的更多支持。当前,不失时机地主动推进以金融合作为战略抓手的次区域金融合作,是中国在东北亚地区发挥更大作用的重要选择。

东北亚金融合作,符合中央关于东北亚地区合作的战略构想,是落实"睦邻、安邻、富邻"政策的有力抓手,是完善金融开放布局的重要一环,是推动区域一体化进程的务实举措。其对我国发展的战略价值主要体现在:

1.有助于增强我国维护地区和平稳定发展的主动权

东北亚地区是我国实现周边外交政策的核心所在,也是营造"总体有利周边环境"仍需"补强"的地区。利用地区形势重返正轨、向好变化的契机,突破长期制约区域一体化发展的瓶颈障碍,整合"碎片化"合作,消除壁垒,加强互通,不仅符合区域内国家应对全球性挑战的共同利益,也为地区互信开放合作扩展了新空间。有关国际机构预测显示,未来十年东北亚国家自身以及跨境的交通、能源、环境等基础性领域建设的融资需求缺口年均将达700亿美元以上。因此,我们要主动推进多边金融合作的机制性安排,使其更好导向日韩等主要经济体,同时协同我国合理有效配置资金资本,利用统一的投融资平台,更好地支持东北亚互联互通、联合开发多边合作和可持续发展等项目;构建东北亚平等互惠均衡的新型发展伙伴关系,在未来配合政治外交手段,打破美国妄想控制东亚的局面和遏制中国发展的图谋,将东北亚经济金融合作的主动权牢牢把握在自己手中。

2.有助于拓展我国推进"一带一路"建设的新空间

东北亚是"一带一路"空间布局的重要起始点和战略依托,二者关联紧密、互为支撑。积极引导区域内国家加强自身战略和利益关切与"一带一路"建设对接契合,可形成东北亚多元可持续发展同"一带一路"深化合作开放的共赢局面。目前看,东北亚方向与"一带一路"相关项目启动的还不够多,需要投融资机构的支持。

近年来,中日韩专家提出在东北亚实施"两圈一廊"(中日韩三国环首都经济合作圈、中朝俄蒙联合开发大图们江地区经济圈、中蒙俄经济走廊)合作倡议,把区域合作开发目标具体化,符合"一带一路"的共建宗旨和原则。通过金融合作为"两圈一廊"等项目提供投融资支持,不仅可以促进东北亚新增长点的形成,也为亚欧大陆桥东部起点区域培育新动能、拓展"一带一路"建设的连接点和辐射线起到了推动作用。东北亚金融合作还可以协同其他区域的次区域金融机构在"一带一路"沿线共同为第三方市场的合作项目提供融资支持。通过金融合作机制,导向日本等国化解政治偏见、消除风险疑虑、参与"一带一路"建设,使东北亚的经济技术优势更多转化为"一带一路"的依靠力量。

3.有助于提升我国推动构建国际金融新秩序的影响力

党的十八大以来,我国主动提出并参与设立亚洲基础设施投资银行、金砖国家新开发银行、上合组织银行等多边金融机构,在共建新型国际金融体系中发挥了独特作用。从现实和长期发展需要看,谋划和选择新的战略突破点,继续完善多层次金融布局符合国家的根本利益。积极完善东北亚金融合作机制,有益于与亚投行相辅相成、双轴并进,形成于我有利的层次清晰、各有侧重、互为补充的区域多边开发金融网络格局,提升中国在推进世界金融体系改革和国际金融合作中的话语权。帮助中国应对复杂多变的国际环境带来的挑战,展示中国坚决维护全球化和多边主义的国际形象,分化美日抵制区域金融合作的态度。

4.有助于为我国重大开放发展战略的实施提供动力支持

东北亚金融合作对我国特别是北方地区的发展有着特殊意义,一是可以促进落实京津冀协同发展战略。通过发挥国际融资功能作用,支持雄安新区的基础性建设,助力滨海新区面向东北亚提升开放发展水平,推动环首都经济圈形成深化中日韩合作的新支点。二是可以促进实施振兴东北战略。通过发挥多边投融资机制作用,打开我国东北地区与俄蒙朝等周边国家进行国际产能合作的通道,将长吉图地区培育成为带动次区域发展的高地,把东北地区建设成为我国向北开放的重要窗口和东北亚地区合作的中心枢纽。三是有助于拓展我国未来发展的国际空间。通过发挥国际金融合作平台作用,协助我国参与北冰洋开发和北太平洋经济圈合作,开辟新的欧亚北美通道,为我国的国际区域合作争取战略主动。四是为中日韩自贸区和自贸协定谈判提供动能,促进东北亚经济共同体建设。

因此,尽管我们所处的地缘政治错综复杂。但是各国的有识之士已为此付出了长期不懈的努力,虽然促成合作的历程是艰辛曲折的,但我们坚信,我们一直以来努力研究的成果,将能够为推动东北亚区域金融合作拓宽思路构想,提供多条可供选择的路径。

我们必将成功!

东北亚金融合作——重塑未来

2020年应该算是人类历史上最苦痛的年之一。突如其来的新冠肺炎疫情极其深刻地改变了人类发展的轨迹。比如,病毒隔开了正常社交的距离,加剧了地区冲突和矛盾,影响了全球化发展进程。遗憾的是,在这样的全球性灾难面前,一些国家的政府部门似乎并没有展现出人们所期望的合作、勇敢和坚强。相反,在短短的时间里,面对着全人类的共同敌人,沮丧、嘲讽、猜忌、甩锅、互相指责,甚至是极端情绪,都在疫情的阴影下为人性的劣根性做着注解。这是时代的悲剧,也是时代给我们提出的警示。在这个风起云涌的历史的十字路口,看似未来的答案并没有确定的方向,但也并不是无迹可寻,只不过显然需要各国政府鼓起更大的勇气,承担更多的责任和下定更大的决心。

可是这并非易事。在人类的历史进程中,很多事件的发生既是偶然,也是必然。作为领先的经济体,可以看到自己羽翼之下的其他经济体模仿、增长,却绝对不乐于见到自己被超越。二次世界大战已经过去四分之三个世纪,经历过那种血腥和惨痛的一代人已经渐渐老去,退出历史舞台。他们在二战后构建的全球化框架、格局和思想精髓,显然需要年轻一代更好地继承和领会。技术的进步和超越,恰到好处地与全球经济贸易的爆发融合并互相促进,互联网的使用更是拉近了世界各地区间的相互联系,也使得合作的模式和手段更加丰富。但是,强化的联系也必然导致利益冲突变得更加显著,而利益方面的矛盾和冲突会导致意识形态领域的进一步撕裂。激烈的交锋开始广泛地渗入各个领域,也使得区域间合作变得更加错综复杂,难以突破。

人类社会终将走向未来,但是未来是什么样子? 事实上对我们来说,还处于未知阶段。以全球范围作为讨论基础,问题会显得非常庞杂和宏大,在本书中,我们会立足全球视野,扎根于东北亚这个次区域,对过去的工作进行总结,同时也对未来做一些期待和展望。我们起的书名《东北亚金融合作:未来十年》就是基于这样一种思想,我们希望充满着历史纠葛、地缘政治以及经济挑战的东北亚区域,在未来的一段时间仍然能够保持和平、合作和发展的理念,继续我们过去五十年的努力,实现共赢。

一、经济理论的挑战和未来思考——全球视野

只有解决了全球的经济问题,才有可能理解全球的冲突来源,才能重新凝聚全球的合力,共同应对类似疫情的全人类的挑战。

因此,我们首先要了解当前世界的严峻局面。必须清楚的是,疫情并不是目前经济问题的根本原因,但的确是目前全球经济困境的加速器。它加速扩大了全球泡沫,并带来了全球债务规模的显著膨胀,这也就使全球通过缓慢变革消除苦难的努力愈发艰难。而无论从实践中,还是理论上,各国的决策当局根本没有时间进行调整,也没有办法做好充分准备。同时,经济停滞的压力也使得各国在面对疫情到来时显得进退两难。隔离政策可以有效地阻止疫情的蔓延和扩散,但是全球产能的迅速下降将使得很多国家立刻面临着返贫、破产甚至饥荒的可能。快速恢复生产、恢复贸易或许可以缓解燃眉之急,但是同样,疫情必然伴随着贸易链、产业链和人口流动而迅速恶

化。目前全球医学专家的共识是人类将与新冠肺炎的病毒长期共存,因此,人们的视线必然将会重新回到经济发展上来。但是经济环境与此前相比已经发生了翻天覆地的变化,很多经济理论的初始条件、假设和逻辑也已经被不断地取代或突破。在这些新的条件和形势下,人们必须回溯和反思目前全球经济的根本问题和挑战,并迅速找到可行的研究和发展路线,这对人类社会的未来十分重要。

那么抛开新冠疫情不谈,当前全球最大的经济问题是什么？理论上说,仍然是市场与政府的关系。二战之后全球经济的发展十分迅速,当前的市场规模已经数十倍的超过任何时代,这就使得很多传统的被奉为殿堂的主流经济理论都面临着一定程度的挑战。2008年的次贷危机给美国经济带去了巨大的冲击,传统经济学认为政府不该干预市场,但是实践中自由市场的扩张和无序却带来了严重的经济、金融危机,甚至带来经济衰退的风险。为了克服经济持续下行的压力,美国货币当局开启了救市的所谓"量化宽松"的货币政策。日本、欧洲、新兴经济体,也包括中国在内的各国的各种扩张政策开始纷纷跟随,特别是日本。"量化宽松"一词本身,就是20世纪初日本央行最先推行的全面扩张的政策,也是"安倍经济学"的核心政策,于是世界就此开启了流动性过度充沛的时代。

但是流动性的过剩并不必然带来真实消费和真实投资的增长,市场上充沛的流动性必然带来投机的盛行。因此,金融资产的价格走势与实体经济的关联越来越松散脱节,甚至在很多时候背道而驰,所以传统经济理论中的市场自我调整机制事实上正处于失灵或半失灵的状态。庞大的市场规模导致市场调整愈发困难,后果也越来越难以承受。这就导致政府承受巨大的压力,不得不迁就市场,甚至要持续不断地拯救市场。政策的作用越来越大,但副作用也同时增加,一方面政府需要扮演救世主的角色,另一方面政府的责任、职能和规模也会越来越膨胀,庞大的政府功能进一步限制了市场的自我调整机制。

不仅如此，传统的经济模型在70年代增加了理性预期，其后变得越来越完善。但是当规模庞大的市场上，越来越多的人开始对资本迷信和对政府的政策进行预期性博弈，就使得市场资本确信"大而不能倒"，这就导致了理性预期转向了非理性预期。不断增加的筹码也让经济赌局变得更加恐怖，政策当局的货币扩张规模越大、速度越快，就越难以带来人们的真实消费和实体投资的增长，只是源源不断地在增加人们的投机欲望。资本市场和各种虚拟资产价格的膨胀进一步增加了人们的贪婪，也增加了一旦爆发风险后产生的破坏力。这种担忧更加坚定了政府救市的决心，这就导致了危险只能不断累积。例如债务理论，债务的可持续性已经从举新还旧发展到了举新债还利息，只要利息还得起，那么债务就是可持续的。这种模型对原有的债券的利率结构和期限结构理论造成了重大冲击，因为它忽略了至关重要的一点，就是期限错配的债务将不断累积，其规模终将庞大到一个恐怖的数字。当市场信心一旦彻底坍塌，政府的救市完全失灵，那么各国的经济是否能够承受后果？显然，对这个问题的答案相当悲观。

因此，与其说是因为疫情导致一些国家政府和经济当局不断地互相指责和甩锅，不如说早在2009年美国开启量化宽松来缓解次贷风险开始，美国就已经开始试图通过另类手段将这种不确定的风险转向其他国家了。从美国的奥巴马时代积极推动TPP(泛太平洋伙伴关系协定)开始，美国就已经开启了新的经济思维。当传统的国际贸易条件不利于美国时，美国的第一个方案是打破自己一手推进的世界贸易组织，另起炉灶，将可能在国际贸易领域具备比较优势的竞争对手全都排挤在外。当然在TPP谈判进程中，美国又意识到在新的体系中，固然可以将竞争对手排挤在外，但是也无法解决自身市场流动性泛滥的问题，而放弃了潜在的市场就意味着放弃了增长的潜力，这就会进一步造成实体经济的萎缩。于是，特朗普政府给出的方案是直接退出美国自己一手推动的TPP，直接开启美国单边主义。但是这项政策对美国和对世界其他国家的伤害同样严重，也是特朗普最终黯然下台的主要原因之一。拜登政府对美国的贸易和外交政策进行了修正,但是对美国实质性的两难选择仍旧一筹莫展。

正是在这样的经济忧虑之下,拜登政府选择了继续沿袭特朗普政策,转移国内矛盾,把中国作为主要对手,对从疫情中渐渐复苏的中国进行打击。除了它传统的盟友欧洲之外,日本、韩国,甚至东南亚都被美国裹挟着对中国的政治、经济,乃至领土主权等各个领域进行了全方位的压迫。但是,这对目前美国甚至全球的经济主要矛盾绝非良方,相反可能是一剂毒药。排斥中国并不会解决美国自身的流动性过剩和非理性预期带来的市场崩溃风险。而且,当今世界,没有任何一个国家能够承受失去中国市场的代价。当然,中国同样也会蒙受巨大的损失。一旦美国及其盟友们发生系统性风险,这个世界面临的严峻局面将远远超过1929年的大危机,这都将是这个世界难以承受之重。

美国政策的转向,意味着二战之后,特别是1970年代以来全球化的进程面临着严峻的转型。按照传统的国际经济、国际贸易和跨国公司理论,全球化的贸易体系带来的好处显而易见。对于以美国为代表的发达国家来说,贸易分工越来越细,使其可以将附加值低的产业向劳动力成本低廉的发展中国家转移,而仅保留高产品附加值的研发和市场环节,以此获取更高的利润。同时,全球消费者得以享受成本降低带来的全面福利。但是这同时带来一个严重的问题,那就是每一个国家,包括发展中国家都会努力推动自己的产业不断升级,因为只有如此才能摆脱自己在产业链中处于低端地位的局面,从而摆脱交易的劣势地位。而发达国家要想保持自己的全面领先地位,就必须在技术领域不断提升。但是,随着全球经济社会的发展,技术的边际进步越来越困难,发达国家很难继续保持领先地位的时候,也就势必会重新审视全球化的负面作用。在产业进程上试图利用非贸易壁垒排除新兴市场国家,阻止其持续的产业升级给发达国家带去的冲击,但是在资本进程上还希望在金融领域继续推进全球化,用以化解自身的资产泡沫化带来的金融风险。金融全球化加速伴随着产业全球化的退潮，这样矛盾的情况给经济理论带来了另一个巨大的冲击。

除此之外，经济增长的路径问题又被重新提到经济理论的核心地位。从新古典主义的经济增长理论框架来看，技术进步应该是经济的核心，对经济增长起着非常重要的作用。同时，制度经济学一直试图从制度角度解读经济增长的差异。1980年代，制度经济学家开始注意到"亚洲四小龙"的经济增长与众不同，因此从制度的视角讨论了东亚经济高效的政策效力，庞大的投资拉动和密切的政企关系对经济增长的促进作用，但是后来因为1997年东亚金融危机导致该声音逐渐暗淡。主流经济学家认为缺乏实质性技术进步的经济增长不可持续。当然，在2000年以后，几乎全球的经济增长都落入了增长陷阱，质变性的技术进步似乎越来越难以实现。

历史上，以蒸汽机、铁路和内燃机、电为代表的第一次产业革命和第二次产业革命，对人类历史最大的作用是使得人均劳动生产率获得了显著提高，从而推动了人类社会生产力的迅速进步。这两次产业革命也同时极大地改善了人们的生活水平。从人类社会发展的角度看，过去200年生产的产品价值超过了历史之前所有的产出之和。这也让人类对未来充满了信心，对第三次、第四次产业革命充满了期待。然而，1970年代以来，当人类满怀信心的进入"信息技术革命"时代之后，这种情况却似乎发生了微妙的变化。无论是在西方发达国家还是在一些发展中国家，人们都能够强烈地感受到计算机、互联网技术给我们生活、工作等各方面带来的巨大变化，尤其是移动互联网让世界范围的交流变得便捷流畅。"信息时代""后工业时代"或"数据时代"等几乎成了最热门的话题。按照之前的人类社会发展经验，信息技术革命应该如产业革命，也就是工业技术革命一样，大大提高人们的生产效率，给全球经济带来又一次的繁荣。然而，真实的经济增长数据却未能达到预期设想。经济学家很难从统计资料上看到生产率得到快速增长这一事实。20世纪70年代以来，美国的年平均劳动生产率增长为1.6%左右，即使是在信息技术革命发展迅猛的90年代,劳动生产率增长也仅为1.26%,反而呈现一种下降的势头。相比之下,20世纪初到20世纪70年代的劳动生产率年平均增长为2.3%,特别是50年代、60年代这一增长分别高达3.0%和2.6%。可以说,火车的出现和电的发明给人类带来了半个多世纪的文明,而令人难以置信的是,倍受人们追捧的信息技术革命却没有带来应有的增长。

实际上,这种被称为"生产力悖论"的反常情况不仅出现在美国,其他发达工业国家也莫不如此。正是因为这样,东亚增长模式,从制度经济学角度应该有可能被重新提起并研究。因为即使是号称最自由的经济,从纯理论的视角看也早已经偏离了原有的轨道,而政府政策的边界和力度,也因为中国经济的快速崛起而被重新探讨。中国模式有何特殊性? 能否被复制? 是否会埋下未来经济危机的诱因? 以及投资拉动基础设施改善为核心的增长能否持续? 全产业链条共进式发展和科技从仿制到赶超是否会给其他经济体带来"产业空心化"?"一带一路"的目的和意义能否实现? 这些问题都在新的经济理论体系中被反复提起。

因此,经济理论包括宏观政策、增长和贸易都面临着严峻的挑战,如果传统理论最终被修正,那么这就是一个需要有所突破、有所作为的变革前夜。如果在实践中,人们最终发现传统理论仍旧发挥巨大的作用,而不能够被证伪,那么现在开始,全球性的经济与金融危机的序幕就将徐徐拉开。这无论如何都需要我们倾其所有的加强基础理论和政策的研究,以及以开放包容的姿态对成果进行分享,共同合作面对未来世界的挑战。

二、从历史中去展望——东北亚的选择

人类社会处于变革的前夜。对于21世纪的我们来说,这种未知既可以带来期待,也可能带来恐惧。迄今为止,无论是经济理论的学者还是经济政策的制定者和实践者,对当今市场的理解都尚显不足,甚至对金融系统方面的知识也相当欠缺。

1929 年的大萧条时期,胡佛总统和罗斯福总统必须根据如今看起来少得可怜的基本信息来做出政策决定。他们统计了铁路运输火车的数量,还有工业产出、工厂就业和商店的销售情况。因此美国后续发展了国家账户以便更好地测量经济,使用诸如国民(国内)生产总值的概念。自那以后,一系列金融和经济数据统计方法和详细处理它们的方法在世界上相继问世。然而,随着金融系统的日益庞大,今天的政策制定者几乎重新处于那样的境遇。无论政策制定者还是金融参与者,所面对的金融市场环境的复杂程度都远远超过了人们的认知。诸多金融创新带来的风险几乎都是未知的。无论是 20 世纪 70 年代发展起来的资产证券化,后来基于此类理论膨胀造成的美国次贷危机,还是当下基于区块链的虚拟货币,监管层的应对意见都始终无法统一。尽管新的宏观审慎监管致力于维持金融系统的稳定性,但是危机还是暴露了大家在认知上的差距。特别是"影子银行系统"的扩张,包括那些经常可以规避开监管的非银行金融机构。在金融危机恶化之时,表外业务往往被用来创造出更多层次的中介,使得情况变得更加不透明。对冲基金、货币市场基金和场外衍生金融产品等的数据信息或者不存在,或者非常稀少,这些严重的缺陷有可能成为金融系统中最具有杠杆作用的部分。针对这些问题,由单一国家构建起有效的监管体系和观察体系是非常困难的。理想的办法是构建起一个庞大的全球监管体系来处理这些问题,而事实上这难以实现。即使是国际货币基金组织、世界银行和世界贸易组织这些全球性经济组织,在处理这类多边问题时也都显得力不从心。因此,我们更需要的是从区域视角来开启这种合作进程。

我们的研究为什么要限定在东北亚区域? 答案其实很简单。中日韩的合作是东北亚合作甚至是亚洲合作最核心的内容,应该获得更多的重视。从经济视角来说,中日韩具备合作最得天独厚的优势:第一是发达程度都较高。无论在经济体量、研发水平、全球经济地位等各方面,中日韩三国都分别处于全球领先地位,也正因为如此,作为东北亚区域核心国家的中日韩三国的经济发展相对均衡。与其他的次区域相比,东南亚区域尽管成立了东盟,而且东盟已经成为全球区域内次区域合作的经典范例,但是东南亚区域国家经济发达程度远远不足,金融市场的实践能力和经济影响力也与发达国家和地区有较大的差距。前面讨论所述的监管合作问题也基本不在东盟目前的考虑范围。北美区域因为美国一家独大造成了严重的失衡,欧洲区域同样存在严重失衡问题。第二是中日韩自身对未来的发展有共同的利益趋向。除了贸易之外,能源、交通物流、环境气候、旅游、人工智能和大数据,甚至高科技领域都有着诸多的共同利益和合作空间。第三是中日韩三国还面临着同样的问题挑战。例如,东北亚区域正在成为全球老龄化最严重的地方。日本作为全球老龄化最严重的国家,在过去的几十年中新生儿数量不断下滑,导致了在未来几十年内人口和劳动力不足将成为日本经济复苏的障碍。韩国则在2018、2019和2020,连续三年内创纪录地成为全球人口总生育率最低的国家。而中国的东北地区,也毫无疑问成为中国人口生育率的垫底区域,其人口生育率甚至远低于日韩两国。不仅如此,人口的加速流失还使得中国东北这个老工业基地发展变得举步维艰。俄罗斯远东的人口流失同样也在加速度进行。面对这一困境,应该如何扭转?在未来五十年,人口问题将会给东北亚地区带来严重甚至致命的挑战。从解决路径来看,单纯的鼓励生育政策并不能解决问题。推动科技进步,强化养老服务是日本给出的发展方向。而加强经济增长,改善年轻人(育龄人口)的生活条件,提升就业机会,将很有可能是未来唯一的发展路径,这就更加需要扩大市场,增强合作,提升互联互通。因此,即使全球化受阻,区域化合作也是必须要坚持的。

东北亚区域,特别是中日韩的经济增长之路与西方的主流思想本就存在差异。即使经历了所谓的"失去的二十年",经历了1997年东亚金融危机,日本传统的政企合作模式也从未被放弃。雁阵理论,从东北亚和东南亚产业升级的历史进程来看,仍然是比较准确的。同样,在中国市场经济改革中，政府的力量发挥了巨大的作用。韩国的财阀体系等也都是值得深入研究的，与西方主流经济理论不一致的领域。

在贸易领域，日本在特朗普退出TPP后，独自擎起了后美国时代的TPP大旗，并且坚持与欧洲签署了全面自由贸易协定，其原因就是日本当局仍然在坚持着多边合作原则。对于东亚经济来说，这种坚持难能可贵，也为我们在后疫情时代应对美国逆全球化道路提供了另一种思路。东亚国家理应继续坚持多边合作，在区域内部逐渐放松经济管制和贸易壁垒，以拓展更大的发展空间。

但是，从目前来看，东北亚区域尽管经济合作和贸易合作表现尚可，但是实质性深入的合作远远不足，也并没有形成合力。究其原因，是因为东北亚区域面临的挑战一直在不断变化。从历史视角来说，尽管第二次世界大战已经过去七十多年，朝鲜战争也已经过去半个多世纪，但是中日韩之间的民族情感一直并未真正恢复。不仅如此，历史上遗留下来的领土争端从目前来看仍会持续困扰东北亚各国。甚至某种意义上，在可以预见的将来这些问题仍将给东北亚国家带来各种矛盾和极大的变数。除此之外，美国的经济、金融问题也会对中日韩造成系统性影响。抛开经济、金融领域，面对强势的美国，日韩在政治、军事和文化等领域也同样处于绝对的劣势。而面对日益崛起的中国，在未来的十年、二十年甚至更长的时间内，美国的反应只会越来越激烈。因此东北亚区域所面临的问题将会更加复杂。

对于日本和韩国而言，这个时期最困扰的问题将是如何处理中美之间的矛盾。美国对中国的孤立政策，因为地缘政治和经济结构的梯度问题，对日韩造成的损失可能会远远超出想象。中日韩之间经济贸易往来十分密切，产业上的各种合作也十分深入。一旦在美国的裹挟下，日韩与中国强行脱钩，这两个国家以及东北亚区域所受的经济负面冲击将无法避免。若同时爆发由资本市场或者债务问题诱发的全球性危机，日韩两国更会面临极其艰难的局面。

这样的情形显然是东北亚区域各方不希望见到的。从中国视角来看，我们应该竭尽全力，在未来一段时间内尽量保持与美国的竞争性合作，避免脱钩。同时，中国更应该从区域合作入手，全力维系东北亚区域的和平、合作和共同发展。同样，日韩两国也需要一个稳定的中国市场，各方存在着共同的利益诉求。因此，避免利益冲突，最正确的思路必然是暂时搁置争议，通过寻求利益共同点，各方共同发展。中日韩应在合作中消除隔阂，使得争议的问题逐渐淡化，甚至平息。

三、未来十年——新的合作领域

东北亚经济合作最开始的传统领域是大图们江开发。1992年，在联合国开发计划署的倡导下，中、俄、朝、韩、蒙五国共同启动了图们江区域合作开发项目。早期的合作以设立经济开发区为主，加强交通物流基础设施建设，但是其在推进过程中并不顺利。各国间缺乏有效的沟通机制、经济实力差距较大，以及全球经济体系和国际形势的复杂变化，使得该阶段各国的发展重点都放在内部核心地区，很大程度上限制了图们江次区域经济合作的发展。

而在同一时期，这些合作上的不足、局限与障碍也被有远见的政治家所关注到。他们认为，依托当时的中日韩发展水平，将合作局限在一个图们江流域的开发，显得过于局部和狭小。早在1991年东北亚经济论坛第一次年会上，由当时的中国国务院发展研究中心主任马洪先生和韩国前总理南德佑先生就分别独立提出了建立东北亚区域性金融机构的建议，并得到了当时与会者的普遍支持。这是东北亚合作事业中建议成立东北亚开发银行提议的由来。后来经过各国专家商谈正式确定新的金融机构名字为东北亚合作与开发银行（简称东北亚银行）。

此后，经过三十年的讨论、分析和总结，并随着东北亚经济发展状况适时进行调整，各国专家形成了一系列关于设立银行的可行性与必要性的历史文件，并数次向各国政府层面汇报。这个次区域多边开发性金融机构的提议立足于更广泛的基础,将东北亚具体的功能性合作,特别是包括交通能源等领域的跨境基础设施合作统一到了一个更宏观、更透明、更易于操作的平台上。

早期对东北亚银行建立必要性的分析,主要集中在推算东北亚区域基础设施升级的迫切性和资金的匮乏程度上。后来韩国方面的研究逐渐拓展到建立这样一家金融机构对朝鲜半岛和平将有极大的帮助。再后来日本政府表示,自己作为发达国家,在多边开发性金融机构中主要扮演出资者的身份,而且由于已经存在亚洲开发银行,再建立这样的金融机构会增加自己的负担。于是专家们的研究再次拓展,进一步考虑东北亚区域的特殊性,这个拟议中的特殊的次区域多边金融机构应该与其他开发性金融机构不同,要将自下而上扶贫式运营转向盈利式运营。随着中国的崛起,中日韩三国事实上均有能力单独开展大规模的基础设施建设投资融资活动,对东北亚银行的主体功能的研究又再次强调开展跨境基础设施建设合作的必要性。近年来,加上对与亚洲基础设施投资银行关系等一系列问题的讨论,有关建立东北亚银行的研究已经相当广泛。这些研究本身体现了东北亚经济的发展动向,遗憾的是,东北亚银行的民间筹备论证尽管比较充分,但一直未能在政府层面取得明显进展。

即使如此,几乎中日韩所有相关领域的专家学者都认识到金融合作的重要性几乎不容置疑,且这种重要性也在不断演进。那么除了考虑设立一家次区域多边开发性金融机构之外,我们还需要怎样的金融合作? 在未来的十年,随着全球的经济政治结构的演变,东北亚的经济合作显然也需要更大的突破。我们也需要讨论未来的合作与发展模式,因此,我们既是抛砖引玉,也是对未来抱有期待。

金融合作为什么重要? 我们首先需要了解金融为什么重要。金融除了能够提供融资、投资服务,帮助基础设施建设和实体行业发展以外,金融还是一种机制、一种理念,是过去半个多世纪全球发展的核心领域。因此我们需要探讨的合作,除了继续坚持开发性金融合作支持跨境基础设施建设以外,还应该包括金融风险预警与监管合作,绿色金融协调机制,养老金融的互助机制等。

一是金融风险预警与监管合作。在过往的半个多世纪中,作为世界头号强国的美国一直在依赖现行金融体系和军事实力强力推行和维护美元体系的特殊地位。一般情况下,美联储会在美国经济低迷之时大幅放松货币政策,向市场释放大量的美元,增加美元流动性,并降低利率;随后,充沛的美元像潮水一般涌向全球,推高大宗商品价格,掀起资本市场的牛市,美元的低利率助推了海外的美元信贷;再后,美联储适时地开始收紧货币政策,提高利率水平,于是大量的美元资本抛售掉这个周期中大幅增长的全球资产换回美元,其后如潮水般的美元回流回美国市场。因为资产被抛售,其他各国市场就会发生动荡,严重依赖美元经济体的货币就开始大幅贬值,企业出现破产潮,经济出现危机,同时也出现美元短缺危机。1989—1990年日本资产泡沫的破灭,1997—1998年的东亚金融危机,甚至南美洲的若干次危机,欧元区的债务问题,都或多或少是基于这样的逻辑导致的后果。

单一的国家面对这样的局面很多时候会力不从心。以日本为例,从日本开启的"量化宽松"货币政策,事实上在美国的频繁使用和疫情当前的全球经济困境下已经膨胀到了一个非常大的规模,那么可否还将持续?如果不能持续的话,应该主动退出还是被动退出?有无适合的退出机制?一旦受到全球的影响,如何才能减小自身经济受到的冲击?如果美国现在开始紧缩退出刺激政策,日本将受到怎样的冲击?韩国又会受到怎样的冲击?中日韩能否有机会,在美国的高压孤立政策之外,另外建立起一个新的合作体系,继续坚持多边合作,建立起宏观经济的稳定合作体系、金融风险的预警体系?以及,在美国货币扩张和收缩时,如何通过合作来缓解这样的冲击?这可能是东北亚区域金融合作未来一段时间需要认真思考的一系列问题。

这个金融宏观合作框架需要涵盖如下的功能:首先就是金融风险的预

警机制。任何风险都不是无迹可寻的，因此需要信息的提示和共享。信息资源合作体系事实上不仅局限于金融领域，包括疫情信息等也都可以分享。从金融视角来看，金融科技信息和风险监控信息应该排在金融合作的首位，这也是东北亚区域的核心利益诉求。

从单一国家内部来看，金融数据很可能并不难获得。但是，我们可以设想一下：一个庞大的，持续更新的数据表，借款投资、跨境行为、金融机构互相关联的资产负债表，所有被监管和不被监管机构之间的内在联系和资金风险都在其中。决策者可以依赖现代科技手段完成数据的收集和整理，但是仍旧很难迅速有效地分析和得出结论。算法更是变得举足轻重，当一个集体性市场恐慌发生，决策者必须决定何时行动时，庞大的信息及复杂的算法反而可能会增加决策的困难程度。

危机一旦发生，在从初现端倪到逐渐发力的过程中，政策制定者和监管者会跟大多数人一样，理性化地重视一些显而易见的坏的方面，如高涨的房价，银行的资产水平触底等。正因为如此，金融危机的主要原因往往并不是缺乏统计数据，而是未能正确的解释数据和未能采取弥补措施。

纵观历史，二战结束后，全球范围内的金融危机一般是起始于一个国家，然后迅速蔓延到相关或相邻的经济体，形成区域性危机。在危机造成实质性影响之后，国际货币基金组织等国际金融机构的反应与实质性介入才会姗姗而来。然后，再经过长达数月甚至数年的商谈研判，才会在提出诸多条件之后给出解决问题的基本方案。这就使得，尽管国际货币基金组织能够发挥一定的作用，但依然在预警能力和风险发生后的阻断能力方面饱受诟病。因此，作为经济结构高度相关，贸易往来极其密切，地理位置非常接近的区域或者次区域，在危机蔓延的第一时间，从区域互助角度进行预警和相关的政策协调，将十分有助于区域金融的整体稳定。这其中包括理论研究的指引，政策实施的信息交流和央行高层的紧急磋商机制等。

技术层面的金融监管协调机制也同样重要。金融风险的发生必然受到金融市场变化的直接影响。随着金融市场的发展,金融自由化水平不断提高,新技术、新产品不断出现,金融市场的运行方式和监管模式也在发生变化。一方面,金融自由化程度的提高,使得外汇管制的程度有所下降,资本流动程度更高。此时,金融业务和金融产品不再局限于某个特定的地区,这使得传统单一地区的监管模式逐渐失效,跨地区协作需求上升。另一方面,随着金融自由化和金融新技术的发展,跨区域服务的成本降低,促进了全球性金融市场和国际化金融机构的发展,这也为金融监管协调机制提出了新的要求。与此同时,各类交叉性金融工具的出现,使得不同区域、不同国家、不同行业间的联系大大增强,此时如何建立与之对应的金融监管协调机制逐渐成为一个重要问题。

二是绿色金融合作。近年来,越来越多的国家开始重视气候变化和可持续发展。为共同应对气候和其他环境挑战,防范其引发的金融风险,绿色金融作为金融和环境议题的有机结合,已经成为国际合作的重要内容。数据显示,目前全球已有132个国家承诺21世纪中叶实现碳中和。2020年9月,习近平总书记在第七十五届联合国大会一般性辩论上提出中国碳达峰、碳中和的时间表,即二氧化碳排放力争于2030年前达到峰值,努力争取2060年前实现碳中和。"双碳"目标的设定,为绿色金融的发展提出了新的要求,也为相关国际合作提出了新的课题。

气候变化所带来的气候风险会对经济、金融体系产生结构性影响。从风险视角来看,气候变化会带来自然灾害的上升,并严重影响金融体系和宏观经济的安全。一方面,在保险领域,气候风险,特别是地震、洪涝、干旱等物理风险的上升,使得保险公司被迫集体撤回承保或提高保费,保险覆盖率有所下降。同时,物理风险导致的抵押品价值的下降,使得家庭和企业信贷约束收紧,进一步降低了金融系统和实体经济的运行效率。此外,物理风险可能带来预防性需求急剧增加,对经济、金融系统稳定产生影响。在这一过程中,人们的风险偏好可能发生变化,进而对金融市场稳定造成长期影响。

另一方面,气候变化还会对通胀和产出产生负面影响,增大央行宏观调控难度。气候变化会加剧农业生产的波动性,从而影响全球食品价格走势。并且随着生物能源份额增加,能源价格波动将更加难以预测,从而加剧总体通胀率的波动。最后是随着碳达峰和碳中和目标的临近,碳价也将成为影响物价的重要路径,通胀预期也将随之上升。

此外,绿色经济的发展必然会促进绿色金融市场和绿色交易的快速发展。在实践领域,韩国政府已于2020年推出"绿色新政",日本2021年2月也颁布《绿色债券指引》。与发达国家相比,中国仍处于工业化、城镇化进程中,而目前中国宣布的从碳达峰到碳中和的时间较欧美发达地区则要短得多,这就造成了中国的碳中和曲线斜率更陡峭,因此需要付出更加艰苦的努力。区域层面的合作也在有序推进,在东亚及太平洋中央银行行长会议的组织下,各方正探讨通过亚洲债券基金投资本地区绿色债券。在东盟与中日韩财金合作机制下,各方正研究绿色和可持续基础设施投资。近期,东盟财长和央行行长决定设立绿色分类标准委员会,制定符合本地区需求的多层次绿色金融分类体系。绿色发展和碳排放问题是经典的经济学领域中的外部性问题,国际性政策对周边相邻国家存在巨大的影响。因此,在东北亚区域内进行绿色金融政策协调、建设绿色标准体系、支持碳减排、促进跨境绿色投资等方面具备广泛的合作前景。

三是养老金融的合作。从全球各国的人口发展数据来看,世界人口正在快速地变老,全球人口老龄化的步伐正在急剧加快,人口老龄化已成为当今世界突出的社会问题。退休人口数量增加、人类寿命延长及控制人口出生数量已使劳动力短缺,加重了劳动人口与整个社会的负担。当前,在全世界190多个国家和地区中,约有60个已进入"老年型"。人口老龄化将从根本上改变社会局面、商业战略和政府政策。人口老龄化的趋势甚至会使地区和全球的力量平衡发生倾斜,因为一些经济体受到阻碍,而另一些经济体则依靠仍然充足的劳动力继续增长。很不幸的是,从日本、韩国到中国,也包括俄罗斯远东地区,东北亚地区作为一个整体,因为人口老龄化,未来面对的经济压力要比世界上绝大多数地区严峻得多。

日本是世界上老龄化最严重的国家之一,人口老龄化导致劳动力减少,65岁以上的老年人占日本人口已经超过28%。预计到2050年,65岁及以上老年人口数将达40%左右。与之对应的,老年抚养比目前已达到51%。韩国也同样面临着巨大的冲击。预计到2040年,65岁以上的老年人将占韩国总人口的33%,伴随着老龄化的进程,韩国也面临着严峻的少子化的冲击。韩国总和生育率逐年下降,2018年和2019年韩国总和生育率为0.98和0.92,而2020年这一数值下降至0.84。韩国成为世界上生育率最低的国家之一。与发达国家相比,我国人口基数大、生育率下降快,老龄人口增长进程愈发加速。特别20世纪60年代,第二次出生高峰所形成的大规模人口队列相继跨入老年期,使得中国的人口老龄化水平从最近几年短暂的相对缓速的演进状态转换到增长的"快车道"。而中国的东北地区,面对着更大的压力,东北地区的总和生育率已经低于韩国。

面对这种情况,东北亚各国的医疗保障体制、福利保障体系已难以匹配将要到来的老龄化时代的社会人口年龄结构,特别是社会保障体系会面临巨大的挑战。作为中日韩以及俄罗斯远东面临的共同挑战,劳动力不足带来的影响将会是深远而又无法弥补的,而解决问题的关键在于通过促进经济增长带来更多的就业机会和改善大众生活条件。而贸易、金融的合作显然会给东北亚地区创造更多的机遇。这其中包括建立高端的跨国多边养老模式,中端的现代数字经济人工智能网络养老服务平台,低端的社区家庭养老信息共享平台,以及构建起养老服务水平评估体系、养老金融服务体系等。所有这些不仅亟得开发,而且有着广泛的应用前景。

四、积极行动,展望未来

在合作的道路上,困难依然存在。当下,中美关系几乎降至建交以来的冰点，并且很可能在未来相当长的一段时期内仍维持这种局面。不仅如此，美国对中国的所谓"遏制"还拓展到对其盟友的威逼利诱。这将不可避免地导致很多国家被迫选边站队，使得中国的外交政策和外贸政策面临前所未有的困难，包括"一带一路"倡议在内，都面临着严峻的挑战。在这种情况下，中国亟须寻求更可依赖的国际生存空间和经贸空间，也更需要寻求更可依赖的政治经济贸易伙伴。东北亚区域因此变得至关重要。

中国对外发展的道路上，东北亚应该是最重要的核心区域之一。从政治关系上看，中美关系变冷以后，中国在亚太地区的发展面临了较大挑战。事实上，美国从奥巴马政府致力于重返亚太并且推行TPP开始，到特朗普的贸易战，再到拜登政府遏制中国政策的延续都可以看出，亚太地区是美国的核心利益，也是中国的核心利益所在。在这片地区的利益冲突，将直接影响中国未来的发展前景。日韩作为经济强国，天然地成为地缘政治中非常重要的国家。对于这一点，日韩国家的领导和精英层面与中国的认知是一致的。在中美关系下滑的期间，日韩会成为双方角力的重要伙伴。与大多数的美国传统盟友不同，日韩两国一直以来试图成为地缘政治方面独立性较强的大国、强国，并且能够在某种程度上摆脱对美国的依赖。因此，他们必然会从自身利益出发，尽力从中美双方的矛盾中获取自己最大的利益。也就是说，尽管日韩会被美国强行要求"选边站队"，但他们与中国的关系的全面改善却也会出现前所未有的机会，这也正是中国目前最有利的破解美国封锁的重要武器。

与日韩关系的改善与合作，将会成为中国与美国关系渐冷以后，中国开展与美国"软竞争"的主战场。从经贸关系上看，中国与东北亚各国的科技、经济和贸易往来十分重要，而且潜力巨大，因此日韩对东北亚的态度非常关键。日本长期以来一直坚定地扩大自身在亚洲的影响力，与中国在东南亚、南亚和西亚的很多领域竞争的目的也正是基于日本自身经营亚洲的策略。正因为此，日本政府在中国经济腾飞的过程中有犹豫和质疑，但同时也有着强烈的了解意愿和参与意识。近期中美关系渐渐冷却，日本也开始摇摆，但这不能动摇中国加强合作的决心。对于中国来说，日本作为全球第三大经济体，其丰富的发展经验和国际合作经验都是其他任何周边经济体所无法比拟的。日本同时也有着长期与美国处理贸易纠纷和汇率矛盾的经验和教训，这些经验对中国将十分宝贵。日本对东北亚合作近来采取了非常积极的态度，这给东北亚区域和平合作和发展增添了新的契机。

从我们实践的方面看，中日韩合作前景广阔，潜力巨大。除了前述的主要金融合作工作以外，中日韩为核心的东北亚经济合作其实还有更多的领域涉猎其中。从21世纪最初十年，日韩对产业空心化的担忧到今天中国产业向东南亚外移的产业领域合作，从制造业的产业升级历史到新制造业的合作，从数字经济到人工智能领域的合作，从能源、新能源、替代能源、可再生能源到与其他资源的开发和合作，以及中日韩服务产业合作，如文化和旅游产业，健康医疗产业的区域规划，医疗信息共享平台，多边医疗服务产业链的构建等领域的合作，交通物流产业的合作（基于东北亚区域物流网络和互联网的、服务于中小企业的大产业链金融平台），金融服务合作（互相开放资本市场投资路径，全面开放金融机构的业务等）等，东北亚区域都有着广泛的合作空间。在这之中，金融既是平台，也是媒介，更是机制，对诸多领域的合作具备显著的稳定、促进和提升作用。

我们坚信，在如此众多的领域中，只要我们积极行动，就一定可以寻求到最多的共同利益、最优的合作模式和最强的合作动力，将和平、合作和发展坚持下去，为这片东北亚人民的沃土继续谱写幸福的篇章。

2022年10月12日

目　录

▶ 第一章
全球化与区域经济合作——疫情冲击与未来预期

第一节　新冠疫情对世界经济的冲击

　　2020年初,新冠肺炎疫情暴发并在全球范围内蔓延,新增确诊、死亡病例在疫情暴发初期均呈几何式增长。此后随着全球管控力度的提升和疫苗的推行虽有所缓解,但是各种病毒的变异仍在持续冲击着人类。截至2021年8月,全球累计超过2亿人口确诊患病,累计死亡超过400万,尽管很多人可以康复,但是感染病死率不低于2.1%,特别是60岁以上老年人的死亡率比其他年龄段人群高几十倍。基于以上因素,新冠肺炎成为人类历史上流行最严重的疾病之一。

　　新冠肺炎疫情给全球经济带来了猛烈冲击。在疫情发展初期,由于没有疫苗和其他更加有效的防疫方法,各国政府不得不采取社交隔离、停工停产,甚至关闭边境等封锁措施来减少人员接触,降低传染概率。新冠疫情下各国实施的"大封锁"措施首先对局部地区的生产、需求、产业链与供应链带来巨大冲击,阻碍了国际贸易与资本流动。随着时间的推移,大封锁对国际供需关系、经贸关系的冲击还严重影响了各个国家以及全球的宏观经济表现。在经济的重压下,各国在疫苗逐渐覆盖大部分人群后开始重新尝试恢复生产,重塑经贸关系,但是病毒的变异速度和传播速度过快,导致很多国家出现疫情的反复,这将给世界经济带来更大的不确定性。

一、疫情对产业链和供应链的严重影响

新冠肺炎疫情主要通过生产中断以及运输、物流中断两条路径对产业链与供应链产生直接的负面影响(杨敏,2021)。全球化发展至今,世界商品生产的各个阶段多分散在全球不同国家和地区,全球分工生产的产业组织形式已经覆盖了全球超过2/3的贸易往来,即最终商品的原材料或者某一组成部分来自不同国家,而来势汹汹的新冠肺炎作为全球性传染疾病,直接对人员流动与聚集产生影响,各国政府为控制病毒的传播,不得不暂时采取封锁隔离等措施,由此造成了全球范围内的生产中断。在2019年底到2020年第一季度,疫情在中国暴发并大规模蔓延,中国国内供应链的阻断对全球产业链、供应链构成单向影响。中国在全球中间品市场的份额高达1/3,是全球120多个国家的最大贸易伙伴,作为世界工厂的中国在此次疫情中率先停工,直接导致中国贸易伙伴部分产业停产。如欧美日韩等国部分汽车生产商因无法获取零配件而被迫停产,原材料约65%来自中国的印度制药商也因不能从中国购取化工中间体而歇业,还有原辅材料55%~60%来自中国的越南纺织业也因为纺织材料的不可得而无法制衣。

除停工停产之外,运力短缺(特别是海运和空运)进一步使得中国供应链阻滞,并对全球供应链产生冲击。根据全球最大商业协作平台 Trade shift 交易量支付数据的分析可知,刨去2020年1月到2月份春节前后的影响,2月16日至23日的一周内,中国企业与国际公司之间的交易数量下降50%。根据2020年2月中旬美国供应链管理协会对美国企业的问卷调查结果可知,62%的受访企业遇到来自中国的订单交付延误,53%的受访企业难以从中国获取供应链信息,48%的受访企业在中国境内的货物运输出现延误,46%

的受访企业在中国港口装货出现延误(贺俊,2020)。

进入2020年第二季度后,中国疫情有所控制,开始稳步复工复产时,国外疫情急剧恶化,北美地区以及大部分欧洲地区商品需求量急剧下降,导致中国工厂复工复产后能够接到的商品订单也大幅下降,外贸退单潮显现。这波退单潮覆盖了欧美、拉美以及东南亚地区,尤其纺织服装、部分机电设备等行业的压力较大,使中国外贸企业再次陷入停产危机。欧美作为世界主要需求经济体,消费急剧缩减,巴西、印度、俄罗斯、伊朗等世界能源及原材料供给端均陷入经济停滞状态。这一时期,疫情给全球产业链、供应链带来的是大规模交互性的负面影响。

随着疫情的快速扩散,各国采取限制旅行、关闭边境等措施,阻碍了跨境货物运输,国际物流严重受阻,全球范围内的运力短缺导致部分依赖供应链的公司要以更加困难和昂贵的方式获得原材料、机器和设备等投入品。作为全球运输的核心,全球供应链中的关键环节,航空运输可以达到人员和货物的安全快速流动。疫情状态下,国际航空业萎靡不振,各国陆续缩减甚至关闭航空线路,严重阻断了全球供应链。据国际航空运输协会估算,2020年全球空运量同比下降63%,全球航空业因疫情损失4190亿美元,预计全球空运恢复至疫情前水平至少要到2024年。世界范围内物流运输的阻滞进一步中断了全球经贸链接。

二、国际贸易与资本流动受阻

2020年上半年,全球商品贸易受到剧烈冲击。第一季度商品贸易量同比下降3%;第二季度全球贸易初步估计显示,疫情及其相关封锁措施影响了全球很大一部分人口,全球商品贸易下降约18.5%,这一下降幅度是创纪录的。随着各国疫情防控效果的显现,以及疫苗的临床研发与推广,部分国家逐步复工复产,国际贸易的下降趋势在第三、四季度有所缓和,但2020年全球货物贸易量仍然下滑5.3%。世贸组织认为,虽然疫情使得全球各地区贸易往来都将受到严重影响，但也存在较大的区域差异。从出口方面看，亚洲受影响程度最小，同比降幅达到4.5%；其次是南美及中美洲地区，降幅为7.7%；此后降幅由小到大依次是其他地区（含非洲、中东和独联体国家）下降9.5%，欧洲下降11.7%；北美降幅最大，预计将达到14.7%。从进口方面看，各地区均将出现较为严重的下跌。其中，降幅最小的依旧是亚洲，同比降幅为4.4%；其次是北美地区，降幅为8.7%；此后降幅由小到大依次是欧洲下降10.3%，南美及中美洲地区下降13.5%；降幅最大的是其他地区（含非洲、中东和独联体国家），将达到16%。（王灏晨，2021）

截至2020年3月底，占全球经济总量80%以上的前20个经济体都实施了社交隔离措施。日本、英国、德国、阿联酋、韩国等国纷纷采取旅行和入境管制，使得国内旅游业及航空业严重萎缩，对全球交通、酒店、餐饮等相关全球服务贸易造成较大冲击。根据WTO的测算，2020年经济衰退期间，全球服务贸易活动指数从峰值125跌至当前低谷95，降幅约为24%，远超过2008年金融危机时的9%。

2020年WTO发布的贸易展望指数表明，前三季度景气指数延续了2019年四季度的下滑趋势。一季度该指数为95.5，低于2019年四季度的96.6，并低于100点的基线值；二季度新冠肺炎疫情进入全球大流行阶段，各国疫情防控措施趋紧，造成全球贸易急剧萎缩，贸易展望指数再度下降至87.6；到三季度时，WTO全球贸易景气指数（WTOI指数）仅为84.5，接近2008年全球金融危机时的低点。（王灏晨，2021）

新冠肺炎疫情给全球经济前景、市场预期、国际政治等方面均带来了极大的不确定性，全球跨境投资陷入低谷。根据《全球投资趋势监测报告》显示，2020年全球FDI总规模约为8590亿美元，较2019年下降42%，这是全球FDI自2005年以来首次低于1万亿美元。联合国贸发组织（UNCTAD）在其发布的《2020年世界投资报告》中指出，2021年全球FDI流量有望同比增长10%~15%，预计将于2022年回到2019年1.5万亿美元的水平。分地区看，发达经济体中,欧洲受影响更大,流向欧洲的 FDI 将下降 30%~45%,流向北美和其他发达经济体的 FDI 将下降 20%~35%。发展中经济体中,预计流入非洲的 FDI 下降 25%~40%,流入亚洲的 FDI 下降 30%~45%。(中国对外贸易形势报告,2020 年秋季)

三、全球宏观经济遭受强烈冲击

2020 年世界经济出现了 -3.3% 的历史性萎缩,尽管较国际货币基金组织在 2020 年的预测有所上升,但疫情影响下的全球经济增长率仍然低于金融危机时期的增长速度。根据各国公布的 2020 年经济增长实际数据,2019 年 16 个 GDP 超过 1 万亿美元的国家中,只有中国在 2020 年实现正增长,其余国家均为负增长。2020 年,各国的经济表现主要和疫情在国内的危害程度有关,对疫情防控越成功的国家经济表现越好。

从全球主要经济体来看,作为世界头号发达国家,拥有先进医疗体系的美国,在此次新冠肺炎疫情暴发中却因为国内疫情防控不力,成为现全球累计确诊新冠病例最多的国家。美国本土疫情在 2020 年 3 月下旬大规模暴发,股票市场作为经济的晴雨表,2 月底开始连续暴跌,国债收益率大幅下降,并且流动性紧张导致美元指数升至 100 点上方。第二季度美国 GDP 创纪录的暴跌 31.4%,美联储立刻实施了一系列超宽松货币政策,向市场注入流动性,并直接为实体企业提供信贷支持,以求稳定国内市场。在经济政策的强势刺激下,美国经济在第三季度后有所反弹,但由于疫情状况没有得到有效控制,2020 年 10 月起新增病例和死亡人数再次攀升,经济持续复苏的前景由此被蒙上阴影。最终,2020 年美国 GDP 增速降至 -3.5%,为 2008 年金融危机以来首次负增长,创 1946 年以来最低增长率。

欧洲方面,根据欧盟统计局公布数据,2020 年第二季度欧元区 GDP 环比断崖式下跌 11.8%,其中衰退最严重的西班牙下跌 21.5%,英国降幅也高达 19.8%。经过大面积"封城""禁足",欧洲疫情一度得到较好控制,经济也出现快速回暖,三季度欧元区GDP环比大增12.6%,英国反弹15.5%。然而经济的重启也带来了疫情的快速反弹,夏天过后欧洲疫情再度暴发,新增病例连创新高。为应对疫情二次袭来,英、法、德、西等主要欧洲国家11月相继重新实施"禁足令",但防控力度远不及春季时期。经历了"二次疫情"及"二次封锁",欧洲的经济复苏势头有所放缓。在疫情反弹的干扰下,2020年欧元区经济总体下滑6.8%,欧盟经济下滑6.4%。其中,法国2020年经济实际缩减8.2%,2020年德国经济实际缩减4.9%,降幅低于欧盟整体,成为拉动欧盟经济复苏的主要动力。

东亚地区的整体表现优于欧美,其中,中日韩三国的表现有所分化。中国是2020年全球唯一实现正增长的主要经济体,由于新冠疫情暴发,一季度国内经济大幅下降。但是随着复工复产工作的推进以及疫情防控初见成效,下半年经济运行状况逐步恢复正常。统计数据显示,2020年全年国内生产总值为101.6万亿元,同比增长2.3%。分季度看,一季度同比下降6.8%,二季度增长3.2%,三季度增长4.9%,四季度增长6.5%。中国经济实现了V型反转,经济复苏走在了世界前列,彰显了经济的韧性与活力,成为全球唯一实现正增长的主要经济体。2021年上半年国内生产总值同比增长12.7%,其中二季度同比增长7.9%,环比增长1.3%,两年平均增长5.5%,比一季度上升0.5个百分点。

2020年日本GDP下降了4.8%,出现11年来首次负增长,2020年二季度GDP年率下降29.3%,创下二战后最高季度降幅,日本政府一边深入贯彻疫情防控,一边积极推动社会经济秩序恢复,采取了防疫与经济复苏并立的政策,此后连续两个季度呈现较大复苏,但尚未恢复到新冠疫情前的水平。随着海外主要市场强劲复苏,日本出口同比增幅屡创新高。在对中国出口连续11个月保持同比正增长的同时,对美国和欧盟地区出口也连续增加,但个人消费复苏依旧缓慢。因此,2021年一季度日本季调后实际GDP环比收缩1.3%,而2020年四季度为环比增长2.8%;一季度实际GDP同比下滑1.9%,按年率计算降幅达到5.1%,通缩状态明显。CPI同比持续下跌,与日本央行2%的通胀目标相差较大。正因为如此,在2021年3月和4月举行的货币政策会议上,日本央行将政策利率维持在-0.10%的水平不变。尽管日本央行继续保持10年期国债收益率目标在0%附近不变,但将波动区间从此前的正负0.2%扩大至0.5%。日本内阁还于2021年3月27日批准了创纪录的106.61万亿日元(合9760亿美元)2021财年(2021年4月至2022年3月)预算。受一系列扩张的财政措施影响,2020年日本家庭储蓄规模创下三年来的新高,这部分抵消了工资增速下滑对家庭支出的冲击。

韩国2020年GDP降幅仅为1.1%,没有封城、停工。因其应对疫情反应快、检测广、措施严,迅速控制了疫情蔓延趋势,加之与率先复工的中国一直保持着频繁的贸易交往,因此,韩国虽然出现22年来的首次负增长,但在发达国家中受疫情的直接冲击是最小的。2021年6月底,韩国调整2021年的经济增速为4.2%,比此前预估高了1个百分点,创2010年以来的新高。

从中日韩的未来预期角度来看,作为全球最大的制造业基地,相对于其他全球的任何区域,中日韩三国在疫情期间的表现都相对良好,而且经济还受到了强劲外需的支撑。同样的道理,随着全球经济的持续恢复,一旦出口受挫,中日韩的经济增速可能也会面临诸多挑战。应该看到,中日韩三国的经贸往来将构成三国经济的最基本盘面,在未来的很长一段时间,东北亚区域内部的交流和需求都将会是区域内国家经济恢复和增长的主要动力。

从就业角度看,2020年受新冠肺炎疫情影响,全球劳动力市场遭到前所未有的破坏。2021年国际劳工组织(ILO)发布的《国际劳工组织监测报告:2019新冠病毒与劳动世界》报告指出,2020年全球工作时间损失占总时间的8.8%,相当于流失了近2.55亿个工作岗位,大约是2009年全球金融危机期间劳动力市场损失的4倍;工作时间的重大损失也使全球劳动力收入与2019年相比下降8.3%,相当于3.7万亿美元,约占2019年全球国内生产总值的4.4%。

2020年第二季度新冠疫情逐渐在全球范围内扩展，大量企业倒闭、裁员，造成失业率急剧攀升，全球工作时间显著下降。该报告中指出，2020年第二季度全球范围内工作时间的损失占总工时的比例达到18.2%。此后第三、第四季度主要经济体陆续复工，第四季度工作时间的损失占总时间的比例已从疫情最严重时的18.2%降低至4.6%，就业市场逐渐复苏。就地区细分而言，北美洲所遭受的工时损失尤为严重。其中，处于"就业休止状态"的人群比例达6.3%，是所有地区中最高的。这也导致该地区的劳动力收入损失为10.3%。在整体疫情应对较好的亚太地区，处于"就业休止状态"的人群仅为3.1%，劳动力收入损失占比约为6.6%，在全球各地区中受影响程度最轻。

从金融市场角度看，疫情下，全球股票市场最先迎来剧烈动荡。2020年2月底美国股市开始连续暴跌，半个月内竟然接连出现4次熔断。遭到疫情冲击的不只有美股，加拿大、菲律宾、巴基斯坦、哥伦比亚等11国股市都因为暴跌发生"熔断"。

遭遇疫情冲击后，各国政府纷纷出手紧急救市，几乎世界各国同时进行了扩张性财政政策和扩张性货币政策。在大规模新冠疫苗展开临床研究等利好期待下，特别是消费不振、投资不振导致过剩的流动性只能寻求投机机会的情况下，全球股市迎来强力触底反弹。美国股市屡创新高，道琼斯指数在接下来的一路上升中出现过日涨2000点的记录，最终三大股指在2020年达到历史最高点。其中，纳斯达克狂飙38.26%，道琼斯指数上涨5.12%。日经225指数全年上涨12.66%，登上30年的最高位置。韩国股市也迎来了高达26.05的上涨。然而欧洲与其他发达国家的股市表现却略显不佳，但即便如此，到2021年中期，英国、法国、西班牙、葡萄牙、比利时等欧洲国家的股市也均表现出不错的走势。

新兴国家市场的股市分化明显，印度孟买SENSEX在2020年涨幅高达12.09%；同期越南胡志明指数上涨8.55%；富时马来西亚上涨5.73%，而且在

2021年保持持续增长；中国A股市场在疫情初期走出了一波独立行情，进入2021年后仍表现平稳。

同时，全球政府债务规模急剧膨胀。国债方面，各国政府为应对疫情给国内经济以及社会民生带来的强烈冲击，纷纷采取经济刺激措施，并开展卫生防疫、公共基础设施建设工作，经统计，2020年，各国政府推出总计12万亿美元刺激政策。由于疫情冲击，全球经济大幅收缩，导致各国政府难以平衡支出，政府只能采取大规模举债的方式为政府融资。根据国际金融协会周报，疫情暴发之后全球债务水平高达275万亿美元，与上一年相比增加了17万亿美元，创出历史新高，这一增长在很大程度上是由于政府借款大幅增加所致。国际金融协会数据显示，全球政府债务与GDP之比从2019年的90%升至2020年的近105%。发达国家债务接近200万亿美元，其中美国超过80万亿美元，欧洲达到53万亿美元，同时新兴市场债务超过76万亿美元，接近GDP的250%。债务扩张的同时，潜在的违约风险也在不断上升。目前发达经济体违约风险占比相对较低，并且主权信用度较高，而新兴市场国家融资能力相对有限，面临着较大的违约可能。2020年，厄瓜多尔、黎巴嫩两国出现了延期偿债的情况，阿根廷也发生了技术性违约。此外，阿根廷、巴西、印度等国主权信用在疫情期间先后被国际信用评级机构降级。迅速扩大的债务规模增加了政府与企业的财务压力与违约风险，拖累复苏前景，同时也对未来全球如何去杠杆化带来了严峻挑战。

全球货币政策的极度宽松带动了债券收益率的不断下降。美联储将联邦基金利率下限降至0%，10年期与30年期的美国国债收益率一度跌破1%。同时，由于全球许多国家实行了货币负利率，负收益率债券也在全球各地出现，其中日本5年期国债收益率在2020年创下-0.135%的历史新低，德国5年期国债收益率在2020年降到了-0.76%，法国5年期国债收益率降至-0.65%，由此带动整个欧元区主权债券平均收益率下跌至-0.45%。值得注意的是，英国也在2020年加入了国债负收益率的队伍，除了首次以负利率发行了37.5亿英镑2023年到期的国债外,英国2年期国债收益率也进入负值区间。至2020年底,全球负收益债券市值升至18.04万亿美元,创历史新高(张锐,2021)。

四、新冠疫情新动向带来的影响

2021年初,全球新增病例逐渐下降,受各国不同疫情防控措施以及新冠疫苗推进程度的影响,全球疫情发展呈现出明显的分化趋势。北美地区,美国与加拿大新增确诊病例近月来呈现震荡下降趋势,欧洲第三波疫情已得到控制。但是,因为过于乐观,很多国家过快复工复产,国内限制措施放松,警惕性下降,导致对叠加病毒变异的危害估算不足,使得疫情在各国强势反弹。全球新冠确诊病例数在半年内迅速从1亿扩大到2亿,传播速度之快、防控难度之大世所罕见。

特别是德尔塔变异毒株的威力更是极其恐怖。自2021年6月中旬以来,高传染力的德尔塔变异毒株促使新冠疫情升温,如今已成为许多国家流行的主要变种病毒。世界卫生组织的研究表明,德尔塔变异毒株和其他的非VOC和老的病毒株比起来传播率增加了一倍。同时它的潜伏期和传代间隔都有所缩短,如果没有足够有效的防控措施(如疫苗)干预,疫情的倍增速度会非常显著。过去每4—6天会增加两到三倍的病人,现在大概3天左右的时间就有六七倍的病人出现。因此目前防控的难度大幅增加,而且可能导致疾病严重程度增加。

全球疫情发展的不确定性进一步加大。全球反复暴发的疫情导致各国的疫情防控时紧时松,一定程度上扰动了全球经济。但总体上,各国的疫情控制较为乐观。作为反映经济的同步指标,PMI在主要经济体中已逐步回升至疫情前水平。其中,美国制造业PMI指数大幅回升至64.7%,远超疫情前水平;欧洲近几个月制造业PMI回升速度明显加快,已大幅升至62.5%,远超疫情前水平;日本制造业PMI回升至52.7%,也高于疫情前水平。受疫情影响最大的服务业也逐渐回升,其中,美国、日本服务业服务较为稳健,而欧洲部分地区虽然疫情再度升级且疫情防控施压,但服务业 PMI 仍在近几个月重新回升,表明疫情的影响已经边际减弱,全球经济复苏是大势所趋。

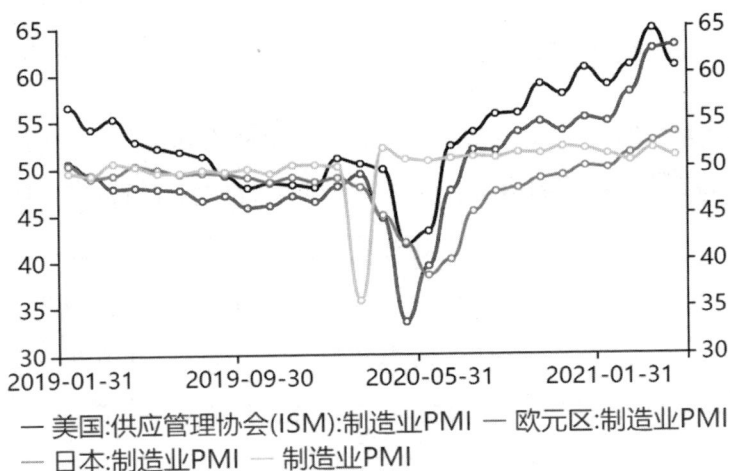

— 美国:供应管理协会(ISM):制造业PMI　— 欧元区:制造业PMI
— 日本:制造业PMI　— 制造业PMI

图1.1　主要经济体制造业PMI持续回升

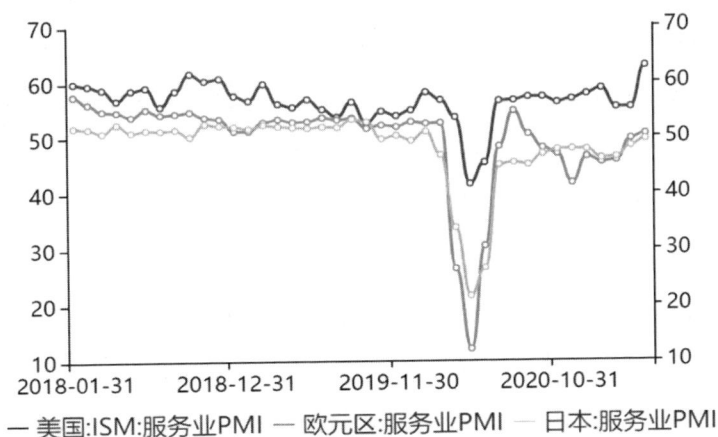

— 美国:ISM:服务业PMI　— 欧元区:服务业PMI　— 日本:服务业PMI

图1.2　主要经济体服务业PMI持续回升

第二节 基于疫情背景对全球化的思考

一、全球化的兴起与高速发展

自大航海时代以来，世界共出现过三次全球化浪潮。全球化的第一步是区域和边界的探索和拓展。哥伦布发现新大陆后，在欧洲国家环球探险和殖民扩张的推动下，美欧等洲际贸易迅速增加，各大洋贸易路线被大量开辟，市场规模由独立的国家个体扩大到世界，推动了海外扩张和世界市场的初步形成，促进了资本的原始积累和流通。第二波全球化浪潮是从第一次工业革命爆发到两次世界大战期间。蒸汽机、电报等改变了交通和通信方式，大幅降低国际贸易成本，亚当·斯密和大卫·李嘉图的自由贸易和比较优势理论逐步被接受，政府通过减少关税壁垒进一步推动了国际贸易发展，金本位制的广泛应用也为全球化发展提供助力。然而那时，由于两次世界大战和全球大萧条的相继发生，以邻为壑的贸易保护主义成为各国政策首选，经济全球化进程遭遇重大阻碍，甚至发生倒退。（姜跃春、张玉环，2020）

最为重要的第三次全球化浪潮是发生在二战结束后以美国为中心的全球化浪潮。1944年，建立了以美元为中心的双挂钩国际货币体系——布雷顿森林体系，在全球范围内构筑了美元霸权。美元霸权是美国能够在半个多世纪的时期内独霸世界成为强大帝国的主要因素之一，美国通过美元霸权掌控世界金融，并建立国际货币基金组织和世界银行等机构。在这样的全球化进程中，美国得到最大利益，因此在二战结束后的近五十年，美国是推动全球化发展的中坚力量，并从中占据最大市场份额。在这一时期，随着国际贸易投资机构机制——关贸总协定签署以及联合国贸易和发展会议的建立，国家之间的分工合作进入快速发展阶段。全球化充分发挥了不同地区的比较优势，资源要素的有效配置和供求的高效对接得益于货物的自由贸易,人员、服务、资金等的便捷跨境流动。科技的发展为国家与地区之间进行信息匹配与物流协调提供了极大的便利条件,各国能够以更低的成本、更的高效率进行生产与贸易。1948年到2008年,全球货物贸易额增长了275倍左右,平均增长率达到9.8%;1980年至2007年,全球跨境直接投资存量增长了近25倍,平均增长率达到12.8%;1990年至2007年,全球贸易额的平均增速达到实际国内生产总值增速的2.1倍。

二、疫情前全球化发展趋势

经济全球化发展进程在2008年的金融危机后严重受阻。金融危机之后,全球出现了约八年的经济增长低迷状态,主要经济体的对外贸易额均出现了下滑。自身国内经济在面对金融危机冲击时暴露出来的脆弱性使得许多西方国家开始反思,过去几十年为适应全球化和区域化快速发展浪潮,将产业链转移至世界各地的去工业化举措是否正确。贸易保护主义与逆全球化思潮也随之抬头。特朗普政府上台后采取的一系列反全球化策略与英国脱欧事件成为逆全球化趋势的代表性事件。其中,美国作为新一轮全球化主导国,在全球化问题上的政策选择与立场,对于全球化发展趋势起到非常大的影响。

全球化的开端是以服务西方资本主义国家资本扩张为目的的。为了攫取更多、更大的利润,西方资本主义国家推动着全球化的发展,而发展中国家大多是"被全球化",扮演着参与者与跟随者的角色。随着各国在经济全球化过程中联系更加紧密、相互作用更加明显,一些发展中国家利用契机,对内利用全球化所带来的外资使国内经济得到快速发展,也对西方发达国家的传统优势企业带来一定的冲击。西方发达国家为了维护自身的利益和地位,逐渐由全球化的引领者变为"逆全球化"的倡导者。对全球化发展逐渐带来的就业和利益分配失衡等问题,奥巴马政府采取的是修补方式,但没有完全放弃多边体系,而特朗普政府则完全抛弃全球经济治理,采取了单方面措施。2016年特朗普政府上台后，美国"逆全球化"措施由暗到明、逆流汹涌，美国在全球化进程中的政策选择集中体现为政治上的民粹主义、经济上的本土主义、贸易上的保护主义和国际关系中的新孤立主义（孙天昊、盛斌，2019）。

第一，在政治方面，特朗普针对移民导致的人口构成变化所引起的社会经济问题，提出要在美国与墨西哥边界上建一道墙，并签署了关于"阻止外国恐怖分子进入美国"的行政命令。在美国，与自由主义相对立，越来越多的人支持反对外来移民、反对向国际机构让渡主权等逆全球化思潮。第二，在经济方面，特朗普逆全球化的经济政策主要体现在雇佣美国劳动者、购买美国国货上。特朗普政府通过税收改革引导企业在国内投资，减少企业外迁从而创造国民就业机会。另外，针对全球化背景下美国跨国公司的海外利润不需要再向美国缴税，只需要在利润产生的国家缴税的问题，特朗普政府对过去的海外利润一次性征收利润汇回税，这项措施有利于资本回流到美国。第三，在对外贸易方面，特朗普试图合理化贸易保护主义，认为全球化下的"不公平贸易"是美国贸易逆差和工人失业的罪魁祸首，借"公平贸易"之名行贸易保护主义之实，通过挑起与他国的贸易争端达到"美国优先"的目的。在特朗普执政过程中，贸易保护主义政策措施呈日益激增和日益公开化趋势，2017年美国共出台贸易保护主义措施143项，占全球新的贸易保护主义措施总数的17.1%。第四，在国际关系方面，特朗普政府大力推动以单边主义取代多边主义，2017年内仅九个月的时间就先后退出了跨太平洋战略经济伙伴关系协议、《巴黎协定》、联合国教科文组织等多个国际组织，全然不顾国际经贸规则和维护全球多边贸易体系自由开放的责任。

在金融危机冲击、逆全球化思潮涌现，以及美国日益嚣张的逆全球化气焰带动下，全球化发展速度明显放缓。据世界银行统计，2008年至2019年，全球货物贸易年均增长仅为1.5%；全球贸易总额占全球GDP的比重在2008年时为51.86%，而该指标2018年则下降为45.45%；跨境直接投资年均增速也降至6.1%,均大大低于2008年全球金融危机发生前的水平。发达国家的民粹主义指数在2007年时只有7%,但从2008年开始呈上升趋势。2017年在知名投资机构桥水基金发表的一篇报告指出,发达国家民粹主义指数已经处于二战以来的最高点,2018年时该指数已经达到34%。

三、疫情再对全球化发展投上阴影

显然,全球化趋势在新冠肺炎疫情之前就显现出问题,而新冠肺炎疫情更是加剧了其负面影响。全球产业链的连接与发展是全球化的重要载体,而新冠疫情使得各家进一步感受到了依赖全球产业链的弊端,人员、资源、商品以及货物的自由流动给疫情的传播大开方便之门,由于短期内没有特效药和疫苗,社交隔离成为控制疫情最有效的措施。疫情的发展为贸易保护主义披上了"维护公共卫生安全"的外衣,使得一国可以大力采取限制人员与资源流动、严格的边境管控等措施,国际范围内生产要素的流动因此受到严重的限制,经济活动成本陡然上升,国际分工的红利一时间被大幅减弱,全球供应链甚至出现暂时断裂,部分国家无法及时得到医疗救援物资,并由此滋生了对经济全球化的指责。国务院发展研究中心对外经济研究部副部长罗雨泽在《疫情后的全球化与中国对策》一文中指出:"对于国家而言,以经济效率效益为目标的全球化依然重要,但当与经济安全、国家安全相冲突时,让位于'国产化''本地化'及'盟友化'的概率大幅上升。"疫情的暴发使得产业链无法正常运转,各个国家在综合考虑经济安全和国家安全的基础上,将对产业链与供应链进行重新布局和调整。

新冠肺炎疫情除了直接阻断全球产业链的发展,还通过世界秩序、大国关系等方面间接影响着全球化的趋势。美国前国务卿基辛格认为,新冠肺炎疫情将引发持久的政治和经济动荡,并且挑战了自由主义世界的基本原则,因而将永久改变世界秩序。亦有美国学者撰文指出,疫情通过削弱世界对全球化的支持,并且削弱美国与西方,从而影响当前的世界秩序。过去的全球化明显基于自由主义世界秩序，这一秩序是西方主导的，秩序本身与主导者正处于衰微之时，又遭受了新冠肺炎疫情的巨大冲击，未来世界秩序"漂流"过程的不确定性显著增加。因此，疫情通过影响世界秩序间接影响了全球化趋势，导致其不明朗、不确定性一面的增加。在大国关系方面，新冠肺炎疫情加剧了中美之间由于经贸摩擦、科技"脱钩"所积累的矛盾，增加了双方意识形态和政治制度层面的对立。（王栋、贾子方，2021）

新冠肺炎疫情于2020年1月份暴发，世界各国向中国捐助物资，在中国疫情有所缓解，海外疫情加重时，中国也充分发扬负责任的大国风度，向国外输送救援医疗队以及医疗战略物资。美国部分反华势力鼓吹中国进行"口罩外交"，甚至出现称新冠病毒是中国实验室泄露的生化武器等荒谬言论，将疫情应对不力的责任归结为中国未及时通报疫情信息，煽动民众情绪，将新冠病毒"中国化""种族化"，提出中国应为疫情的发生向国际社会做出赔偿的无理要求，贸易与经济的摩擦冲突进一步向政治领域扩展，这使得中美之间的关系更加紧张。由于中美两个经济大国之间的博弈再次升级，国家与国家之间相互影响，国际政治格局中出现了"新冷战"的苗头，全球大环境中出现了在社会制度、意识形态、发展模式上的对立情绪，国际关系在疫情之后变得更加错综复杂，全球发展的不稳定因素增多，进一步阻碍了全球化的发展。

从全球化的发展历史来看，传染疾病的跨国传播的确是全球化的副产品之一。中国古代开辟丝绸之路、明朝的郑和下西洋、哥伦布发现新大陆以及达·伽马开辟出从欧洲绕好望角到印度的航海路线都可被看作是全球性互联互通的开端，世界市场逐渐形成，各个民族和国家脱离彼此孤立存在的局面，渐渐成为统一的整体。跨越国境的贸易、旅行也给疾病传播带来了更加便利的机会。14世纪中叶肆虐欧洲的黑死病通过远洋的航船传播，西班牙流感在第一次世界大战期间，从欧洲向全球蔓延……过去几十年间，全球化的发展达到了前所未有的规模与速度，世界各国之间人员和商品的自由流动是全球经济发展的主要推动力量之一，但便捷的交通运输与大规模人员跨境流动也成为新冠病毒在短时间内扩散至全球的重要驱动力量。

除此之外，全球产业链与供应链的脆弱性也在新冠疫情中暴露出来。在全球化之前的生产模式中，生产合作大多发生在国家内部或大陆边界之间，产品物资主要供应于国内市场，这种生产模式效率相对较低，生产成本较高，但具有保持国家供应自主性与供应弹性的优势。根据大卫·李嘉图的比较优势理论，世界各国应当专注于发展本国最具优势的领域，在全球供应链发展过程中，各国在各自相对擅长的部分进行专业化生产，某一商品的生产过程被分成不同阶段分散在世界各地，再由自由贸易机制自发地将市场资源进行最有效地利用与分配，在这种生产模式下，各国得以享受到更多的低成本产品，提高了生产效率，但与此同时，一国内部商品供应的自主性也受到了一定程度的削弱。美国布鲁金斯学会高级研究员凯玛尔·德尔维指出："高度一体化和零库存生产的全球化模式意味着全球供应链上任何一环出现问题整个供应链就无法运行，疫情赤裸裸地暴露了这一缺陷。"

全球新冠疫情暴发初期，各国对口罩、呼吸机的需求陡然增加，远远超出了一国国内医疗系统的承载能力，而几乎在同一时间内，全球主要供应链嵌入国均前后陷入疫情危机，各国自顾不暇，供应链条陷入暂时断裂的危局之中，救援医疗物资频频遭遇哄抢……美国总统顾问彼得·纳瓦罗认为，美国过分依赖全球供应商提供的必需品，新冠病毒对全球供应链管理敲响了警钟。德国政治学家乌尔里赫·门泽尔指出，疫情的发生严重阻碍了德国的药品生产，因为有接近三百余种作为初级产品的药物成分需要从中国进口。经过几十年的发展，全球产业链过长，部分产业或产业链、供应链中的某个环节过度集中于某一国家或区域，疫情发生后，部分国家采取了社交隔离、"封城""封境"等抗疫措施，直接导致了全球产业链的暂时性断裂，引起了各国对全球化的反思。部分学者意识到产业链与供应链的全球化发展不能只考虑经济效益，还要考虑到链条断裂给本国造成的安全危机，过分依赖全球供应链会对本国的经济自主能力造成威胁,进而给国家的主权安全带来隐患。

四、全球化的未来——在困难中前行

资本的"空间出路"、技术的"时空压缩"和国家的开放程度是驱动经济全球化的三大基本力量,这三者的变化及其相互作用结果影响着全球化进程。资本为追逐利益不断寻找空间出路,也就是进行资本扩张,这是资本不可磨灭的本性;技术进步带来的"时空压缩"不断降低着经济活动的成本;国家开放程度是三者中最不确定的因素,但在当今世界,各国已深深嵌入全球化网络当中,任何一个国家想要完全与其他国家脱钩,代价都将会是极大的。(刘卫东,2020)

从出口端来看,各国紧密依存的国际分工关系,可以通过各国制造业出口中涵盖的国外增加值统计指标直观地展示出来,经济体制造业增加值出口中涵盖的国外增加值比重越高、涉及国外经济体越多,表明该经济体与其他经济体的相互依存关系越紧密。根据经合组织 TiVA 数据库的测算,2015年美国、日本、韩国、中国等主要经济体中,制造业出口增加值合计占当年世界制造业总出口增加值的比重已达到60.89%。每一经济体的制造业出口增加值中均包含相当比例的国外增加值,且比重在15.62%~46.87%之间,其中,墨西哥制造业出口中涵盖的国外增加值比例一直处于非常高的水平(接近50%)。而且这一现象已经普遍存在于融入全球价值链的各经济体当中。

从进口端来看,中国社科院和平发展研究所所长廖峥嵘指出,如果停止跨境贸易,全球最富有的消费者会丧失28%的购买力,但是最底层的10%人口会丧失63%的购买力。现在主要经济国家的大众生活已经与经济全球化融为一体,西方社会的消费、生产和服务都是建立在离岸外包的基础上,全球化让这些国家的消费者享受着价格低廉且品质优良的消费品。根据联合国贸发会的研究,以美国的零售价格为基准,在1986—2006年期间服装、鞋

类、纺织品、家具和化学品的平均进口价格下降了40%,而大量消费品价格的下降所产生的效应可能超过了西方国家低收入人群工资相对下降的效应。如果脱离全球化,低收入人群一定最先感受到生活压力,进而引发社会动荡。因此,一些西方国家即使可以以疫情为出发点实施反全球化政策,也只能是象征性或策略性的;不是削弱国家的开放程度,而是在全球化发展过程中,面对世界格局变化做出短期策略调整。美国采取的多数"去中国化"策略的目的并不是降低美国的开放程度、实现反全球化,而是选择其他国家替代中国成为在供应链体系中的参与者,是美国在特定时间内做出的全球化战略调整。

全球化发展至今,各国已经难以与世界脱钩,全球化并没有倒退,更不会终结,而是在持久发展道路中进行深度调整,在摸索试探中波动式前进。各国会在发展过程中更多地考虑安全因素,在此基础上继续促进开放型经济的发展,世界经济区域化、本土化程度将进一步提高。

因此,全球性问题需要通过全球化合作加以解决。国际间存在全球合作的巨大动力,不同国家之间优势领域不同、资源禀赋不同,全球化的国际合作能够使得各国更好地发挥比较优势,扬长避短、去粗取精,改善人民生活。虽然近十年来国际社会出现了逆全球化的思潮,但不可否认的是,越来越多的全球性问题只能通过国际合作加以解决,例如全球气候变暖、恐怖主义、流行疾病等。在这些问题面前,任何国家都难以独善其身。

突如其来的新冠疫情打得全球大多数国家措手不及,部分西方国家在疫情发生初期短时间内无法满足国内医疗用品的需求,将过错归咎于全球供应链,甚者认为经济全球化会对国家经济自主能力以及主权安全产生消极影响。但解决全球化弊端的最佳方法不是逆全球化,全球化的发展与国家的主权安全之间并不存在根本性的冲突。当国家面临新冠疫情或是战争等其他突发灾难时,可以通过其他途径保障国内物资供应,稳定国家秩序。英国《金融时报》的欧洲经济学评论员马丁·桑德布总结了三种措施:第一,建立覆盖食品、药品或医疗设备的集体储备体系。瑞典是全球最大的战略储备国之一,瑞典国内高度依赖进口产品,几乎 40%~50% 的食品都来源于其他国家,而政府为了避免如新冠肺炎这样不可预见的危机导致市场出现失灵的状况,早在几十年前就部署、规划了瑞典供应链的战略系统,这些物资储备一定程度上缓解了疫情对瑞典的冲击。第二,为增强国家面对危机时的自主能力,除了国家建立集体储备外,还应该使供应链多元化。全球供应链并不意味着供应链的每个环节都需要唯一的供应商。其三,为更好地保障国家的经济自主能力与国家主权,合作国家之间可以共同组建生产或储备。

全球化发展是世界发展的必然趋势,2008 年的美国次贷危机虽然给世界经济造成了严重负面影响,全球化进程自金融危机后也放缓了步伐,但它使东方国家在全球经济中的地位日益显现,打破了原本极度不平衡的世界经济格局。世贸组织也在 2019 年发布的《全球价值链发展报告》中指出,自2008—2009 年全球金融危机以来,全球价值链的增长有所放缓,但并未停止。同样的,此次疫情虽然在一段时间内影响了全球供应链的正常运转,给经济全球化的发展造成了阻碍,但它也会促使世界各国积极寻找更适合后疫情时代的全球治理体系与供应链、产业链的新模式。

五、全球化的发展能够助力世界抗击疫情

虽然疫情的出现似乎使得支持逆全球化的声音越来越大,但推动全球化继续前进的积极因素仍然众多。全球化的发展给世界带来了巨大的经济利益,促进全球科技和经济水平得以进步,这也正是帮助各国抗击疫情的重要力量来源。与世界经济连通性高的国家,往往也是在全球化过程中受益最大的国家(李建军、李俊成,2019)。通过构建全球化收益指数(GII),以世界主要经济体 1991—2015 年的全球化收益情况为考察对象,可以发现,此期间全球化为世界经济带来了持续、稳定的正向收益,促进了全球经济福利水

平的提升,并呈现上升势头。全球化受益最大的几个国家包括荷兰、美国、英国、中国、日本和法国。在改革开放后,中国通过积极融入全球经济合作,实现了经济的飞跃式发展,2009年中国成为全球货物贸易第一大出口国和第二大进口国,2010年GDP超越日本成为全球第二大经济体,2013年中国超越美国成为全球货物贸易第一大国,全球化与中国的开放举措极大地提高了中国人民的生活水平。不仅如此,在开放发展的过程中,中国也广泛惠及世界其他国家,2019年《跨国公司投资中国40年报告》中指出,改革开放40年来,跨国公司几乎遍布中国各个地理区域和行业领域,中国成为跨国公司的主要收入来源地。

疫情暴发后,依赖在全球化过程中构建起的完备的工业体系,中国各地区县有条件的企业纷纷响应国家疫情防控的号召,转产口罩等医疗物资,填补了短期内物资供应的部分缺口,美国、英国、德国等其他西方发达国家也迅速组织工厂生产抗疫物资,虽然在疫情前期部分西方发达国家对国内医疗体系保持盲目自信,没有果断采取正确的抗疫措施,导致疫情在国内迅速传播,但多数经济与科技实力较强的国家在全球医疗资源短缺的情况下表现出了更强的应急能力,而各国的自主应急能力也是在几十年的全球化发展中积累而成的。

诚然,当今全球范围内低成本的便捷交通与频繁的人员往来为病毒的传播提供了便利的条件,让新冠肺炎得以在短时间内广泛流行,但是在全球化并未得到全面发展的时期,疾病的传播也对人类社会造成了严重困扰,全球化发展程度与疾病无国界的传播以及疾病给人类社会带来的破坏性影响并不是成正比的。曾为法国总理内阁成员兼政治科学家的杰拉德·格伦伯格所领导的泰洛斯智库指出,即使没有如今发达的旅游业和广泛的流动性,流行疾病的传播范围和影响似乎都不见得减少。比如全面暴发于公元542年的鼠疫,单日新增病例曾达到10000人;1348—1350年间暴发的黑死病曾导致2500万欧洲人死亡;一战期间,西班牙流感通过穿越大西洋的军队传播至全球,导致约10亿人感染,而当时的世界总人口不过17亿人左右。

面对传染疾病的流行,任何一个国家都难以独善其身,即使在谈不上全球化的时代,病毒也能通过自然风力、鸟禽、货物等进行广泛传播,如今的全球化可能使疾病传播的速度更快,但旧时的传染疾病并没有因为较低的全球化水平而减弱对人类社会造成的巨大破坏。不仅如此,随着工业化与全球化的发展,人们得以有更加先进的技术和资源来共同抵御流行疾病。在新冠病毒出现后的几周内,中国医学家对新冠病毒的基因组进行了测序,并向全世界分享了测序结果,这使得全球其他国家都可以便利地辨别出新冠肺炎病例,并开始着手研发疫苗,高效的基因测序得益于中国医学技术的快速发展,而信息、知识等信息的快速共享传播则极大地依赖于全球化的发展。

第三节　全球化和区域化——未来趋势

一、全球经济区域化趋势正在加强

进入21世纪后,各个国家基于效率最大化、成本最小化的目标开始布局产业链,国际分工的专业化程度不断加强,日益复杂的产业链与供应链在给各国带来更高贸易效率的同时,也使得全球经济的不稳定性持续上升。在某些国家暴发的自然灾害、经济危机、传染疾病等,借助全球产业链的传播往往能产生"牵一发而动全身"的效果,给世界经济带来剧烈影响,如2008年的次贷危机、2011年的日本3.11地震,以及此次的新冠肺炎疫情,越来越多的事例使各国政府意识到,构筑产业链时要兼顾考虑安全性因素,尤其是涉及国内民生、国家安全和产业安全的领域。

麦肯锡研究院的研究报告显示,新冠疫情暴发前,虽然全球商品贸易额的绝对值呈增长趋势,但是跨境贸易占全球商品总产出的比重却在下降。

2007 年全球出口总额占商品生产价值链总产出的比例为28.1%,到2017 年该值已经下降到22.5%,与此同时,商品贸易的区域化属性正在增强,其中以亚欧地区最为明显:亚太地区贸易比重为 52.4%,欧洲 28 国贸易比重为63%,北美 NAFTA 贸易比重为40.7%。新冠肺炎疫情的暴发进一步引发各国对全球价值链的反思,各国在疫情后采取的行动表明,国家在构建价值链时越来越重视安全因素,跨境商品贸易比重会持续下降,与此同时,世界经济的区域化、本土化也迎来了发展机遇。可以预见,经济全球化将更加受到政治、社会、文化等力量的规范和约束。全球化的资本利用价值链重组了全球地理空间后,将面临如何与依然坚固并且更加主动的民族、国家和解,以确定新的生产场地和生产形态问题,经济全球化会继续以更为多样、可接受的本土化、区域化方式展开。

从疫情后各国采取的政策可以看出,国内工业能力较强,市场规模较大的国家,产业链出现明显的本土化特征,更加倾向于鼓励和吸引本国跨国企业回国投资。疫情之前,中国一直是德国重要的口罩供应国,疫情暴发初期,中国国内口罩需求量陡然增加,短时间内供不应求,德国最主要的口罩制造商之一达赫公司在中国的生产和运营受到了巨大打击,因此,该公司加大了在欧洲其他国家的产能布局,以邻近区域的布局代替全球布局虽然会提升生产成本,但也相应减少了由于产业链过长而带来的额外风险。

2020 年 8 月,法国总统马克龙在发表演讲时称,法国将拨款 150 亿欧元帮助医疗卫生产业的技术创新,辅助该产业迁回欧洲。2020 年 4 月初,美国国家经济委员会主任拉里·库德洛宣称,在中国的美国公司回迁成本如厂房、设备、基建等费用全部由政府负担。日本当局为达到供应链本土化与海外供应链多元化的目的,协助日本企业建立更具弹性的供应链,疫情后提出了"供应链改革计划",宣布拨款2300 亿日元支持日本制造商迁出中国,235亿日元用于资助日本企业将生产转移到以东盟国家为主的其他地区。虽然美日供应链的转移很大程度上是出于约束中国供应链扩张的目的,以维护美国的经济霸权。但不可否认的是,疫情之后,多数国家更加注重对于核心技术的掌控,同时从经济安全角度出发,注重保障国家的经济战略安全。本土化以及供应链的转移或将成为后疫情时代最为重要的结构性转变,在部分关键领域,产业链甚至有完全本土化的趋势。比如在医疗领域,法国总统在2020年3月时表示,政府将拨款40亿欧元实现国内口罩等战略医疗物资的自给自足;美国在禁止国内企业向华为供应高端芯片后,中国也积极探索高端芯片自给自足的道路。

在经济本土化趋势加强的同时,商品贸易的区域化属性也在不断升级,特别是亚洲和北美大陆两大市场。疫情期间,中国和日韩两国以及东盟国家的进出口贸易表现仍然较为稳定,亚洲区域价值链出现结构性的加强。中国从3月份开始全面复工复产,日韩出口到中国的贸易额每月平均在300亿美元左右,越南为100亿美元左右,规模相对可观,随着《区域全面经济伙伴关系协定》的正式签署,东亚和东南亚国家在经济上的紧密程度进一步提升。以修订后的美墨加自由贸易协定为基础的北美区域价值链同样表现出了较强的韧性,墨西哥、加拿大出口到美国的贸易额并未发生剧烈波动。2020年4月份,受疫情影响,加拿大、墨西哥、美国之间的贸易额虽有所下降,但仍小于其与中国等东亚国家之间的贸易额下降幅度,表明北美地区的区域经济具备较强的凝聚力。

2008年金融危机以来,区域经济一体化加速发展。2018年9月,美国、墨西哥、加拿大三国签署了《美国—墨西哥—加拿大协定》(USMCA);2018年12月,《全面与进步跨太平洋伙伴关系协定》(CPTPP)正式生效;2019年2月,《欧日经济合作伙伴关系协定》生效;在亚太地区,《区域全面经济伙伴关系协定》(RCEP)已于2020年11月正式签署。新冠肺炎疫情的暴发势必会继续推动区域经济一体化的深度发展,全球将在大型的区域贸易协议框架下进行产业链重塑(叶敏华,2021)。比如,以美国为主导的《全面与进步跨太平洋伙伴关系协定》(CPTPP),欧盟与日本的经济伙伴关系协定(欧日EPA),

以及北美三国构建的美墨加协定（USMCA），这些区域贸易协议的参与国经济规模总额分别占全球总额的13.1%、28.1%和27.6%，因此，随着此类大型贸易协定的签署实施，北美、欧洲、亚洲三大经济板块的区域化特征将进一步加强，推动重塑全球经济贸易秩序与全球产业链格局。

二、区域化促进全球化发展

关于区域化的不同发展层次对全球化的影响，有研究认为，从单个区域经济一体化的发展层次看，随着区域化层次的深入，其发展趋势与全球化更加的同步，对全球化的发展起到促进的作用。（黄宁、鄞佩，2015）

从自由贸易或者关税同盟层面来看，成员国之间有优惠的关税协定，但没有实现要素的自由流动。建立自由贸易区或者关税同盟后，由于贸易创造效应，区域内产品的供给国在满足进口国的需求后，产生本国国内需求的缺口，这个缺口要通过从世界市场进口来弥补，形成贸易偏转效应。同时，贸易转移使得协定签约国内部进口国在建立自贸区以前从世界市场进口的那部分产品量，也会转而由区域内出口国提供，形成了贸易转移。对世界市场来说，当区域内的贸易偏转效应比贸易转移效应大时，那么其贸易量是增加的，自由贸易区的建立对全球化是促进的；相反，如果贸易偏转效应小于贸易转移效应，整个世界市场的贸易量就是减少的，自由贸易区的建立对全球化的发展就是阻碍的。

在共同市场层面，从动态效应的角度来看，共同市场外部的国家为了使本国产品进入区域内的市场、避免高额关税，可能通过与共同市场谈判的方式争取加入共同市场；或者是以跨国公司的形式，对共同市场内成员国加大直接投资，使其产品内部化，获得共同市场建立的好处。从这个角度来说，共同市场的成立能够促进全球化的进程。

经济同盟是在共同市场的基础上，更高级的经济一体化组织，也是目前为止世界上真实存在的最高级的区域经济一体化组织形式，即欧洲联盟。

欧元区成员国内进出口贸易量与从世界市场进出口的贸易量的变化趋势是一致的，当区域内贸易量增加时，区域外的贸易量也呈上升的趋势。并且从2005 年开始，与区域外的贸易量还超过了区域内部的贸易量。这些趋势说明欧元区的发展趋势与全球化是一致的，货币同盟的建立对全球化起到了促进的作用。

区域经济一体化发展层次的不同影响效应可以明显反映出共同市场和经济同盟的建立对全球化的发展起到了促进作用，并且随着一体化程度的深入，区域化组织的发展趋势与全球化的发展会更加同步。从世界发展历史和趋势来看，通过区域经济一体化和建立高水平的区域合作组织不仅可以增加区域内国家之间的联系，还能增加该区域与全球性机构的合作协调机会，有效推动全球化的发展。例如，欧洲经济一体化，在加强欧洲经济一体化进程中的区域化特征的同时，也推动了欧洲跨国公司向欧洲之外区域的全球化扩张（Dunning，2007）[①]。

三、区域合作日益呈现包容性

无论是自由贸易协定、关税同盟，还是共同市场、经济同盟，区域经济一体化的重要特征之一就是排他性，即在协定优惠政策方面将非成员国排除在外，从而对非成员国构成一定的贸易壁垒，进而对全球化的发展构成潜在威胁。但事实上，区域贸易协定仍要受到多边贸易体制的约束，比如WTO 为防范区域一体化演化成贸易保护主义，要求同盟或协议参加方对非成员国制定的关税或贸易条件，在总体上不得高于或者严于建立同盟前或签订协议前所制定的关税和贸易规则的一般限制水平。在过去三十年的发展中，区域经济集团的深入发展似乎并没有日益凸显其排他性，反而展现出了更

---

①John H. Dunning, Zu Kweon Kimb, Chul-In Leec, 2007, Restructuring the regional distribution of FDI, Japan and the World Economy, 19(2007)24-47.

大的包容性。20世纪90年代以来,区域主义的发展明显出现了三项超越:政治和意识形态差异的超越、经济制度和发展水平差异的超越,以及邻近地理区域限制的超越。更重要的是出现了以美国和墨西哥、欧盟与前东欧国家的"南北合作"模式,东盟与新澳协定的连接也有所行动,这些现象进一步表明区域化组织的发展趋势与全球化的发展步调一致。

四、中国在新一轮全球化浪潮中将发挥重要作用

区域化并不是纯粹的全球化的替代方案,而是很有可能与全球化并行不悖,并且国际新秩序的建立也可以起源于区域或局部。20世纪初期,当由英国引领的全球化衰落时,美国则通过推动美洲的区域化进程,使区域化承接了"全球化"的部分功能。同样的,后疫情时代的新一轮全球化将在现有的区域经济一体化结构上进行重新调整,中国也将有机会逐步扛起全球化的大旗。

不论是19世纪英国引领的全球化浪潮,还是20世纪中期由美国引领的全球化浪潮,西方发达国家都在世界经济格局中占据中心地位,拥有生产与交换的双重优势,在国际事务中具有重要话语权。如果说过去的全球化是不均衡的"中心-边缘"式秩序,那么在后疫情时代,全球化将以"节点-网络"式的布局展开。各个国家和地区将会更加注重以自身为发展中心,全球化网格将会更加体现出公平与普惠的特征。2020年9月,美国消费者新闻与商业频道(CNBC)发表了一篇题为《当美国不再是全球需求中心,中国将如何应对?》的文章,文章指出,在上一轮全球化中,美国是国际经济的需求中心(如图1.3)。但在未来的世界经济格局中,全球化将呈现出"多中心式结构",全球化可分为两大层次:一层是北美、欧洲与亚洲三个经济共同体内部的循环与交流,第二层是三个经济共同体之间的循环与交流(如图1.4),未来的全球化将会是"多中心"的全球化。

```
                    美国 ────────────► 全球需求中心
        ┌──────┬─────┼─────┬──────┐
      中国    日韩   东盟   欧洲   其他国家
        └──────┴──┬──┘
                  │
         亚洲形成与自身的竞争
```

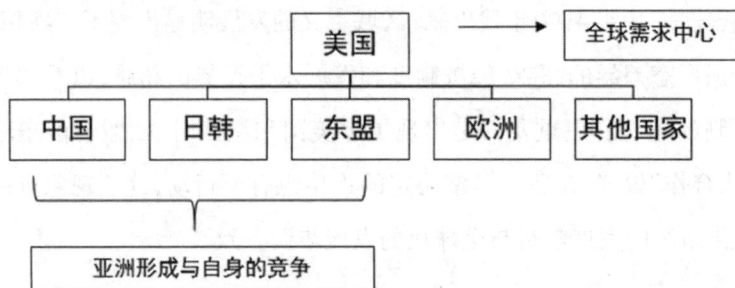

图 1.3　单一中心式全球化结构

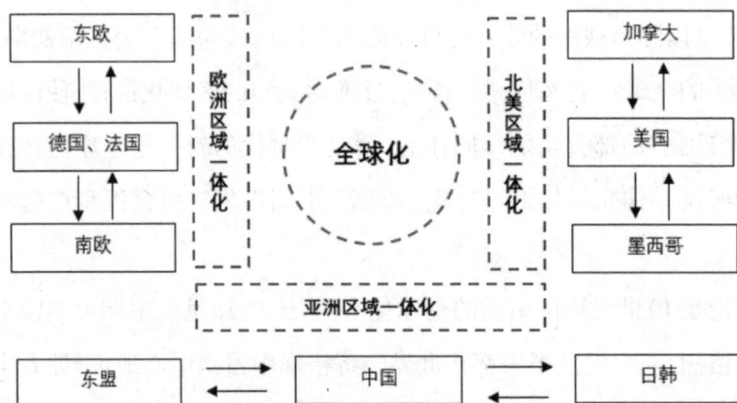

```
  东欧        欧      全球化      北      加拿大
   │         洲                 美         │
德国、法国    区                 区       美国
   │         域                 域         │
  南欧        一                 一       墨西哥
             体                 体
             化                 化
         亚洲区域一体化

  东盟  ◄──── 中国  ◄──── 日韩
```

图 1.4　多中心的全球化结构

　　全球化结构从单一中心式向多中心化发展,有助于提升中国在全球化进程中的地位和作用。2020年11月15日,中国、日本、韩国、澳大利亚、新西兰等15个亚太国家共同签署了《区域全面经济伙伴关系协定》(RCEP),标志着全球规模最大的自贸区成立,该协定覆盖22亿人口,协定国GDP总额达25.6万亿美元,区域内贸易额达10.4万亿美元。RCEP签署之后,亚太区域国家出现从双边融合向多边融合的发展趋势,协议的签署不仅有利于促进亚太地区释放自身经济发展潜力,而且可以补足亚太区域部分国家尚未签署双边自由贸易协定的缺陷。从全球疫情发展现状与各国经济形势来看,亚太区域发展总体相对安全和稳定,具备巨大的投资和消费潜力,一定程度

上可以缓解世界需求下降的冲击。从外部环境来看,亚太区域在生产端具备明显的比较优势,区域安全日益完善。《区域全面经济伙伴关系协定》充分考虑到了不同经济体之间的差异性,即照顾到了发达国家的利益,又满足了发展中国家的需求,具备强大的发展潜力。商务部研究院国际市场研究所研究员白明指出:"未来,RCEP成员国间将相互构成相对独立但齐全的国际分工体系。例如,在制造业各个领域,将形成一个兼具高、中、低端的完整产业结构,既满足各国的内循环,也实现在15个成员国之间形成循环的'小全球化'。"

在全球化格局深度调整的现阶段,亚太等地区的新兴经济大国将在新一轮经济全球化中发挥更为重要的作用,并为全球化理念注入更多新的内涵。比如中国倡议的"共商共建共享"的全球治理理念以及"人类命运共同体"的全球价值观,将成为新一轮经济全球化发展的重要动力。

改革开放以来,中国的国家实力在推动区域经济合作与全球化发展的过程中得到了快速发展,分享了世界经济红利,构筑起了完备的工业体系,国家经济自主能力得到了强有力的保障。面对严峻复杂的国内外形势和新冠肺炎疫情的严重冲击,中国在三个月内有效控制住疫情,并迅速复工复产,成为2020年全球唯一实现经济正增长的主要经济体,充分彰显了中国的制度优势,以及强大的经济、科技实力。由于中国在疫情暴发时采取了得当的防控措施,成为全球最先摆脱疫情的国家,经济率先复苏,并积极向海外派遣医疗救援队伍,向国际社会提供口罩、防护服等医疗物资,成为国际公共卫生产品的主要供应者,极大地提升了中国的国际影响力,彰显大国风范,在世界多极化格局中的分量加速提升。虽然近年来美国采取了诸多逆全球化策略,给现有的全球化发展带来许多不稳定性,但中国一直坚定地支持和维护全球化的发展,中国开放的政策倾向给了国内外广大投资者强有力的投资信心。

2020年新冠疫情暴发后,中国国内经济的运行状况与国际经济的外部环境均发生了重大变化,面对不稳定性增加的内外部环境,中国对宏观政策进行了动态调整。2020年5月,习近平总书记提出了"充分发挥国内超大优势,逐步形成以国内大循环为主体、国内国际双循环相互促进的新发展格局"的战略构想。新的发展战略与以往经济战略相比最大的变化是在国内国际双循环相互促进的基础上,将以国际外循环为主体调整为"以国内大循环为主体",这是中国推动更深层次改革、更高层次开放的必然选择。在世界经济本土化、区域化趋势加强,全球化进入深度调整的现阶段,中国要充分释放经济发展潜力,加快国内经济大循环建设,利用国际国内两个市场、两种资源,推动产业结构优化与经济转型升级,提升中国产业链与供应链水平,构建以"我"为主的产业链布局,同时促进内外两个市场的深度融合,让外资分享中国的发展红利,积极构筑和完善亚太区域价值链体系,带动中国更好地融入全球大循环之中,促进全球化的良性发展。

第四节　疫情给中日韩三国关系带来的挑战

一、美国的影响力与中日韩关系的发展

疫情之初,中日韩三国很好地践行了邻里情义,"山川异域、风月同天""青山一道同云雨,明月何曾是两乡",这些标注在日本支援中国物资上的标语,充分体现了两国间守望相助、患难与共的温情与情怀,一度缓和了长期处于低迷状态的中日国民感情。而中韩两国在较短时间内就成立起联防联控合作机制,开通了两国重要和急需人员往来的"快捷通道",以及维护产业链、供应链和物流链顺畅运行的"绿色通道",保障经济和民生复苏。在中国迎战疫情的关键时刻,作为中国的近邻国家,韩国在自身也面临救治和防控机制尚未清晰到位的情况下,紧急向中国提供了包括口罩、防护服、护目镜在内的价值500万美元的防疫物资。韩国的企业、机构、民间团体、个人也纷

纷加入声援的队伍,并通过中国驻韩国大使馆表达了慰问和支持,表现出了"与中国为邻,与中国同行"的可贵担当。韩国前总统文在寅曾公开表示:"中国是与韩国人员交流规模最大的国家,也是韩国最大的贸易国,中国的困难就是我们的困难"。

但与此同时,中美两个大国之间的关系却陷入低谷,两国不仅在国际贸易、高科技领域的竞争愈发激烈,意识形态领域的对立也更加明显。美国对中国的打压措施在疫情期间持续加码,在国际舆论领域借疫情抹黑和唱衰中国,在经贸领域继续向中国施压,加速推动中美经济"脱钩",在政治战略领域则继续推进印太战略,打造对华战略竞争地缘政治主平台。美国加大介入中日韩关系的力度,大力鼓吹"去中国化",拉拢包括日韩在内的7个国家,成立旨在去中国产业链与供应链的"经济繁荣网络联盟"。企图以维护各国产业链和供应链稳定为借口,摆脱对中国制造的依赖,将中国在国际供应链中边缘化。美国还要求日韩在中美博弈之间选边站,从而牵制住东北亚地区多边关系的发展。

作为美国的盟国,疫情期间,日本加强了与美国之间遏华战略的对接。2020年4月,日本政府在日本国家安全保障会议(NSC)中专门设立了"经济班",其主要职能是应对经济安全隐患,并在5G发展方面与中国展开竞争。与此同时,为应对疫情带来的供应链风险,日本政府推行"产业链国际化、多元化",意图替代产业链集中在中国的"不利局面";日本政府还于2020年4月决定拨款2435亿日元,以帮助日本制造商将生产线从中国市场上转移出来,主张减少对华经济依赖,针对拥有高端知识产权的日本企业及卫生器材生产厂家,通过政府财政补贴加速企业回归,以填补日本国内产业空缺。

韩国方面,前总统文在寅政府虽然在对外政策,尤其是对华政策方面强调自主性,但韩国长期内仍会将"美韩同盟"视为安保基石,在美国政策发生重大调整的情况下,韩国很难摆脱美国政策的约束。对韩国来说,还没有取代美韩同盟的更好选择。韩国对美国的依赖已经深入到文化、心理层面。

即使朝核问题解决了,韩国也轻易不会放弃美韩同盟(孙茹,2019)。在中美竞争的大背景下,中韩关系的走近就意味着美韩同盟的削弱。中韩友好关系发展迅猛,自然就会引起美国的担忧。有中国学者就此指出,现阶段美国因素决定了中韩关系瓶颈的上限,那就是双方在任何领域的合作不能以排斥美国和增加中国对美国(特别是在东北亚区域)的比较优势为前提(赵立新,2020)。中美之间的博弈已经向着全面化、常态化方向发展,韩国能否顶住"选边站队"的压力,制定和实施基于本国利益的自主外交路线,将成为中韩关系的重要挑战与变数。

二、区域间的历史矛盾在疫情期间再次暴露

首先,日韩两国关系积怨已久,疫情期间转圜有限。近年来,围绕日韩两国的政治、贸易争端主要体现在以下几个方面:其一,竹岛(独岛)的主权争端。该岛日本称为竹岛,韩国称为独岛,目前为韩国实际控制,但日本一直声称其拥有主权,这个问题使得日韩两国关系不时陷入紧张状态。其二,2015年朴槿惠执政时,韩国与日本签署了《韩日慰安妇协议》,由日本政府财团提供资金,开展支援"慰安妇"受害者的工作。文在寅总统2017年5月一上任,便对《韩日慰安妇协议》提出强烈质疑,并告知日方该协议没有获得大多数韩国民众接受。其三,在二战时期有关韩国劳工的历史遗留问题上,两国之间始终保持较大争议。2018年10月,韩国最高法院对二战时期韩国被征劳工索赔案做出判决,要求日本涉事企业向受害者进行赔偿,而日本则抗议称所有赔偿问题都已在1965年协议中得到解决,坚持拒绝赔偿。一石激起千层浪,劳工赔偿问题引发了安倍政府空前强烈的反应。2019年7月1日,日本宣布对韩国需从日本进口的三种半导体材料限制出口,开始对韩国进行经济制裁,半导体行业是韩国核心产业,半导体材料断供对于韩国经济是生死攸关的问题,日本无疑是击中了韩国经济的要害。韩国采取反制措施,两国之间的经济制裁逐步升级,互相取消了对方国家贸易白名单优惠政

策,两国关系一度跌入低谷。

在疫情初期,日韩两国政府官员在美日韩三边框架和中日韩三边互动中进行了多次接触,同时也逐渐展开双边会谈,两国均有意借助疫情机会加强接触、缓和对抗。2020年上半年,在日本外务省亚太局局长泷崎成树与韩国外交通商部亚太局局长金丁汉举行的视频会议中,以及在日本外相茂木敏充与韩国外长康京和举行的电话会谈中,均表示两国在应对新冠疫情方面,会就各自的政策努力和利益交换意见,承诺继续分享信息并保持密切合作。但在韩国劳工赔偿问题以及经济制裁问题上,日韩双方仍然各执己见,不肯让步。并且日韩新冠疫情合作外交也主要停留在相互通报信息方面,并没有看到联合组织疫苗研发等深层次的新冠疫情防控合作。可见,虽然疫情的暴发在一定程度上促进了两国在抗疫方面的合作,但是由于存留的领土纠纷、贸易争端,以及历史遗留问题仍悬而未决,导致日韩两国仍处于高度不信任的状态。

在日韩两国博弈中,美国的态度也是考量日韩关系未来走向不可忽视的因素。在安倍政府当政时,对韩国采取的打压政策尽管主要是出于两国之间矛盾的激化,但同时不能排除美国的影响。因为在特朗普当政时期,美国对朝鲜的核政策陷入困境,美国把责任更多地推给朝鲜,同时也抱怨韩国与朝鲜走得太近,认为文在寅政府的"左倾"政策在某种程度上对朝鲜发挥了纵容作用。因此,美国对韩国的朝核政策多有不满。安倍政府对韩国的打压和制裁政策,多少会令特朗普政府感到一些快意,同时又不必让美国承担什么风险。因此,安倍制裁韩国的政策,意味着在心理上进一步拉近了日本同美国政府的距离(周永生,2020)。拜登上任后,出于服务美国东北亚乃至印太战略的诉求,拜登政府极力撮合日韩摒弃前嫌,多次强调韩日关系及美韩日三边合作对地区和平与繁荣的重要性。如2021年2月,拜登发布的一项行政命令内容显示,美国希望与日本、韩国以及中国台湾等国家和地区合作,加快建设芯片和其他具有重大战略意义产品的供应链,减少对单一国家的过度依赖。随后，日韩两国在互不示弱的同时，也释放出了一些缓和信号。比如2021年3月1日，前韩国总统文在寅在首尔"三一运动"102周年纪念致辞中表示，韩国致力于发展面向未来的韩日关系，已做好随时与日本对话的准备。文在寅还承诺，将为东京奥运会成功举办提供合作支持。但目前来看，日韩方面的既有争端矛盾仍然尖锐，始终未能通过协商得到根本解决，两国间的频繁摩擦严重影响着双方的政治互信程度，政治层面的关系转圜有限。

其次，朝鲜半岛局势再度趋紧，局势在疫情期间甚至面临倒退风险。朝鲜半岛问题是雅尔塔体系和冷战留下的隐患，是东北亚地缘安全与稳定的核心，更是影响中日韩关系能否顺利发展的关键因素之一。

随着新冠肺炎疫情的暴发，文在寅政府意在借助疫情机会改善南北关系。韩国国会选举后，文在寅政府确立了推进朝韩间"新冠防疫合作""南北铁路联通""非军事区国际和平地带化""离散家属团聚"四大合作项目，力求推动朝韩合作，并表示将与朝鲜、中国、日本以及东南亚各国携手合作，共克时艰。2020年3月4日，文在寅收到金正恩的亲笔信，在信中金正恩表达了对韩国国民的慰问。然而树欲静而风不止，2020年5月一场"撒传单"事件使得南北关系直接降到冰点。2020年6月8日，朝鲜劳动党中央副委员长宣布，把对南工作全面转换为对敌工作，并切断南北之间的一切通信联络线。几日之后，朝鲜炸毁了设在开城的南北共同联络处大楼。朝鲜人民军参谋部发表讲话称将重新部署已经撤出的非军事区民警哨所，并重启"三八线"的正常军事训练。朝鲜意在牢牢把握南北关系主动权。

文在寅政府的对朝政策面临着巨大挑战，一方面，韩国需要进一步密切韩美同盟，维持两国间的联合军演，以防止朝鲜的挑衅行为；另一方面，文在寅仍要继续与朝鲜对话和合作，实现南北关系改善。文在寅政府的对朝、对美政策都处在两难的困境之中。朝韩关系恶化无疑会给中日韩三国合作关系投上阴影，这不仅是对文在寅政府的重大考验，也给三国关系发展带来了不小的挑战。预计疫情后的朝韩关系将持续呈现紧张态势,朝鲜进一步完善其核威慑力,鉴于美国政府僵化的对朝政策,朝美关系短期内不会得到实质性推进,加之中美关系在疫情后持续恶化,这将使得朝韩关系很难实现实质性改善。

三、区域经贸合作再受阻碍

疫情初期,中日韩均采取了严格的限制性防控政策措施,对于三国间产业链与供应链的阻断影响显著,流通渠道受阻,进出口贸易削减。但随着中日韩三国疫情防控相对得力,经济秩序得到恢复。在国际贸易严重受挫之际,中国与日韩两国的双边经贸关系展现出了显著的韧劲。2020年,中日进出口贸易总额达3175.38亿美元,同比增长0.8%。其中,中国自日本进口1748.74亿美元,同比增长1.8%;日本财务省1月公布的初步统计结果显示,2020年日本出口额比上年减少11.1%。但由于中国经济迅速实现复苏,日本非铁金属、汽车及塑料对华出口显著增长,拉动日本全年对华出口增长2.7%。日本对华出口占其出口总额的比例升至22%,中国再次成为日本最大出口目的国。中韩方面,2020年双边贸易额2852.6亿美元,同比增长0.3%。其中,中国对韩出口1125亿美元,同比增长1.4%,自韩进口1727.6亿美元,同比下降0.5%。中国与日韩两国的贸易往来在疫情期间的表现将会给日韩两国的合作心态带来变化,首先,中国在2020年体现出的强大危机处理能力以及经济复苏能力使得日韩两国体会到了与中国双边贸易的重要性。同时,也将使得两国进一步反思自身对中国经济的依赖程度,并考虑采取产业链、供应链转移等措施,以求缓解对中国市场的高度依赖。而关于日韩经贸方面,两国在劳工问题、慰安妇争端以及贸易摩擦纠纷上迟迟无法达成共识,叠加新冠肺炎疫情影响,两国间贸易状况更加难以改善。

疫情的发展还进一步阻碍了中日韩自由贸易协定(FTA)谈判进程。从2002年提出设计理念开始,到2019年中日韩FTA已推进16轮相关谈判,距离最终签署只是一步之遥，但受疫情影响，本应2020年12月在首尔举行的中日韩领导人会议被无奈搁置。三国政府忙于国内疫情防控以及经济社会秩序的恢复，并且在美国强力介入的背景下，三国在疫情期间就领土主权、疫情起源等问题上又产生了新的摩擦，短期内究竟有多大意愿和精力完成最终的签署还存在疑问。错综复杂的历史和现实再纠葛叠加疫情影响，使得中日韩FTA的实质推动任重道远。

四、促进东北亚关系发展的期待

自1999年中日韩三国合作启动以来，三方建立和发展了诸多合作机制，但纵观二十多年的发展，三方合作的成就比较有限。中日韩的合作多局限于经济领域，并没有形成完整的安全机制，政治生态与经济链条都带有一定的脆弱性，主要原因之一就是三方之间存在历史问题以及领土争端等客观矛盾。对此，三方应搁置争议、积极寻求多边合作，如果能够做到有意克制，并且将三方合作的议题划定为某一领域或某一方面（即在讨论具体合作时不应盲目扩大议题范围，也不应追求所谓的"大而全"或一揽子解决方案，否则容易因为牵扯矛盾性因素而难以推动合作取得进展），力争避开存在问题的领域，将围绕这一具体领域或议题的三方成本控制在较低的水平上，增强三方的合作意愿（顾炜，2020）。

美国的介入是影响中日韩关系走向的重要因素，美国军事部署、经济科技等方面的介入对东北亚地区的经济链接和安全合作产生了诸多不利影响，增加了东北亚地区合作的离散性与不确定性，使得日韩在与中国合作时丧失了部分自主性。发展是解决中国一切问题的基础和关键。面对美国日益显露的冷战思维和霸权主义，在经济方面，中国应抓住新技术革命契机，形成新的生产力，大力发展自身经济，维护经济安全；在军事方面，积极推进国防与军队现代化，加强以防御为主的国防建设，夯实参与全球经济治理的物质基础，增强与美国对话的实力；在国际关系方面，中国要持续倡导建设人类命运共同体,坚持求同存异方针,呼吁各国基于共同利益开展交流与合作,维护东北亚地区和平稳定发展。

权力的不平衡发展使得中日韩三方合作面临结构转型的压力。在20世纪90年代,中日韩三方的整体实力较为均衡,既可以围绕"东盟10+1"展开竞争,也可以在"东盟10+3"的框架下开展合作,但随着中国的不断崛起,中日韩三方合作的内部结构逐渐发生变化,面临着转型压力。到2010年后,有关东亚合作和东亚秩序的讨论已经逐渐转变为中美二元格局、东亚国家如何在中美之间选边站队等议题,日韩双方也不愿意接受三方合作的类型变化,这是导致三方合作不时停滞得更为深层的原因(顾炜,2020)。对此,我们应在扩大各方共同利益的同时,充分考虑中日韩三国的共同诉求,增强利益的共享性,强化东北亚区域共同体理念,让东北亚各国都能享受到中国经济发展的红利,力求实现互利共赢。

在逆全球化浪潮中,我们要清醒地意识到促进国际经济联通与贸易往来仍然是世界经济发展的客观要求,经济全球化可以促进资源配置效率的提高和改善人民的生活水平,推动各国分工合作、互利共赢。中国必须坚定不移扩大开放,持续深化要素流动型开放,依托国内经济循环体系形成对全球要素资源的强大引力场。在东北亚发展问题上,中国要贯彻"双循环"战略,继续推进中日韩自由贸易协定谈判,以高水平对外开放打造国际合作和竞争新优势。

▶ 第二章
从RCEP到东北亚合作——挑战、机遇和未来

第一节　东亚地区的多层次合作框架

一、3个"10+1"

(一)中国-东盟自贸区

中国-东盟自贸区是中国对外建立的第一个自贸区,也是世界上最大的发展中国家自由贸易区。2010年1月至今,中国-东盟自由贸易区(CAFTA)已运行十个年头。中国-东盟自贸区的建设发展相对缓慢,前期进行了较长的关系推进准备工作。中国与东盟的正式对话始于1999年,时任国务院总理的朱镕基在马尼拉举办的中国-东盟领导人会议上提出,中国愿加强与东盟各国的贸易联系。2001年11月,在第五次中国-东盟领导人会议上,中国正式提出建立中国-东盟自由贸易区的倡议。2002年,双方签署《中国与东盟全面经济合作框架协议》,宣告中国-东盟自贸区进程正式启动。2004年1月,中国-东盟自贸区实施"早期收获计划",往后几年中,货物贸易、服务贸

易和投资协议相继签署并生效。2010年1月1日起,中国和东盟六国(文莱、印尼、马来西亚、菲律宾、新加坡和泰国)超过90%的产品实行零关税,到2015年中国与东盟四国(柬埔寨、老挝、缅甸和越南)的90%产品实现零关税,这标志着中国–东盟自贸区全面建成。2013年10月,中方提议启动中国–东盟自贸区升级的谈判。次年8月,中国–东盟自贸区升级谈判展开。2015年11月22日,该自贸区升级谈判成果文件正式签署,表明中国首个对外自贸区升级谈判完成。2016年7月1日,中国–东盟自贸区升级《议定书》率先对中国和越南生效。此后,东盟其他成员国相继完成国内核准程序,《议定书》生效范围不断升级扩大。2019年8月22日,所有东盟国家均完成了国内核准程序,10月22日起中国–东盟自贸区升级《议定书》对所有协定成员全面生效(张建平、董亮,2020)。

近十年,随着中国–东盟自贸区发展进程的不断推进,区域内贸易和投资规模迅速扩大,区域一体化的贸易与投资效应日益显现。在全球价值链下,中国–东盟自贸区区内企业加快融入全球价值链,带动以中间产品为特征的价值链贸易,吸引区域生产网络型投资,由此成为"南南合作型"区域一体化形式的成功典范。同时,中国–东盟自贸区是"一带一路"建设中具有举足轻重意义的一环,它创造了区域互联互通、引领基建、产能合作和人文交流的区域合作模式,并为进一步推进共建"一带一路"、提高区域发展质量提供了可借鉴的国际经验(王勤、赵雪霏,2020)。

2020年年初以来,中国与东盟之间的双边贸易规模在疫情影响下逆势上扬,东盟一举超过欧盟,首次成为中国的最大贸易伙伴,体现出"10+1"自贸区建设的显著成果。目前,中国与东盟之间已经形成了产能广泛合作与供应链紧密衔接的格局,疫情的冲击则进一步凸显了"中国+东盟"世界工厂模式的可观前景。有学者认为,随着中国和东盟在拓展的RCEP平台及"一带一路"框架下持续进行系统性合作,未来双方将会在贸易、投资、产业、金融等领域全方位走向一体化,实现中国–东盟合作的"钻石"十年(张建平、董亮,2020)。

(二)日本-东盟自贸区

日本与东盟的合作也已进行多年。早在二十世纪九十年代开始,日本就对东盟进行了大量以制造业为中心的投资,与东盟建立了密切的经贸关系。20世纪80年代末90年代初,在世界经济出现区域化、一体化趋势时,面临欧盟诞生和北美自由贸易区成立的挑战,日本也曾设想与包括东盟在内的国家缔结自由贸易协定,建立东亚经济圈。但是,由于日本与东盟各国在经济上存在较大差距,再加上美国的牵制,日本最终对当时时任马来西亚总理的马哈蒂尔建议的东亚经济圈没有采取积极呼应的态度。21世纪之初,中国率先提出与东盟建立自由贸易区的建议并受到东盟各国的欢迎,使得日本感受到了巨大的压力。为此,2002年1月,小泉首相访问东盟五国(菲律宾、马来西亚、泰国、印度尼西亚及新加坡)时,就提议以《日新经济合作协定》(EPA)为样板,与东盟建立全面合作的经济伙伴关系。2002年10月,日本和东盟在共同研究探讨的基础上,提出了《关于日本-东盟全面经济伙伴关系报告书》。该报告书认为,日本与东盟在全球化进程中面临着共同的问题,有着不可分离的相互依存关系,应本着相互尊重的原则建立新的伙伴关系。2003年10月8日,日本与东盟10国领导人举行首脑会议,就《日本与东盟经济合作伙伴协议》(AJCEP)的目的、意义、原则、内容、途经、目标,以及签署经济伙伴关系协定的准备行动等方面进行了讨论,并达成了广泛的共识,确定了AJCEP的基本框架。2003年12月,双方领导人在东京召开了特别会议,2008年4月14日,经过了三年的谈判,日本与东盟终于签署了《日本-东盟全面经济伙伴关系协定》。对于日本来说,AJCEP是第一个以地区经合组织为对象的多国间经济合作协定,AJCEP不仅包括自由贸易协定(FTA)的内容,即贸易自由化,还包括服务贸易自由化、投资自由化及各领域经济合作的内容。根据协定,双方将在10年内基本实现贸易投资自由化。

（三）韩国–东盟自贸区

相对而言,韩国–东盟自由贸易协定起步虽然晚于中国和日本,但是进展迅速。2014 年 12 月,在釜山举行的第二次韩国–东盟特别峰会上,《韩国–东盟面向未来特别声明》发表。该声明旨在进一步加强韩国与东盟各领域的联系与合作,并强调双方将积极利用和不断完善韩国–东盟自由贸易协定机制。

（四）东盟主导下的"10+X"机制

中日韩三国分别与东盟十国构建的"10+1"框架,是后来《区域全面经济伙伴关系协定》即 RCEP 的基础。二十一世纪以来中日韩的经济地位相对均衡,导致东亚经济共同体建设的主导力量缺位。于是东盟在东亚经济共同体建设过程发挥了主导作用,通过东盟主导的"10+X"机制实现了共同体建设的初步发展。但是,从东亚整体经济发展的情况来看,中日韩三国的经济总量占到东亚整体经济总量的比重超过 90%,在如此庞大的经济体量面前,东盟在推动东亚经济共同体向更高水平整合和合作方面的力量显得十分有限,此时更需要中日韩三国发挥大国主导作用。

在金融合作方面,日本在早期发挥着主导作用,随着中国金融市场的不断扩大与完善,后逐渐发展为中日合作主导。但在整体合作方面,由于日本执着于囊括澳大利亚、新西兰、印度、美国等区域外国家的东亚共同体建设路径,因此未能真正在东亚经济共同体建设中发挥主导作用,更多是一种推动力量。中日在地区主导权方面存在竞争,同时中日都没能实现对东亚经济一体化合作的主导,中国一直坚持东盟的主导作用,但东盟力量有限,使得东亚共同体建设缺少强有力的主导力量。

二、从"10+3"的机制到"10+6"的构想

东盟与中日韩合作(ASEAN Plus Three Cooperation,APT)源于 1990 年马来西亚总理马哈蒂尔提出的"东亚经济集团"(EAEG)设想。东盟与中国、日

本、韩国合作机制包括东盟10国与中日韩三国（"10+3"），以及东盟10国分别与中日韩三国（即三个"10+1"）合作机制。2004年，各方一致同意将"10+3"作为建立东亚共同体这一长期目标的主渠道。在"10+3"以及三个"10+1"合作机制下，东盟与中日韩各领域的合作在新的历史起点上迈开了新步伐，在政治安全、经济贸易、社会文化及环境与气候领域取得了新进展。2020年，"10+3"各方合力应对疫情挑战，相互开放市场，稳定产业链、供应链，有力促进了地区疫情防控和经济复苏，彰显了"10+3"作为东亚合作主渠道的重要作用。

"10+3"是东亚国家为应对1997—1998年金融危机而产生的合作机制，在建立亚洲货币基金（AMF）倡议因为美国的反对被搁置后，"10+3"合作成功推动了"清迈倡议"下的货币互换。"10+3"因亚洲金融危机而生，20多年来在各领域合作已取得长足进展。"10+3"国家还需继续提高本地区公共卫生安全水平，开展联防联控，推进"10+3"应急医疗物资储备建设，在疫苗药物研发等领域深化合作，确保疫苗的可及性和可负担性。保持市场开放，维护产业链、供应链稳定以及人员、货物畅通，促进复工复产和经济复苏，维护粮食安全，实现可持续发展。加强互联互通和发展战略对接，充分利用数字经济带来的机遇，分享经验和技术，增强经济发展韧性，促进地区和平稳定与发展繁荣。

2000年，当时时任马来西亚总理的马哈蒂尔提出了召开东亚峰会的构想，其设想是对东亚'10+3'领导人会议的提升，并为以"10+3"为基础构筑东亚共同体提供基础。在东盟的推动下，首届东亚峰会于2005年12月14日在吉隆坡举行，东盟10国和中国、日本、韩国、印度、澳大利亚、新西兰6国的国家元首或政府首脑与会。不过，当东亚合作沿着"10+3"路线向自由贸易区推进时，日本却在2006年提出了"10+6"紧密经济伙伴协定，并按此框架推动东亚的贸易合作，并成立了相应的专家组，因此峰会也被称为"10+6"峰会。

虽然东亚峰会最终的定位是与"10+3"平行，是本地区16个国家的领导人就共同感兴趣的问题进行对话的论坛,但日本却以峰会16国为基础形成了东亚自由贸易区的新框架。于是,就推动东亚合作向纵深发展的模式问题上,出现了"10+3"和"10+6"之争。

从东亚区内形势看,"10+3"和"10+6"之争确实反映了中日对东亚合作主导权的争夺。"10+6"既包含打算"脱亚入欧"的日本,也包括计划"脱欧入亚"的澳大利亚,这样安排很显然将对东亚合作实施"脱亚入欧"。对比"10+3"全部为东亚国家这一特点可以看出,"10+3"和"10+6"除了中日主导权之争外,两种模式背后还有东亚与非东亚之争,而非东亚的背后其实主要是美国因素。

美国进入后冷战时期试图把东亚纳入自己主导的区域合作安排受阻之后,虽然由于各种原因(包括9·11后陷入反恐泥潭等)没再提出新的倡议,但由于考虑了中国因素,仍然直接或间接地支持东亚合作亚太化,防止中国通过主导区域合作"坐大"。美国对东亚合作的态度因此比较清楚:东亚可以没有任何实质性合作安排,但不能有被中国主导的区域合作进程(王玉主,2010)。

三、RCEP前世今生

20世纪70年代,众多发展中国家掀起了旨在改变不平等的国际经济旧秩序、提高自身经济地位的行动。然而,由于当时缺乏国际贸易机会,发展中国家难以通过国际分工发挥自身的比较优势,建立国际经济新秩序的尝试最后以失败告终。冷战结束以来,国际贸易与投资活动的规模出现了暴发式增长,国际分工的形式也由以往的产业间分工和产业内分工进一步发展为产品内部的垂直专业化或工序分工。在此过程中,出于降低国际分工成本的动机,发达国家跨国公司将其产品的不同工序,生产和服务分散在世界各地,而发展中国家尤其是东亚地区的发展中国家,凭借其丰富的劳动力资源和自然资源,承接了大部分发达国家的跨国业务,顺利嵌入全球生产网络中的特定环节,进而获得增值和发展的机会。随着经济全球化不断深入,全球价值链与供应链在对削减国际贸易壁垒、促进要素流动等方面提出了更高的要求，以此有力推动了区域整合发展进程。

在亚太区域经济合作的进程中，除了来自经济全球化自贸区建设的动力外，历史上发生的数次经济危机也发挥了重要的推动作用。1997年，亚洲金融危机爆发后，东亚大部分国家都遭遇了严重的经济动荡与衰退，从而各国开始意识到通过国际合作防范风险的必要性。2000年5月，中日韩与东盟10国财长在泰国清迈联合提出倡议，建议设立共同的外汇储备基金，并着手建立区域性货币互换网络，迈出了东亚经济一体化的重要一步。在此基础上，中国于2001年启动了与东盟10国的货物贸易协定谈判，签订了东亚首个"10+1"自由贸易协定，此后日本、韩国、澳大利亚、新西兰与印度等国纷纷跟进，通过区域合作塑造增长动力，这都成为签订RCEP的基础。

《区域全面经济伙伴关系协定》（RCEP）由东盟于2012年发起，历经8年、31轮正式谈判，特别是2020年后，各成员克服新冠肺炎疫情带来的巨大困难，全面完成市场准入谈判，并完成1.4万多页文本法律审核工作，最终在第四次领导人会议期间如期签署协定，成为东亚经济一体化建设近20年来最重要的成果。签署RCEP的共有15个成员国，包括东盟10国和中国、日本、韩国、澳大利亚、新西兰，总人口达22.7亿，GDP达26万亿美元，出口总额达5.2万亿美元，占全球总量约30%。RCEP自贸区的建成，意味着占全球约三分之一经济体量的东亚各国将形成一体化大市场。并且，由于新冠肺炎疫情带来的威胁仍未消退，全球经济陷入新一轮衰退的前景逐渐显现，东亚各个经济体都再次感受到经济下滑的严峻压力，推动区域经济合作的呼声日益高涨。在可预见的未来，随着疫情危机负面影响进一步发酵，亚太地区的经济合作水平将在现有基础上继续提高，为区域经济发展注入新的活力。

值得注意的是，作为世界三大制造业中心之一，RCEP成员国参与的东亚经济圈却在内部贸易和投资水平上远低于欧盟和"美墨加协定"框架下的西欧和北美经济圈。东亚经济圈主要经济体间的自由贸易安排以双边自贸协定的形式居多,中日、日韩等经济体间尚未签订任何自由贸易协定,地区自贸安排呈现出显著的碎片化特点。此次签署 RCEP 协定构建起的巨型自贸区将会在整合 5 个"10+1"协定、解决意大利面碗效应^①的同时,补足东亚经济圈的上述短板,进而产生巨大的贸易创造和投资效应。据相关测算,RCEP 将使中国的福利水平提高 1.116%,对外贸易水平提高 8.549%,世界的福利与贸易水平也将获得显著改善。

RCEP 是一个现代、全面、高质量、互惠的大型区域自贸协定。相较于东盟与中国、日本、韩国等国签署的多个"10+1"自贸协定,以及中、日、韩、澳、新西兰 5 国之间的自贸伙伴关系,RCEP 的服务贸易和投资开放水平更高,将发挥区域内经贸规则"整合器"的作用。世界正面临百年未有之大变局,亚太地区在世界经济发展中具有举足轻重的地位。可以预见,RCEP 的达成将为亚太自贸区(FTAAP)进程提供实现路径,进一步提升亚太地区今后在全球发展格局中的分量。

(一)RECP 自贸协定

RCEP 的 15 个成员国中,既包括日韩澳新这样的发达国家,也包括中国与东盟等新兴经济体,发展水平差距较大。为此,RCEP 在许多方面进行了针对性地调整,以更好地适应区域内各个成员国的实际情况。例如,RCEP 要求区域内 90% 以上的货物实现贸易自由化,并对部分发展中成员做出渐进安排,要求在 10 年内逐步降至零关税。在服务贸易领域,包括中国在内的 8 个服务贸易竞争力较弱的成员国采取了正面清单的承诺,并将于协定生效后 6 年内转化为负面清单,这一安排为以上国家提供了一定的缓冲期。

RCEP 亦对原产地规则进行了较为自由和灵活的安排,企业可以在区域价值成分原则和税则归类改变标准二者之间选一,并且将所有成员国视为

---

① 指在双边自由贸易协定(FTA)和区域贸易协定(RTA)(统称特惠贸易协议)下,各个协议的不同的优惠待遇和原产地规则。原产地规则就像碗里的意大利面条,一根根地绞在一起,剪不断,理还乱。贸易专家们称这种现象为"意大利面条碗"现象或效应。

一个整体,跨国生产或者制造货物的原产地价值成分可以进行累积。同时,相较于以往的"10+1"协定,RCEP进一步丰富了原产地证书的类型,认可经核准的出口商声明以及出口商的自主声明。这意味着在原产地壁垒削减之后,区域内的产业链衔接可以变得更加紧密,企业能够充分利用不同国家的禀赋和比较优势差异来合理安排生产环节,进而有效提高区域内产品的国际竞争力。

在RCEP的20个章节中还首次加入了包括有17项条款的电子商务专章,旨在适应当前跨境电商贸易的高速发展趋势,具有较强的前瞻性和创新性。其中,无纸化贸易、保障电子认证和签名有效性、暂时免征关税等条款有利于创造更便利的线上营商环境;消费者和个人信息保护、垃圾信息治理、网络安全防护等条款有利于避免与跨境电商相关的网络危害;增进与电子商务对话透明度、有限度跨境信息传输、规范数据储存等条款将有效促进各国相关部门和产业的合作。未来,在RCEP自贸区中,跨境电商与传统制造业优势的融合可能会成为企业降本增效的关键,线上线下的相互促进将有助于企业实现长期协调发展。

除此之外,RCEP自贸协定还在自然人移动、政企争端解决、知识产权保护、贸易救济措施、贸易便利化等领域分别做出了相应规定。通过覆盖贸易、投资、产业领域的全方位安排,RCEP将促成区域内统一大市场与国内国际双循环的发展格局。一方面,RCEP将推动各个成员国基于自身比较优势不断深化国际分工、优化资源配置效率;另一方面,也会通过海外市场的扩大对供给侧施加改革压力,促进成员国之间的产业转移与产业升级。在此基础上,区域内福利水平与综合竞争水平将实现整体提高。

(二)RECP中的中日韩

作为一衣带水的邻邦和东亚生产网络中的重要参与者,中日韩三国之间形成了密切的国际贸易往来与产业链关系,已然成为事实上的经济共同体。在进一步发展经贸合作关系的需求下,早在2002年,建立中日韩三边自贸区的构想就已经被正式提出,但由于多种原因并未取得实质性进展。
2012年,中日韩自贸区再次被提上议事日程,但随后爆发的钓鱼岛冲突和萨
德事件使得中日、中韩关系恶化,谈判进程严重受阻。直到2018年,中日韩
自贸区谈判进程才重回正轨,到2020年已经进行了16轮谈判,在地方合作、
电子商务、互联互通、能源等领域取得了积极进展。

　　中日韩自贸区虽然只是三边自贸安排,但其GDP之和却占RCEP成员国
经济规模的80%和世界经济总量的25%,经济体量已经超过欧盟。同时,中
日与中韩之间的贸易规模较大,年贸易额分别达到4000亿美元和3000亿美
元,在亚太地区仅次于东盟10国,并且贸易的质量与水平较高。因此,中日
韩自贸区并不是可有可无,而是会在目前RCEP的基础上,根据三国的实际
能力与需求提出更高的标准,形成推动东北亚区域经济一体化的"RCEP+"。
在未来的东北亚经济圈设想中,中日韩三国将各自保持相对独立的地位,继
续发挥产业链上下游互补性,并进一步挖掘彼此经贸合作的潜力。

　　通过RCEP形成的巨型自贸区,帮助以往未能签订双边自贸协定的中
日、日韩之间首次建立了自贸关系,贸易壁垒的削减将为中日韩自贸区的实
现创造有利条件;RCEP中形成的区域经济合作共识也能够有效降低三国之
间的磋商和博弈成本,加快中日韩自贸区的谈判进程。未来,中日韩自贸区
的落地将会显著提高东北亚经济圈乃至整个亚洲的全球竞争力(张建平、董
亮,2020)。

四、中日韩自贸区的障碍与前景

　　在RCEP的15个成员国中,中日韩三国的经济总量占比超过了80%,三
个国家国内经济发展和相互之间的经贸关系都已相当成熟,签署自由贸易
协定能进一步提升三国之间的经贸跨越式发展。中日韩自贸区的建设意味
着可以将三国市场整合在一起,使中国庞大的消费市场、日本强大的消费能
力、韩国显著的科技优势相互结合,在发挥国家之间比较优势的同时,提高

三国居民的福利水平。然而，从中日韩自贸区建设的过程来看，建立自由贸易区困难重重。推进中日韩自贸区建设存在制度障碍、文化障碍、意识障碍及技术障碍等许多障碍，阻碍了中日韩自贸区的推进（郑建成、胡江林，2020）。

自20世纪50年代以来，日本、韩国和中国逐步走上经济复苏之路，到20世纪七八十年代，形成了以日本为领头雁，三国成"雁型模式"垂直化的国际分工体系。进入90年代，随着韩国、中国纷纷进行产业结构升级和经济结构调整，以石化、钢铁等重工业和以纺织业等劳动密集型、低附加值产业为主的传统生产模式逐渐被淘汰，两国转而向电子、汽车等技术密集型产业以及资本密集型产业等具备高附加值行业过渡。尤其日本进入"衰落的二十年"之后，韩国和中国在产业结构升级方面逐渐有赶超之势。中日韩三国之间"垂直-互补"的雁型模式已经向"水平-竞争"的方向发展。

从中日韩三国国内经济发展情况看，日本现在实行核心技术内部化的海外投资模式。其制造业仍具有较强的竞争力，尤其在家电、汽车等传统制造业领域，无论技术还是规模均在全球保持领先地位。韩国作为后起之秀，大力发展以现代汽车为代表的制造业，以及以三星电子为代表的高科技产业，与日本在产业结构方面具有较强的相似性，若两国进行双边贸易合作，则很可能在优势产业方面形成竞争，从而不利于两国经济长期发展。

进入21世纪之后，中国产业转型升级压力增大，对外吸引先进技术的投入和对高新技术的扶植补贴不断增加，尤其在高新技术自主创新方面，政府提供多种补贴以促进其发展，使中国制造业的整体水平得到大幅度提高。与日本和韩国不同，中国自身拥有大规模相对低廉的劳动力，同时具有庞大的国内需求市场，使得中国在传统重工业（如汽车、作业机械），以及纺织等轻工业方面均获得极大成功，已经成为日本和韩国同类产品的有力竞争对手。此外，中国的纺织产品、小型家电产品优势不断体现，在海外市场的竞争力也显著提高。在高新产业方面，中国也显示出巨大的潜力，如2017年中国在高铁的高新技术方面再次取得重大突破。

随着中国产业结构优化升级的速度不断加快,中日韩三国之间技术差距也将逐渐减小,更多的竞争将在高新科技领域体现。尤其在第三国市场中,将会形成较为激烈的竞争格局。这种竞争性产业格局不利于中日韩签订FTA协议,会对其形成一定障碍。

(一)中日韩三国内部贸易的不平衡性

中日韩三国对外贸易依存度都相对较高,三国对外贸易整体均呈顺差状态,若建立自贸区则必须考虑建立之后三国之间内部贸易的变化趋势。目前三国之间的贸易存在很多不平衡现象,形成贸易失衡的原因多种多样,这在很大程度上影响着自贸区的推进速度。

1.中韩双边贸易不平衡程度较为严重

1992年中韩正式建交后,中韩双边贸易迅速发展。但双边贸易明显呈现单边倒的不平衡态势,韩国对中国出口明显高于中国对韩国出口,中国持续处于贸易收支赤字状态,且赤字规模不断扩大。1998—2013年之间,中国对韩国的贸易赤字甚至超过向韩国的出口总额。中韩双边贸易赤字呈现稳定的递增趋势,1993年赤字2亿美元,在2013年则达到919亿美元峰值,之后略有下降。

从中韩双边产业结构看,多年来中国向韩国出口产品主要以附加值较低的初级产品、低技术产品和其他劳动密集型产品为主,例如原材料、初加工的农产品、矿产品以及具有中国传统产业优势的纺织产品等为主,而韩国向中国出口产品则主要集中在资本密集型和技术密集型领域,包括电子零件、汽车配件、化工、塑料等各类高附加值产品。另外,从中韩双边合作历程分析,中韩建交后,在中国大力吸引海外投资的背景下,大量韩国资金以外商直接投资形式流向中国,韩国企业将部分生产成本上升较快的机械类零部件行业投资到中国,例如三星、LG、现代等韩国大型企业均在中国建立生产基地;另一方面,韩国自身采取较为封闭的进口政策,通过关税和非关税壁垒形式保护国内特殊产业,例如,对中国农产品设置"特别保护条款",以限制中国农产品向韩国出口。

2. 日韩之间贸易不平衡现象比较突出

从1988年开始,韩国在日韩贸易中持续处于逆差状态,而且基本保持平稳的增长态势。直到2010年以后,整体赤字规模才有所下降,但2015年以后再次有所回升。究其原因,主要在于韩国对日本产业结构的长期过高依赖。日韩双边进出口贸易基本稳定且保持相同趋势,仅在1998年和2009年金融危机时出现短暂下降。尽管近年来韩国科技发展速度较快,但其经济对日本的依赖程度依然较高,甚至某种程度上已经形成路径依赖。在韩国工业经济发展初期,通过引进日本的技术和资金,逐渐建立起完善的现代工业体系,但核心零部件仍需从日本进口,尤其在电子产品和半导体方面对日本的依赖程度依然没有减弱。尽管电子产品等已逐渐成为韩国出口的主力,但由于从日本进口的材料数量不断增加,而且进口多为高附加值的核心产品,导致韩国和日本之间贸易赤字越来越大。另外,从国际金融市场看,近年来日元持续升值,韩元相对贬值,也导致进口日本产品价格提高,恶化了贸易条件,贸易逆差规模不断扩大,这种结构性贸易逆差在短期之内很难发生彻底改变。

3. 中日双边贸易不平衡态势不断加剧

一直以来,中日双边贸易规模基本保持稳定增长势头,直到2011年双边贸易量才有所下降。在2002年以前,中日双边贸易基本保持平衡状态,两国均互有盈余和赤字;2002年后,中日双边贸易的中国赤字开始逐渐显现,而且有扩大趋势;2010年贸易逆差额是2001年的近11倍。中日贸易逆差与中韩贸易逆差的形成原因具有相同之处。首先,在中国对外贸易结构中加工贸易长期占较大比重,而对于加工贸易产品,很大部分零部件是从日本采购,因此中国从日本采购的加工机械、机电设备、汽车配件、半导体以及精钢等优质原材料和机械设备是不断增加的,支撑了中日贸易逆差。相反中国对日本出口产品更多局限在日本本土产量较低的日用品方面,附加值较低且需求增速较慢。另外,日本对农产品也设置了较高关税,并通过配额制和许可证制等非关税壁垒控制中国对日本出口农产品数量,进一步扩大了中日双边贸易赤字。随着中日技术差距逐渐减小、贸易壁垒门槛逐渐降低,以及双方贸易依赖性减弱,近年来双边贸易赤字规模也在逐渐缩小。

(二)中日韩三国内部贸易发展的主要障碍

1.敏感产业市场开放程度有限

尽管中日韩三国在促进经贸合作上存在着较多优势,但是三国之间也存在着一些敏感话题,阻碍着经贸合作的开展。从当前现状来看,"政冷经热"是三国要应对的首要问题,这不仅可以通过一些各国对外政策可以看出,也可以通过每个国家的优势表现看出。如农业是中国最具优势的产业,而它对于日本和韩国而言则属于敏感产业,两国对中国农产品设置的关税最高达到了773%和891%,因此日韩两国对中国开放农业的难度较大。另外,知识产权、技术准则、环保等也是中国和日韩两国的敏感问题。从当前情况来看,日韩较之于中国在知识产权、环保等层面更具有开放性,对相关技术研究也相对更加深入,中国在这一领域还有很多路要走。因此,日本更加重视推行涵盖内容宽泛和高质量的全面经济伙伴关系协定,期望通过协调统一地区规则和制度发挥自身的竞争优势和主导地位。综合而言,中日韩三国都存在着敏感的行业:日本的农业、韩国农林渔业、中国的资本与技术密集型工业。如果把本国市场打开,必然会对本国行业稳定带来较大负面影响,所以上述敏感行业的谈判很可能会成为中日韩自贸区建设所面临的主要阻碍。

2.中日韩政治障碍未完全清除

建立中日韩自贸区不仅是经济层面的区域合作问题,同样也是政治互信在经济层面的反映。中日韩多边政治生态环境的改善,必将推进中日韩多边经贸合作的发展。相反,若中日韩之间不断存在各种政治摩擦甚至争端,则必然阻碍中日韩FTA的未来发展。从目前来看,有学者认为影响中日韩自贸区建设的政治障碍主要表现在主权之争、民族主义冲突、历史遗留问题、萨德问题以及中美贸易摩擦五个方面(郑建成、胡江林,2021)。

一是领土主权争端。领土主权问题事关国家与民族尊严,是国家关系中最敏感的问题,也是国际政治经济领域研究的重要课题。中日韩作为一衣带水的相邻国家,由于历史原因,三国之间存在许多比较敏感的领土主权问题,而且关于领土主权争端从未停止,若不能和平妥善解决,中日韩关系乃至多边经济合作都会受到严重影响。

二是民族主义冲突。中日韩三国属于同一文化体系,拥有强烈的民族自豪感、民族自信心和民族凝聚力。在经济困难时期,强烈的民族自信心和民族凝聚力能够帮助国家度过发展难关。但民族主义具有正反两面特征,利用得当能够激发民族自豪感,提升民族凝聚力,促进国家经济的繁荣发展;若处理不当则会影响国家之间的关系。以中国为例,随着中国综合国力的不断提升,中国在东亚乃至整个亚洲、亚太地区的影响力不断增强,尽管中国坚持"和平开放、绝不称霸"的基本原则,但关于中国的负面消息还是层出不穷,域外某些极端民族主义分子通过媒体制造"中国威胁论",在普通民众中渲染不安的紧张气氛。实际上,关于类似的民族主义情绪在各国均有所体现:在日本有"中国经济将崩溃""韩元升值将导致韩国经济破产"的言论,在韩国也有"日本企业已经无法战胜韩国企业"等言论充斥网络。这种民族主义言论若不加以正确引导,很容易在中日韩三国民众之间形成巨大的隔阂,不利于文化、经济的进一步深入交流与合作。

三是日本历史遗留问题。作为二战时饱受日本战火摧残的中国和韩国,在面对日本的历史遗留问题上,均持有相同的意见、态度。中日矛盾焦点主要集中在南京大屠杀、参拜靖国神社、篡改历史教科书以及遗留的化学武器等方面,而日韩矛盾也同样表现在类似问题以及慰安妇问题上。问题的核心在于日本对战争期间给中韩两国带来的沉重灾难并未进行充分自省,甚至日本还经常出现为日本军国主义历史翻案的激进言行,右翼分子还试图通过篡改历史教科书更改历史。为了使中日韩FTA得以建立并顺利实施,三国必须努力化解影响彼此战略互信的消极因素,构筑更加稳定的战略伙伴关系,并以此带动区域经济一体化的发展。

四是军事安全问题,如萨德问题。尽管韩国政府由于种种原因最终确定部署萨德系统,然而,这一行为不仅对中日韩的政治安全形势产生了负面影响,同时也导致中韩两国之间的政治经济关系处于历史最低点,给中日韩自贸区谈判带来较大的阻力,具体可以从两个方面来体现:其一,对中日韩地区战略的均衡发展状态产生较大的威胁,容易引发"新冷战"。美国宣布在韩国部署萨德系统的这一行为,不仅会打乱中日韩地区脆弱的政治安全和军事均衡状态,还会导致中日韩地区出现潜在的"安全困境",甚至还可能导致中国和俄罗斯与美日韩等国家出现明显对立,使得在这一地区出现"新冷战"格局。其二,将使中韩两国出现严重的互信危机,给中日韩自贸区谈判带来较大的阻力。近些年以来,中韩两国经济贸易在双方政府的支持下取得了较大发展,两国贸易额也多年创下历史新高。但随着朝鲜开展第四次核试验、韩国宣布部署美国萨德系统后,中韩两国的关系发展受到阻碍,也给中日韩自贸区的贸易谈判带来较大的负面影响。

五是中美经贸摩擦带来的严重负面冲击。中美贸易是全球贸易的重要组成部分,中国是美国出口的第三大市场,也是美国进口来源第一大国。但是在特朗普的贸易保护主义下,2019年8月24日,美国政府宣布提高关税到30%,中国因此也提高关税进行反击,中美贸易摩擦不断升级。美国这种单边、霸凌的贸易保护主义行为对全球化的制度和规则造成了严重的伤害,同时也使中美两国自由贸易合作受到严重阻滞。美国的干预是影响中日韩FTA进程的重要因素,随着中美区域经济合作竞争格局的演变,作为全球第三大经济体的日本势必成为中美争夺的重要对象。

第二节　中国在东北亚经济中的角色

一、角色的转变历程——"中心-边缘-中心"

中国与周边国家和地区之间的经贸往来历史悠久，以中国为中心、以"海上丝绸之路"为纽带，辐射东亚、东南亚的朝贡贸易体系持续了约1500年。近代以来受到西方殖民主义扩张的影响，中国与周边国家的关系被动进入以西方列强为中心的互动模式，成为西方国家主导下国际贸易体系的一部分。1949年中华人民共和国成立后，中国与周边国家之间的经贸往来受限于美苏对峙的二元国际体系和中国自身的政策选择，贸易对象变化较大，规模和种类相对有限。1978年，十一届三中全会中国开始实行改革开放以来，周边地区成为中国发展外贸、吸引外资的优先选择；20世纪90年代中期，经济合作取代对抗成为国际主流，中国与周边邻国之间的关系得到全面改善，区域多边主义蓬勃发展，中国与周边大多数国家之间实现了贸易、投资正常化，中国与周边国家贸易出现第一次快速增长，日本、韩国、俄罗斯、马来西亚成为中国周边国家中的主要贸易对象，但随着1997年亚洲金融危机的爆发以及蔓延，中国与周边国家贸易增速在1997—1998年显著放缓，陷入低谷。随着中国加入WTO，中国与周边国家和地区的经贸往来再度驶入高速发展的快车道。

20世纪中叶，包括日本在内的东亚地区区域经济总量仅占世界经济总量的6%；进入21世纪后这一比重不断增加，2018年约占世界经济总量的32.89%，东亚与北美、欧洲并列为世界三大经济中心之一。20世纪下半叶以来，日本、新加坡、韩国、中国、印度等亚洲经济体先后实现了经济的中高速发展，亚洲逐渐成为世界上经济发展最快并且最有发展潜力的地区之一，地区整体影响力不断提升，经济增速居高不下，特别是在2008年全球经济危机之后,在全球经济低迷的情况下,东亚地区仍然保持着相对较高的经济增速,更进一步强化了世界经济增长重心的东移趋势。

随着区域内国际分工的不断深化,以中国为代表的发展中国家不断融入区域生产网络,直接表现为中国与周边国家在区域价值链中的位置发生相对变化。中国与周边国家之间的经济合作不断向其他领域推进和发展,特别是2013年中国提出"一带一路"倡议后,中国政府与周边国家政府成为双边、多边和区域经贸合作的积极推动力量,以政策沟通、设施联通、贸易畅通、资金融通、民心相通(简称五通)和国际产能合作为主要代表的"一带一路"倡议得到了周边沿线国家的广泛响应和积极参与,经济走廊建设快速推进。中国在区域内实现了飞速崛起,中国在周边格局经济中所占的比重大幅度上升,到2019年末中国经济总量几乎占据了周边格局的一半;同时,曾经作为东亚经济雁型模式"雁头"的日本在周边经济中的占比下降,由区域第一降至第二。

随着中国经济影响力在世界范围内的不断加强,2008年以来中国积极推进人民币国际化,2009年中国开始试点跨境人民币结算业务,在区域多边和双边货币互换、境外人民币离岸市场建设、本币跨境结算等方面均取得了较大的进展,中国跻身全球金融大国行列。凭借自身强大的外汇储备,中国成为周边地区金融的稳定力量。近年来,中国倡导发起以金砖国家开发银行和亚洲基础设施投资银行为代表的国际性金融合作组织,以及通过"一带一路"等经济发展合作框架,以周边国家为先锋,吸引和影响了越来越多的国家和地区加入,引领世界金融、贸易等新制度构成,实现了从周边格局"边缘"向"中心"的跨越。

二、中国在RCEP中的大国稳定器作用

RCEP资源丰富,经济多元,拥有庞大的消费市场,经济发展空间广阔,中日韩携手合作能够起到大国稳定器的作用。目前,RCEP成员国对外贸易

和对外投资额占到全球总量的1/3左右,已形成比较密切的生产网络和全方位的产业链、价值链、供应链体系,经济依赖程度增强。其中,中国拥有完整的工业体系,制造业规模世界第一;日本高科技产业发达,产业技术全球领先;澳大利亚资源丰富,是世界原材料供应大国。RCEP成员国完全可以独立形成覆盖全球的高中低端产业链经济圈,通过双边或多边的贸易与投资活动,加强第三方市场合作,促进互惠共赢发展。在RCEP成员国中,中日韩经济体量大、综合实力强,是保障成员方平等参与,共同捍卫世界自由贸易体制,遏制美国霸权的重要力量。因此,要充分发挥大国稳定器作用,全面深化中日韩经济合作,积极落实联合国2030年可持续发展目标,不断完善RCEP合作机制,统筹推进RCEP发展;要倾力打造长效合作机制,全面深化区域经济合作,加快构建全球治理体系,完善全球治理规则,为世界经济一体化注入新的动力。(李洪阶,2020)

三、中国"一带一路"倡议对东北亚经济发展的影响

首先,"一带一路"下中国广阔的市场前景给日韩缔结三方FTA以更强吸引力。"一带一路"涉及地域广阔,拥有巨大的市场潜力和众多机遇。根据一带一路官网显示,截至2020年,中国与171个国家和国际组织签署了205份共建"一带一路"合作文件。《区域全面经济伙伴关系协定》(RCEP)成功签署,成为全球规模最大的自贸区,为中日韩预计最终达成的自由化程度更高的协议提供了合作大框架。这些都加强了中日韩FTA合作中中国的博弈筹码,多元化市场也提高了各方对中日韩FTA的收益预期。依托"一带一路"带来的贸易增长令各国瞩目,中日、中韩均在"一带一路"框架下对共同开拓第三方市场达成了重要共识,这将促进中日韩加强经济合作。同时,通过FTA谈判进一步增强了各国贸易收益及社会福利,同时也进一步加强了东北亚地区的融合发展。

其次,推进"一带一路"倡议与东北亚区域合作相辅相成。东北亚各国

经贸联系非常密切,进一步加强和深化各国之间的合作,可以更好地促进"一带一路"建设的顺利发展。同时,"一带一路"的建设也可以加强东北亚地区的合作。俄罗斯、韩国、蒙古国为加强对外合作,制定了相应的政策规划,特别是为对接中国"一带一路"倡议,韩国出台了"新北方政策""新南方政策",蒙古国提出了"发展之路"战略,俄罗斯希望"一带一路"倡议与欧亚联盟有效衔接,日本虽然未制定相应的规划,但在中日高层交往中表示推动企业与中国加强合作。各国的规划设计、高层的积极推动、企业的加快落实为"一带一路"建设不断地增添了新的动力,使东北亚地区日益成为"一带一路"倡议中值得期待的重要区域,这也符合各国通过"一带一路"建设获取更多利益的需求,有效加强了东北亚区域的合作与共建。

▶ 第三章

区域经济合作：中日韩自贸区的未来

第一节　中日韩自贸区的背景和基础

一、中日韩自贸区发展进程

二十世纪九十年代末，中日韩三国关于自由贸易区的讨论就已经开始，但受当时条件所限，经贸合作的进展并不顺利，直到 2002 年 11 月，中日韩自贸区的研究构想才在中日韩三国领导人会议上被正式提出。2008 年全球金融危机发生后，为了应对冲击，进一步加强区域经贸合作，中日韩三国举办了三国首脑峰会，发表《三国伙伴关系联合声明》，签署《推动中日韩三国合作行动计划》等。2012 年 11 月，中日韩三国宣布启动中日韩自贸区谈判，并于 2013 年 3 月在韩国首尔举行第一轮会谈，但随后由于"钓鱼岛事件"和"萨德事件"的爆发，造成中日、中韩关系遇冷，谈判进程严重受阻。直到 2019 年第七次中日韩领导人会议上有关中日韩自贸区的谈判才又重新回到正轨。2019 年在日韩贸易争端的背景下，第八次中日韩领导人会议在成都举办，三国领导人承诺今后不因双边关系问题而中断合作，三方一致同意进一步推进中日韩自贸区谈判进程。迄今为止，中日韩自贸区已进行十六轮谈判。

在东亚经济体中，中日韩三国经济互补性最强，合作前景最广。中日韩自贸协定谈判一波三折，谈判进程并不顺利。但是 RCEP 的签署标志着东亚地区将形成一个统一的自由贸易区，促进区域内的商品、资本、技术和人员等要素的跨境流动，将协调东亚地区不同自由贸易协定水平不一、碎片化等问题。在 RCEP 框架下，有关市场准入、投资限制以及贸易壁垒等方面的障碍将有望被打破，为未来中日韩自贸协定打下良好的基础。在 RCEP 中达成的共识也能给中日韩三国之间的谈判提供经验，有助于降低中日韩自贸区谈判和博弈成本，加快中日韩自贸区谈判进程。

二、中日韩自贸区的良好基础

从贸易依存情况来看，2019 年中日、中韩贸易额分别为 3150 亿美元、2845 亿美元。中国是日本、韩国的第一大贸易伙伴，2019 年中国对日本出口额占日本进口比重的 20%，对日本进口额占日本出口比重的 24%；中国对韩国出口额占韩国进口比重的 22%，中国对韩国进口额占韩国出口比重的 32%，这既有利于推动中日韩经贸交流的进一步深化，也有助于推动中日韩自贸区的建设。

如表 3.1 所示，中日韩三国之间贸易往来密切，中日、中韩、日中、韩中的贸易结合度均大于 1。其中，中日、中韩的贸易结合度指数集中在 1.5~2 之间，日本对中国的贸易结合度指数保持在 2 以上，韩国贸易市场同中国联系最为密切，近年其贸易结合度一直保持在 3 以上。同时，从表中也可以看到日本、韩国对中国贸易的依赖程度远大于中国对日、韩两国的依赖程度。

	日本		韩国	
	中日	日中	中韩	韩中
2005	1.95	2.78	1.92	4.45
2006	2.04	2.81	1.85	4.34
2007	1.93	2.81	1.85	4.19
2008	1.76	2.82	1.97	3.89
2009	1.89	2.86	1.77	3.58
2010	1.71	2.55	1.59	3.30
2011	1.69	2.51	1.54	3.11
2012	1.56	2.29	1.54	3.17
2013	1.55	2.21	1.52	3.19
2014	1.48	2.33	1.56	3.24
2015	1.54	2.28	1.71	3.31
2016	1.65	2.32	1.79	3.29
2017	1.63	2.32	1.71	3.03
2018	1.57	2.27	1.62	3.14
2019	1.53	2.26	1.70	2.97

表3.1 中国与日本、韩国的贸易结合度指数表

中日韩三国具有很强的经贸合作互补性。中国是日本、韩国最大的贸易伙伴，而日韩两国又分别是中国第四大、第五大贸易伙伴。三国之间要充分发挥优势，加强三国经贸合作的互补性。中国是一个拥有14亿人口，国土陆地面积约960万平方公里的大国，消费市场广阔，国民购买能力逐年上升，劳动力资源丰富，自然资源充足。中国的产业以资源密集型和劳动密集型为主，而且建立了全世界最完整的现代工业体系，能够生产几乎所有的工业产品。日本虽然国土面积较小，但拥有1.2亿人口，同时每年还有上千万人次的外国游客访日，市场相对较大，同时，日本在高新技术产业方面有着较强的优势。韩国作为发达国家有着较为完备的产业结构，其以半导体为首的高新技术保持第一梯队优势。中日韩三国在地理资源、消费市场和产

业发展程度方面存在差异,但由于三国所处的发展阶段不同,加强三国产业合作,有望实现优势互补和高质量发展。中国应该加强对日本和韩国的农产品出口,签署长期的农产品出口协议,同时还应通过优惠政策和关税政策大力引进日本和韩国的资本、技术和人才等生产要素。

二战结束以来,中日韩三国一直是多边主义和自由贸易的支持者,经济发展迅速。在此期间,中日韩三国还形成了较为密切的经贸合作关系。这也是得益于自由主义对世界经济的推动,实现了生产要素的充分流动和资源的有效配合。但随着贸易保护主义和逆全球化潮流势力的抬头,贸易领域的不确定性增加,影响了多边贸易的发展。除此之外,贸易保护主义和单边主义会产生连锁反应,放大对中日韩三国经贸合作的冲击。

后金融危机以来,部分西方国家为维护本国资本集团的利益,将问题矛头指向自由贸易,以国家安全为名义设置贸易壁垒,滥用关税等贸易保护主义工具的现象日益增多。中、日、韩三国作为东亚重要经济体,同时也是世界上主要的贸易参与国,发展严重受阻。如特朗普2018年挑起贸易争端,中日韩三国就都成为美国贸易争端的受害者,美国政府不顾国际自由贸易体制和世界贸易组织多边规则,以提高关税、数量限制等方式对中日韩三国的贸易活动实行单方面打压,有时甚至通过政治施压来达到其目的,为此三国都饱受其害。这种外部压力将在相当程度上促使三国寻找更大贸易和合作空间,推动中日韩自贸协定尽早达成。

中国作为世界上最大货物出口国,同时也是第二大进口国,国际贸易在国民经济中发挥着重要作用。日本、韩国国土面积狭小,国内市场有限,因此都建立了外向型的经济发展策略。在国际贸易环境可能因贸易保护主义而恶化的背景下,建立中日韩自贸区,加强区域经济合作,共同降低贸易投资壁垒,分享市场,加强区域内资本、技术、劳动力等生产要素的流动,增强政治互信,抱团取暖,是对贸易保护主义的有效反击。

第二节　中日韩自贸区建设进程中的挑战

自由贸易区战略本身是一种既充满博弈色彩又缺乏相互协调的"竞争性合作"战略,抛开前述政治和历史遗留问题,还面临如下挑战:

一、中日韩自贸区的经济障碍

中日韩经贸区主要存在三大障碍,第一是高度同质化的竞争性产业格局不利于三国开展多边合作。自20世纪50年代以来,日本、韩国和中国逐步走上战后经济复苏之路,到20世纪七八十年代,日本经济达到巅峰时期,形成了以日本为领头雁、韩国等亚洲四小龙紧随其后,中国等国位于最后的雁型垂直国际分工体系。进入90年代,日本、韩国等国产业进一步升级,经济结构得到调整,石化、钢铁等低端重工业和纺织业等劳动密集型、低附加值产业逐渐被转移到中国和东南亚地区,电子、汽车等技术密集型产业以及资本密集型产业成为两国最主要的经济产业。中国也在产业转移的大潮中不断推进自我创新,发展新兴产业和高端制造业。在日本经历了"失去的二十年"之后,中国和韩国在部分产业上出现了赶超之势。中日韩三国之间"垂直-互补"的雁型模式已经向"水平-竞争"的方向发展。

从中日韩三国国内经济发展情况看,日本现在实行核心技术内部化的海外投资模式。其制造业仍具有较强的竞争力,在钢铁、汽车等传统行业依然保持着世界领先水平,在半导体、电子信息等高新技术方面也处在世界前列。韩国作为后起之秀,大力发展以现代汽车为代表的制造业和以三星电子为代表的高科技产业,与日本在产业结构方面具有较强的相似性。在国际贸易活动中,两国很可能在优势产业方面形成竞争,从而不利于两国经济长期发展。进入21世纪之后,中国产业转型升级的迫切性不断提高,对外吸引先进技术的投入和对高新技术的扶植补贴不断增加,尤其在高新技术自主创新方面,政府提供多种补贴以促进其发展,使中国制造业的整体水平得到大幅度提升。与日本和韩国不同,中国由于发展起步较晚,劳动力价格相对低廉,同时鉴于中国以人口优势形成的庞大内需市场,钢铁、冶金等传统重工业以及纺织等轻工业均获得极大的发展空间,在大规模生产以及人力成本相对较低的拉动下,日韩同类产品已经难以同中国商品相竞争,此外随着中国技术水平的不断提高,黑白家电设备、工程机械等领域与日韩企业等竞争也日益激烈。在高新产业方面,中国也显示出巨大的潜力,如2017年中国在高铁高新技术方面再次取得重大突破,与日本高铁行业的海外市场竞争也必然加大。

随着中国各类政策的加持以及自主创新能力的不断提高,产业结构优化升级的速度也必然日益加快,未来越来越多的竞争将开始出现在高新科技领域,三国同类产品之间的市场竞争可能会日益激烈。这种竞争性产业格局不利于中日韩签订FTA协议,会对其形成一定障碍。

第二是敏感产业问题。敏感产业的市场开放程度限制多边合作进程,甚至在一定程度上决定着自由贸易区的谈判进程以及成败。日本最先考虑的是《日韩自由贸易协定》与《日新经济伙伴关系协定(EPA)》,但两者的谈判进程却大相径庭。新加坡在1999年提出与日本开展贸易谈判,2001年1月双方启动了谈判程序。2002年1月,协定正式签字,当年11月开始生效,从启动到实施前后不过三年时间。《日新经济伙伴关系协定》谈判之所以如此顺利,关键因素在于此协定中新加坡并没有触及农业这一日本的敏感产业。然而,同样起步较早的日韩自由贸易区谈判却步履维艰。1998年日韩自贸区的议题被提出,直到2003年10月官产学联合研究才完成,历时5年之久。2003年12月双方正式开始谈判,但经过六轮磋商后又陷入僵局,至今谈判仍处于搁浅状态。究其缘由,除了历史、政治等原因外,主要是由于两国在汽车关税、农产品市场等领域存在分歧。

中日韩各自利益诉求与优势领域不同,三方都希望将重要领域的人才、技术等要素留在国内,不愿意轻易进行技术输出,此外鉴于国家安全的综合考量,各国都有需要保护的产业,因此,各自到底开放多少领域,市场开放到什么程度,仍然是一个极其艰难的博弈过程。同中国和韩国这两个一衣带水的周边国家相比,日本更想要拓展全球市场,推动同欧盟、美国等传统西方国家以及东南亚和环太平洋地区相关国家的自贸合作。日本与中国和韩国的经贸有优势互补的一面,也有相互竞争的一面。中日韩经贸摩擦涉及深层次问题,不会轻易得到解决。

除了经济领域存在敏感问题,三方在政治层面也存在敏感议题,中日韩三国,特别是中日、韩日之间潜在的结构性矛盾时不时会因为个别问题而激化。实践表明,三国之间的结构性矛盾,通常会出现阶段性反复,这些问题都是不能随便触及和轻易解决的。

第三是农业保护问题。中日韩FTA谈判的分歧点在于中日韩三国追求的FTA的标准不一致,日韩期望更高标准的贸易自由化,尤其是日本希望以TPP(后来为CPTPP)高标准谈判为参照,而中国期望渐进达成适用的亚洲标准。比如,在农产品市场开放方面,虽然日韩两国是世界上食品和粮食价格最高的国家之一,但两国为了本国自身农业安全,保持主粮较高的自给率,都设定了极高的农产品进口税和苛刻的进口条件,短期来看,进一步开放的难度较大。而中国是农产品出口大国,更愿意开放农产品市场,加入世界农业贸易之中。日本和韩国虽然与世界上大量国家签署了一系列FTA,但就目前已经生效的FTA来看,农业领域一直是一个保守的领域,约有一半的农产品都被列为例外处理或再协商。究其原因在于中日韩三国对各自利益诉求存有差异,国内相关产业界存在着强大的力量要求保护本国相关产业,农产品问题已经超出了经济范畴,逐渐演变为国内政治议题,当局不愿意也不敢去触及这些问题。

具体来看三国在农业上的分歧:中日韩三国是全球主要的农产品贸易大国,农业始终是三国在经济发展中最敏感的问题。中国虽然面积广阔,但有着巨大的人口体量,以及诸多难以利用的土地;而日韩两国都是人多地狭,同时又多山地,农业生产难以大规模开展。由此出现了三国人均耕地面积都相对短缺的问题,因此,资源条件以及政策方针等各方面的要素直接关系到三个国家在农业领域的发展。中国的耕地面积在三个国家中是最大的,但考虑到我们的人口基数,在人均耕地面积方面甚至低于日韩两国。从古至今,中国对农业的发展都相当重视,农业是国民经济发展的基础性产业。中国用占全世界十分之一的耕地,养育了将近全球五分之一的人口,在农业粮食产量连年增产的同时,我们也要看到中国的农业生产水平仍落后于世界中等发达国家水平,农业发展和技术水平有待提升,农业现代化进程仍然任重而道远。日本作为工业化起步较早的国家,已经大范围实现机械化生产,即便是在面积狭小的农田上也实现了小型机械化,但是由于农业的整体规模较小,农业生产难以实现较大的突破。近年来,通过政府扶持,日本农业以及农业服务体制机制逐渐健全,农业发展也步入了一个新阶段。韩国在建国之初是一个典型的农业国,随着韩国经济的发展,韩国政府不断推动国家农业的发展,支持机械化设备进入农业生产领域,20世纪70年代韩国实现了大米的自给自足,到90年代韩国农业基本实现了机械化生产。

由此可见,中日韩三国的农业发展水平存在着较大差异且处于不同层次。日本的农业发展水平已处在世界前列,基本上实现了农业的机械化和现代化;韩国的农业发展水平仅稍落后于日本,在亚洲领先;相比日韩两国,中国的农业发展水平仍在过渡阶段,受制于资源环境以及地区经济发展程度的影响,农业现代化进程参差不齐。在自然条件优越、经济发达的地区,现代化的农业生产方式已得到推广,但也有不少地区仍采取传统耕作方式。

农业作为关乎国计民生的基础性产业,在国民经济中享有特殊地位,因此基本上所有国家出于保护本国农业安全的目的,都提出了相关的农业保护政策,确保农业生产的平稳开展,使农业和其他行业协同发展。中日韩三个国家也不例外，在推动经济建设的过程中，出于保护国家农业可持续发展的考虑，都对农业制定了不同程度的保护政策，想要达成一个令各方都满意的结果存在相当程度的难度，如何促进中日韩各国农业保护政策达成一致是当前面临的一个问题。

从日本角度看，二战之后凭借着一系列外部利好条件，日本经济得到了飞速发展，并在国家范围内完成了工业化建设。此后，日本政府逐渐把工作重点转移到支持农业发展上。1961年日本政府颁布了《农业基本法》以实现农业现代化目标。这一法规主要包含以下几条农业保护政策：一是价格保护。通过在价格上的制度性安排，给予地方农业发展一定的经济补贴，是通过工业化带动农业发展的表现之一。例如：在农产品购销方面，政府以高于市场价的水平收购农产品，之后又以低于市场价的水平售出；通过价格调控，使肉类农产品的价格在合理的范围内波动。二是进口限制。为了防止便宜的国际农产品进入日本市场，破坏日本农业经济，日本政府对进口采取了约束政策，具体措施包括进口配额以及高额关税等。

出于政治和经济双重压力，日本对农业的保护远超中国和韩国，也影响了中日韩自贸区的推进。对于日本而言，农业不仅是基础产业，更是事关国计民生与国家安全的重要产业。日本属于岛国，地震频发，而且自然资源贫乏，使日本人对大自然有内生的恐惧感。因此，在整个国民经济中，虽然农业所占的比重极小，但却是关系日本国计民生的重大事项，属于必须严肃对待的国家战略安全问题。开放国内农业市场必然会使其受到冲击，进而使国家暴露于农业安全风险之下。其次，日本劳动力成本较高，同时土地在日本属于稀缺资源，在多重因素的影响下农业的生产成本也相对较高，农业只有在日本政府持续大量的补贴和政策支持下，并且辅以各种显性和隐性的贸易保护和产业保护政策，才能够在激烈的市场竞争中得以生存。在这种扭曲的政策保护下，日本产业发展极不平衡，农业改革进展缓慢，农业在相当长的一段时间内没有取得明显进展。另外，日本有着众多农业从业人口，各类农业协会手中掌握着大量选票,在选举时能起到关键作用,政治家们对于农业改革一直是保持谨慎态度。因此,无论任何政党执政,在出台农业相关政策之前都必须深思熟虑,充分考虑农业人口福利,否则将面临极大的政治风险。

韩国是临海国家,可以用来进行农业生产的耕地面积稀少,并且耕地基本都位于高山丘陵上。同日本一样,韩国也采用了一系列保护农业的措施,主要的做法包括:一是农产品定价的调整。从20世纪60年代起,韩国政府综合生产成本和市场需求,对农产品定价采取了相对灵活的策略。以小麦、大米为例,20世纪60年代末,韩国政府通过提升收购价的方式以稳定本国农业的发展。之后到70年代中后期,韩国政府为保护其他农产品,提出了相对价格制度。不过,随着韩国加入乌拉圭回合谈判,其对农产品市场的干预力度逐渐下降,多哈协议签署之后,农产品的补贴也被韩国政府进一步降低。二是加强监管,扩大耕地面积。1972年韩国政府颁布了《农业耕地保护法》,通过立法的方式规范国家的农业用地,把农业耕地细分为"农业振兴区域"和"农业保护区域",加强对农业耕地的监管,禁止通过任何方式占用农业耕地。随后,韩国政府还相继通过了一系列法令,对丘陵、山地等地区的土地进行开发,将山地所有权和开发权相互关联,先开发就能够先使用,从而实现耕地面积的有效扩展。1994年,韩国政府又出台了《农地基本法》,进一步放宽了对农民最高土地面积的限制,从而推动韩国农业规模化发展。

与日本的地理环境以及自然资源储备相似,韩国农业资源也极为贫乏,农产品生产成本较高,市场竞争力较低。以"韩-欧盟"自贸区和"韩-美"自贸区为例,二者是韩国目前为止自由化水平最高、最受政府重视、做出最大让步的贸易谈判,即便如此,农林渔业相关产品同样纳入例外产品行列,韩国通过设立5年至20年不等的保护期进行保护。韩国农产品多依赖国外进口,除了大米和极少数农产品能基本自给外,其他农产品85%需要进口,中国已成为韩国最重要的农产品进口国,但这也加剧了两国在农业方面的贸易冲突。

从中国角度看，价格支持政策是中国农业支持保护政策体系的核心内容。2004—2012年，中国实行最低收购价和临时收储政策。2013年至今，粮食价格形成机制改革进一步深化。2013年中国粮食总产量突破12000亿斤并连续保持至今，由于国内外农产品市场形势发生较大变化，以最低收购价和临时收储政策为主要内容的价格支持政策面临市场机制弱化、收储规模过大、库存积压严重、财政负担加重、加工企业经营困难等问题。鉴于此，党中央、国务院及时做出了农业供给侧结构性改革的决策部署，把农产品价格形成机制改革和收储制度改革作为其中一项重大举措，坚持市场化改革取向与保护农民利益并重，按照市场定价、价补分离、主体多元原则，分品种施策、渐进式推进改革。一是启动棉花和大豆目标价格改革试点，探索实行"市场化收购+目标价格补贴"。国家在2014年取消了新疆棉花、东北地区大豆临时收储政策，并启动目标价格补贴试点。取消临时收储后，棉花和大豆价格逐步回归市场，当市场价格低于预先确定的目标价格水平时，由中央财政向试点地区生产者提供差价补贴。二是陆续取消对食糖、棉花、玉米等重要农产品的临时收储，探索对玉米实行"市场化收购+生产者补贴"。对食糖收储，从2014年起采取中央财政贴息、制糖企业承储、地方政府落实、企业自负盈亏的市场化方式，避免了政府对食糖市场价格的直接干预；对油菜籽，2015年起国家不再实行油菜籽临时收储，改由地方政府负责组织企业收购，中央财政给予部分主产区适当支持；对玉米临时收储政策的改革也在渐次推进，国家在2015年下调东北地区玉米临时收储价格，2016年全面取消玉米临时收储，调整为"市场化收购+生产者补贴"的新机制。三是稳妥推进稻谷小麦最低收购价及收储制度改革。改革的总体思路是坚持最低收购价政策框架，进一步增强政策的灵活性和弹性。国家从2016年开始下调稻谷最低收购价，2018年开始下调小麦最低收购价，并从2018年起对有关稻谷主产省份给予适当补贴支持，以保持优势产区稻谷种植收益基本稳定。

中日韩三国从本质上而言都是农产品进口大国，在农产品贸易上保持着相互合作又相互竞争的发展态势，这是由于三国的农业资源禀赋各具特点，农业发展也保持着各自优势：日韩在农业市场技术和资金方面优势突出，中国则农业资源丰富，而且有大量的农业劳动力。随着中国农业的发展和进步，三国间农产品结构和贸易形式越来越接近，导致三国农产品贸易摩擦增加，三国贸易难以顺利推进。在2000年，韩国政府对中国的农产品蒜征收高额关税，并对进口进行了限制，直接导致中国大蒜的出口贸易出现较大损失。2001年，日本政府采取"紧急进口限制"政策，对中国大葱等3种农产品的进口进行限制，一年之后，日本政府再次对中国的蔬菜类产品进行限制。之后，日韩两国多次对中国农产品进口进行限制，不仅强化了海关查验，甚至还提升了产品进口的技术标准。

从短期来看，由于日韩两国都存在农业生产规模小、劳动生产率低、自给率低等共同弱点，因此，两国都认为保护弱势产业合情合理，农业应当成为自由化的例外加以对待，日韩两国在农产品市场开放方面仍较难做出让步。所以，构建符合各方要求的中日韩FTA，不仅要求日韩政府在农产品贸易问题上具有长远的发展理念，提出可行措施，安抚与说服本国农民团体，而且也需要三方就相关事项进行磋商，以便达成能够符合各方利益的协议。

二、中日韩自贸区进程中的观念障碍

东北亚国家间虽地缘相近，同时长期受儒家文化的影响，但认知与共识一直都比较脆弱，近代以来各种复杂的原因和干扰使东北亚的区域身份认同被进一步削弱。与此同时，作为区域外围国家的美国却总是试图主导东北亚事务，由于其在战后长期主导着日韩两国的政局，其在两国有着一定的民众认同。区域身份认知认同缺失必然带来地区向心力、凝聚力的涣散与弱化，进而掣肘区域一体化建设与发展。对于东北亚地区身份认同存在的障碍，主要有以下几个原因：一是历史认识差异较大。东北亚虽然长期受到中国儒家文化的影响，但各国又都有各自的历史背景，并各自根据传说、记载和流传进行宣介彰显，以致对历史的看法很不相同。二是文化态度倾向不同。如日本虽重视历史文化但由于其长期学习西方，逐渐形成偏向西方的现代文化。三是宗教信仰不同。日本人对宗教的态度比较模糊，不信奉特定的宗教，一个家庭可能信奉多个宗教。日本由于天灾多，传统宗教以祭祀日本本土天神地祇为主，视自然界各种动植物为神祇。这与韩国人主要信奉佛教、基督新教、天主教有很大不同。

此外，三国之间一直缺乏政治与战略互信。日本在签署自贸协定时，通常会考虑如何制约中国，防止中国从自贸区中过度得利。从2003年开始，日本极力将印度、澳大利亚和新西兰等印太国家拉入"10+3"框架，其目的之一就是制衡中国，防止中国掌握主导权。

日韩两国亦存在深度的政治不信任。日韩两国因为历史问题长期纠缠不清，特别是在慰安妇问题和劳工问题上，双方矛盾一直比较尖锐。朴槿惠当政时期，韩国已经通过两国双边协定解决这两个问题，并作出重大让步。但日本方面声称强征慰安妇属于国家行为，为此无须道歉。在文在寅成为总统后，韩国政府态度重新变得强硬，基本上推翻了原协定与可能达成进一步协定的倾向，再加上韩国法院判处可以强制日本企业对韩国战前受害劳工及其家属进行赔偿，致使日韩两国关系恶化。2019年7月1日开始，日本通过限制半导体材料向韩国出口，取消对韩国优惠贸易措施，对韩国进行经济报复，致使日韩两国政治关系进一步恶化。

中韩两国在朴槿惠总统执政期间的前半期关系良好，甚至被称为中韩关系的蜜月期，但在其执政后期，由于允许美国在韩国部署"萨德"反导系统，损害了中国的战略利益，导致两国政治关系陷入僵化状态，损害了两国间的战略互信，直到2018年至2019年才有所好转。

第三节　中日韩自贸区的未来趋势与展望

一、从双边关系看中日韩自贸区的发展前景

从中韩关系的角度看,近年来,中韩关系经历了急剧变化。一度非常密切的关系在 2016 年韩国执意部署"萨德"系统后迅速恶化。但文在寅执政以来,两国关系开始向积极改善的方向演进。2017 年底韩国总统文在寅访问中国,改善了自"萨德"事件以来大幅下降的双边关系。2019 年,韩国参加中国海军建军 70 周年海上阅兵和第二届"一带一路"国际合作高峰论坛,增强了中韩双方信任,提升了双边关系。2019 年 6 月,中韩两国领导人在 G20 大阪峰会期间进行会晤,进一步增进了两国关系。2019 年 12 月 24 日,韩国总统文在寅出席在四川成都召开的第八次中日韩领导人会议,并强调"韩中日三国是经济上的命运共同体",这必将为东北亚和平稳定做出重要贡献,并有利于推动中日韩自贸区的建立。疫情期间,韩国积极对中国提供援助和支持,极大增进了中韩两国关系。

文在寅政府遵循"桥梁国家""均衡外交"理念韩国国家安保战略研究院院长金基正解释称,"桥梁国家论"就是韩国要成为东北亚枢轴国家的战略,韩国外交战略的唯一出路是成为"灵活而坚定的国家"。金基正认为,过去韩国将大陆势力和海洋势力视为二元结构,韩国不应选择性地将美国的"印太战略"和中国的"一带一路"视为对立关系,而应该转换思维,从可以将双方连接起来的网络观点来看问题。这是桥梁国家论的核心。由此可见,文在寅政府更加倾向于"均衡外交",对中国的发展持相对肯定态度,并希望在中美之间扮演桥梁角色。而韩国保守政权则更加重视韩美同盟,更倾向于配合美国的全球和地区战略。

然而中韩关系并非单纯的双边关系,其仍被美韩同盟关系所掣肘。韩

国以往遵循的"安保靠美国，经济靠中国"思路，能否在中美博弈加剧的背景下维护韩国的国家利益，需打一个问号。"两边下注"的模糊策略也越来越多地暴露局限性。韩国能否顶住"选边站队"压力，制定和实施基于本国利益的自主外交路线，将成为中韩关系的重要变数。

从中日关系的角度看，中日之间的关系长期以来一直处于一种"政冷经热""官冷民热"的状态。2017年到2020年，中日关系改善明显。2017年9月，安倍参加了中国驻日使馆主办的国庆招待会。2018年5月，中国总理李克强正式访问日本，这是中国总理时隔七年访日。同年10月，日本首相安倍晋三正式访华。2019年6月，中国国家主席习近平参加在日本大阪举行的二十国峰会并对日本进行国事访问，这是中国最高领导人时隔九年首次踏上日本土地。疫情伊始，日本各方对中国进行了积极援助。"山川异域，风月同天""青山一道同云雨，明月何曾是两乡"，这样的祝愿拉近了中日关系，助力中日关系持续升温。

2021年之后，日本菅内阁改变在美、中两强间避险的策略，明显往美国方向倾斜，3月16日，美日进行了外长防长2+2会晤，之后发表联合声明，对中国进行无端指责和污蔑，恶意攻击中国对外政策，严重干涉中国内政。4月7日，日本首相菅义伟访问美国，同拜登会谈之后发表了联合声明，首次把中国的台湾写入其中。日本首相菅义伟访问美国期间，与美国总统拜登再次确认了钓鱼岛是《日美安保条约》第五条的适用对象。

日本在中日关系看似缓和趋势下，却在拜登上台后对中国的立场又更加强硬的原因在于：首先，由于历史原因，美国对日控制力强大，并将其视为重要的势力范围，战后日本一直有大量美军驻扎。其次，我们回望2017—2020年中日关系的改善，很大程度上得益于特朗普政府不重视同盟关系，对华采取极限施压，中国为了减少战略压力，而日本为了规避风险，选择在中美之间进行"对冲"，所以两国关系得到缓和。且特朗普当政时，在军费分摊等问题上对日本大力施压，在国际贸易上搞单边主义，对日本也一直持续高关税政策。因此，日本虽极力讨好美国以维持日美同盟关系，但却并未享受到经济上的特殊待遇。

拜登政府上台后，重视修复美国与盟友的关系，致力于重新拉紧盟友体系共同遏制中国，日本就成为重要的拉拢对象。一方面，拜登政府想向国内外传递重视盟国、注重于盟国合作的信号。特朗普政府时期的"美国优先"的战略使美国的许多盟国与其出现了背离，美国与各方关系都跌至冰点。而拜登上台后，修复与盟国的关系也就成了其重要的施政方针之一。在这样的背景下，从高调牵头举行美日印澳四国领导人视频会议，再到邀请菅义伟访问白宫，不仅传递出拜登政府重视与盟国合作的信号，而且也能展现出拜登政府有别于特朗普政府，更加注重多边主义。另一方面，美国也旨在通过拉拢日本遏制中国。拜登政府成立后不久，就明确将中国定位为"21世纪最大的地缘政治考验"。拜登政府给予日本高规格对待，可能并非是日本在日美同盟关系中地位提升，而是美国有意把日本打造成"反华急先锋"。2021年3月召开的美日印澳四国峰会上，四方试图通过在技术、资金、规则制定方面的合作，重新打造一条稀土采购生产链，以对抗中国在该领域的主导地位。可见，日本已经深度参与到美国对中国遏制和脱钩进程中去了。因此对于中日关系转向，日本也有无奈之处，面临拜登的"站边归队"压力，显示了在"安倍外交"的"中日友好"表象下，中日战略互信不足仍为关键所在。

对于日美同盟关系的牢固性应给予理性的分析。一方面，美国过于期待日本成为包围中国的重要伙伴，但美国没有在经济上给日本提供支持。脱离中国，与美国重新构筑供应链，建设日美5G及6G通信设施的资金太少，技术过于薄弱；另一方面，美国不仅冀望盟国在安全战略上对中采取一致，更谋求经济供应链能"脱中国依存"，特别是稀土、半导体、医药制品及电动车用电池等，但此政治上的愿望与企业及消费者的现实利益存在矛盾。日本若因美国主张的"脱中国依存"，切断与最大贸易伙伴的供应链链接绝非上策，难以获得日本经济团体的支持。另外，从历史来看，美国并不会为了日本的利益而牺牲自己的利益。这一点，从20世纪80年代的《广场协议》和对日本家电、半导体等产业的打压，到特朗普时期逼迫日本放开农产品市场都可以看出。国家之间没有永远的朋友，只有永恒的利益。因此，看似"牢固"的日美同盟也未必牢固，日本的外交政策从本质上来说是由日本国内政治和国家利益决定的。

因此，即使在美国施压之下，日本仍同意签署RCEP体现了日本自身的利益诉求。首先，中国市场对于日本非常重要，中日关系政冷经热成为常态。2020年中日贸易额3175亿美元，中国连续12年成为日本第一大货物贸易伙伴国，也是日本最大的海外市场（出口对象国）。日本2021年3月对华出口大增，创了2017年以来的新高。日本对中国的出口同比增长37.2%，其中，芯片相关产品和汽车增长较快。而整个2020财年，日本对华出口15.8996万亿日元，同比增长9.6%，反映了日本与中国间的经济关系日益密切，日本产品对中国市场的依赖性进一步增强。在日本的进口额方面，中国所占比重也由2019年度的22.9%迅速增长，于2020年度创下27.0%的历史最高水平。此外，由于中国率先走出疫情，所以无论是2020年还是2021年，很多日本企业都看好中国市场未来的发展，纷纷选择加大在华投资。其次，基于自身利益考虑，RCEP对日本有很大好处，东南亚地区是一个潜在的大市场和原材料来源地，签署RCEP将有望推动日本经济的发展。据日本政府发布的分析评估报告认为，RCEP将促进日本GDP增长2.7%，就业人数增加约57万人。特别要考虑的是，RCEP是个多边协议，日本如果拒绝，得罪中国的同时也会失信于13个其他的小伙伴，更会失去一个潜在的新兴市场。

二、中日韩自贸区的展望和建议

目前来看，短期内达成《中日韩自贸协定》的可能性较小。RCEP签署后，中日韩自贸区本有望加速推进，但2021年来双边关系有所起伏。目前《中日韩自贸协定》谈判的不确定性主要来自日本方面。

长期来看,中日韩三国间存在的巨大共同利益始终是《中日韩自贸协定》有望成功签署的基石。建立中日韩自贸区有利于充分发挥三国之间的产业互补性,从而更合理地配置区域内资源,符合三国的共同意愿和根本利益,是"后疫情时期"理想的贸易战略选择。因此,根据目前情况推进中日韩自贸区建设可以在以下几个方面开展努力:

首先是制度设定上、整体文本框架上,应该以 RCEP、中韩 FTA 等现有成果为基础,加快形成整体文本框架;也可以比照此前美国主导的 TPP 协定内容,这样基本上能够满足日韩两国的要求。在协定谈判层面,应客观地看到日韩等国在部分 FTA 议题上水平高于中国,因此中国需在更高水平上继续扩大对外开放。具体而言,在进一步提高货物贸易领域零关税比例的同时,中国要加快形成服务贸易投资便利化与自由化的制度安排,推动电子商务、金融保险、医疗健康、文化娱乐等现代服务业重点领域的经济增长;在新议题方面,中国需要积极参与知识产权保护、数字经济、新冠疫苗、碳中和等新规则的谈判,同时加大对各市场主体权益的保护力度;在争端解决机制方面,由于 RCEP 并未纳入投资者与国家间争端解决机制(ISDS)条款,因此《中日韩自贸协定》在制定设计上应更具前瞻性,在满足三国投资保护区域性需求的同时,力求为引领东亚区域一体化发展提供制度支撑;在敏感产业层面,可以给日韩两国足够的过渡时间,类似日本在 TPP 协定当中对大米和农产品的过渡时间。

其次,应该加强深化重点领域经贸合作,特别是对于敏感产业应做出有效引导。劳动力资源和产业结构间的互补性,是中日韩三国谈判得以开展的重要动力。未来,随着数字经济、5G、人工智能等新兴产业和技术的兴起,信息交互成本将大幅降低,三国人民生产方式也将发生改变,合作空间必定更加广阔。中日韩三国在自贸协定谈判的过程中,应把握住新一轮技术革命的机遇,将重点产业领域减免关税作为中长期目标,并将贸易便利化作为下一步工作重点。同时三国应深化相互之间的经贸合作,推动互联互通向更深层次发展，还要紧跟时代发展步伐，加强在信息产业、环评减排产业以及其他前沿发展方向的深度合作。在条件成熟的情况下，探索在三国贸易交流密切的城市共建自贸示范区和产业园，推动新规则、新条款先行先试。

最后，从中国的角度看，应该推动中国核心技术与产业链创新。中国应积极推动产业链、供应链创新升级，挖掘新的经济增长点，从而实现中日韩产业在更高层次上的全面合作。改革开放以来，特别是加入世贸组织后，中国通过发展出口导向型经济获得了大量的外汇收入。然而在这个过程中，许多行业也出现了高端失守、低端过剩的问题，很多产业缺乏核心技术，发展受到外国公司的约束。中国与发达国家之间的博弈最终要看核心技术的掌控和比拼创新能力的高低，目前中国已具有竞争优势的产业链有：5G网络、高铁、电力、冶金、建材、机械制造等，还有尚未形成合作竞争新优势的高技术产业链，如人工智能、云计算、工业互联网、物联网、航空航天、高端先进制造等，为此我们需要加大研发投入力度，形成自主创新能力，补齐产业链、供应链短板。中国只有形成了全新的更高层次的产业链、供应链模式，才能在中日韩贸易中提供更广阔的市场和强大的牵引力。

▶ 第四章
区域金融合作——理论、原则和实践

第一节 区域金融合作的必要性

一、金融业的发展：金融自由化的开端

1933年以前,世界主要国家的金融业处于混业经营状态。早期的商业银行除了可以进行传统的存贷业务之外,还可涉足证券投资、信托理财、保险、租赁等其他金融业务。这种模式是自然而然演化出来的,得到当时各国政府的允许。从19世纪初开始,美国商业银行兼营证券业务,主要是兼营证券的承销,尤其是美国州银行可以经营几乎所有的证券业务。当时金融业反对采取集中化控制,金融体系实行自律原则,因而金融业的稳健性、流动性及服务规范都缺乏严格统一的规定。这种银证保混业经营的状态一直持续到20世纪20年代,1929年10月29日美国股市发生大崩盘,继而引发银行的挤兑风潮,导致全美三分之一的银行破产,进而诱发了金融危机。金融危机的连锁反应波及众多的企业,最终带来经济面崩盘的灾难。

1931年，美国成立了专门的调查委员会研究经济大萧条的诱因。其研究结果表明：银证保三者的混业经营，尤其是银行业和证券业相互间在资金运用和机构设置上的混合，是诱发美国经济危机的重要原因。1933年，美国通过《格拉斯-斯蒂格尔法案》，该法案将证券业和商业银行严格分离，规定国民银行所从事的证券和股票交易业务只限于为客户买卖，不能以自营账户做交易，国民银行不能承销证券或股票发行，从此开启了长达50多年的金融分业经营。

日本、澳大利亚、新西兰、加拿大、韩国和一些拉美国家在二战后也效仿美国金融分业经营的模式，而以德国为代表的欧洲主要工业化国家仍继续实施混业经营的体制。这一时期，国际金融经营体系分为两种：一种是以美国为代表的分业经营、分业监管体制；一种是以德国为代表的混业经营体制。分业经营在大萧条后在一定程度上稳定了金融秩序，促进了经济的持续发展，成为该时期金融业运行的主要模式。

与此同时，20世纪70年代以后开始的生产国际化和资本国际化严重地冲击了原有的专业分工，单一的银行业务限制了金融机构的竞争能力，并且随着国内市场开放，外国金融机构进入本国市场，对国内金融机构也构成了挑战。经营单一业务的国内各金融机构希望能摆脱束缚，全面发展业务。为提高本国金融业的国际竞争力，日本于1981年修改银行法和证券法，规定银行可以经营证券业务，并于1998年彻底放弃分业经营；20世纪80年代到1992年，英国也完成从分业经营到混业经营的转变；美国自20世纪80年代也逐渐放松对混业经营的限制，并在1999年通过《金融服务现代化法》，该法案标志着美国金融体系分业经营时代的终结。

从分业经营到混业经营只是各国放松金融管制的一小步。20世纪70年代以来，随着以固定汇率为基础的布雷顿森林体系的逐步瓦解，以浮动汇率为基础的牙买加体系开始形成，利率、汇率风险的加剧使各国金融业的外部经营环境面临着巨大的变化。在全球范围内发生的信息科学技术革命，为金融创新提供了技术支持;世界性的高通胀率和石油危机加速金融机构的"脱媒现象",这些都推动了在银行经营、利率管理、非银行金融机构的发展以及金融业务的创新等方面放松金融监管,使各国走向金融自由化。

二、金融自由化与金融危机

在放松金融管制的进程中,金融自由化成为改革的主要目标。金融自由化主要包括利率和汇率自由化,金融机构和业务自由化,金融市场准入自由化,资本流动自由化。一般而言,金融自由化在金融市场比较成熟的发达国家,主要是指放松金融管制;对于金融体系尚未完善的发展中国家,除了要放松管制,还要不断加强对金融体制的建设和优化。

金融自由化通过改革僵化的金融制度,促进金融发展,带动经济的增长。当前,对金融自由化与经济发展的实证和理论研究日益丰富,其中最具代表性的是罗纳德·麦金农和爱德华·肖提出的金融发展理论,包括金融抑制论和金融深化论。他们认为发展中国家普遍存在金融抑制,抑制了储蓄,浪费了投资,因此必须实施金融自由化来增加储蓄,引导合理投资,从而促进经济发展。金融自由化对经济的促进作用主要表现为:①提高储蓄水平的储蓄效应,包括:提高国内私人储蓄占收入的比率;政府储蓄;增加外国储蓄。金融自由化使得进入一国资本市场比较容易,这将扭转资本外逃。金融自由化纠正了扭曲的金融价格,使储蓄者的收入发生变化,从而会鼓励其减少当前消费,增加储蓄,最终提高一国私人储蓄占收入的比率,使金融机构有能力给投资者提供更多借款机会,即增加一国利用外源储蓄的机会。②投资效应。金融自由化开辟了优化储蓄分配的道路,一国的边际投入-产出比例将上升。金融深化使有限的资金能够在竞争中进行最有效的分配,真正起到奖优罚劣的作用,从而取得较好的投资效益。③就业效应。利率的上升将使投资者的资金成本上升。由于劳动力与资本存在替代关系,资本价格的上升,诱使投资者增加劳动密集型的投资,从而会扩大就业水平。

金融深化有利于为经济发展创造良好的经济环境,有利于劳动密集型产业的发展。④收入分配效应。金融深化将导致整个国民产业水平的稳定增长。从分配方面看,金融深化使少数大企业大公司的信贷资金特权分配受限制,阻止腐败的发展,有利于促进收入的公平分配和政治稳定。⑤稳定效应。通过采取适宜的金融自由政策,改善国内储蓄流量和国际收支状况,使得经济对国际贸易、国际信贷与国际援助等方面的波动可以有较大的承受能力。由于金融自由化导致储蓄增加,有利于改善财政收支,减少财政对通货膨胀政策的过度依赖,从而使稳定的货币政策成为可能。

同时,随着各类管制的放松,一国金融体系的脆弱性问题以及累积的金融风险容易暴露,易诱发金融危机。70年代以来发达国家普遍放松金融管制,实施金融自由化,放松对金融机构和金融业务的限制并进行金融创新,市场上涌现出大量的金融衍生工具。以美国为例,截至2006年末,美国在场内交易的金融衍生工具名义本金量约为同年GDP的68倍;2007年末,在场外交易的外汇衍生工具的名义本金量达到46.95万亿美元,是美国当年GDP的3.4倍。以信用违约互换为例,据国际互换和衍生品联合会(ISDA)公布的统计数据,2001年6月其规模仅有6300亿美元,到了2007年底已达到62.2万亿美元,在7年时间里增长了100倍,这一规模相当于2007年美国GDP的4.78倍。在相应监管制度缺失的情况下,过度的金融自由化滋生了大量金融风险,加剧了美国金融体系的脆弱性。直至2007年7月,次贷危机开始全面爆发,并迅速波及世界各国。百年一遇的全球性金融危机是美国在奉行新自由主义的理念下实施金融自由化政策的直接后果。

发展中国家在金融发展理论的指导下,从20世纪70年代开始也引进了以金融自由化为核心的金融体制改革,主要包括拉美国家和东南亚国家的金融自由化改革。

拉美有过两次较为激进的金融自由化:第一次始于20世纪70年代中期,到80年代初债务危机爆发后逐渐趋于停顿;第二次始于80年代末,90年代上半期达到高潮。拉美国家实施的金融自由化在一定程度上缓解了"金融抑制"。此外,它还使拉美国家吸引了大量外资,增强了金融机构对投资项目融资的能力。但是,金融自由化在推动"金融深化"的过程中也加重了银行部门的脆弱性。20世纪80年代以来,拉美发生了多次银行危机。世界银行的《1998/99年世界发展报告:知识与发展》认为,金融自由化后的这一时期与爆发银行危机的可能性有着十分密切的关系。与拉美国家不同的是,东南亚国家的金融自由化进程要平缓得多,除了个别国家,东南亚国家的金融自由化主要采取渐进式的自由化战略。东南亚五国的金融发展与改革大致经历了三个时期,即20世纪50—60年代政府主导型金融,60年代末70年代初新加坡、马来西亚的金融改革,80年代以来泰国、印尼和菲律宾的金融改革。尽管东南亚五国金融自由化的具体措施略有不同,但各国金融自由化改革均以放宽政府管制,开放金融市场,加速金融国际化为特征。经过金融自由化改革,东南亚五国的货币化程度、金融资产相关率均达到相当水平,金融机构与金融市场飞速发展。但是,随着各国经济逐渐步入转型期,一些国家金融改革与经济转型不相适应,金融自由化进程过快,金融改革政策失误,终于酿成严重的金融危机。

东南亚国家的金融自由化改革初期给这些国家带来了巨大的利益,促进了当地经济和金融业的迅速发展。但由于原有体制的一些缺陷和金融自由化改革的一些不适宜措施,导致了引发金融危机的因素在繁荣的经济背后逐渐累积,累积一定程度并在国际游资的冲击下,金融危机便从泰国开始爆发,继而席卷亚洲金融自由化改革的国家。正如1998年世界银行华盛顿年会上所提出的:对于原来是实行金融压抑(即实际利率为负)的国家,实行金融自由化改革所带来的积极影响会超过发生银行危机的消极影响,而当这些国家实施金融改革获得实际的正利率时,进一步的金融自由化并不必然产生收益,并且过度的金融自由化还会导致金融危机。1994年,东南亚仍属于一个中下收入水平的国家,但他们金融中介规模的发达程度已接近高收入国家,金融开放程度和金融管制放松程度甚至超过了美国、西班牙等发达国家。而他们金融市场的建设远远未能达到美国等国家的规模和水平,各种制度建设都未能跟上,面对国际上巨额的资本流动根本不具备控制能力。以亚洲金融危机的源头泰国为例,泰国于1992年开始对外资金融机构开放,允许国内投资者直接通过银行获得利息较低的外国资金。在以后的几年里外资的流入无论在数量上还是结构上都达到了失去控制的地步。从量上看,1997年泰国的外债高达900亿美元;从结构上看,流入东南亚地区的外国贷款中有四分之一属于短期贷款,很容易在金融体系运转不灵时带来问题,但泰国中央银行并没有加大对金融机构的监管。1997年1月,以索罗斯为代表的国际金融炒家开始做空泰铢套利,7月2日,泰国政府因外汇储备不足不得不放弃与美元挂钩的固定汇率制度,泰铢在一天内贬值16%,引发一场遍及东南亚的金融风暴。由于东南亚各国经济联系密切,泰国的金融危机迅速波及东南亚各国以及韩国、新加坡、日本,还有中国香港、中国台湾地区。

2007年,在高度金融自由化的美国,其次贷危机引发全球金融风暴,对世界各国造成深远影响。全球股市遭到重创,股指大幅下挫,股票市值大幅缩水;外汇市场剧烈波动,部分新兴国家货币大幅贬值,华尔街五大独立投资银行不复存在,数十家金融机构倒闭或被收购,美国政府被迫接管房地美、房利美及救助美国国际集团(AIG),英国紧急注资收购苏格兰皇家银行集团(RBS)、哈里法克斯银行(HBOS)以及苏埃德银行(Lloyds TSB)三大银行,荷兰、比利时、卢森堡政府和巴黎银行联手收购富通集团,日本大和生命保险申请破产。世界各国被迫联合行动,救市力度空前。美国次贷危机危害性和波及范围空前,其产生的主要原因就是对金融自由化的过度追求以及没有处理好金融自由化与金融监管的关系。金融危机前,过度证券化导致过度借贷,一旦房屋价格下降,链条断裂,次贷危机就不可避免。而证券化的过度繁荣是美国金融自由化的结果。根据证券业和金融市场协会统计,截至2008年一季度末,美国抵押贷款债券(MBS)余额达到7.4万亿美元,规模超过5.9万亿美元公司债券和5万亿美元国债,成为美国债券市场上的最大券种,占债券存量的24.22%。在此基础上,华尔街的银行家运用各种证券化技术,创造发行了大量的担保债务凭证(CDO)。根据美国财政部对美国次贷担保债务凭证市场的统计:2005年CDO市场总值为1510亿美元,2006年为3100亿美元,2007年仅第一季度就达2000亿美元。金融衍生产品的极度膨胀导致美国金融服务业产值占到其GDP的近40%。而美国次贷资产证券化的基础——住房贷款本身就因为监管不严具有很大的信用风险,由于房地产泡沫破灭,贷款出现呆账,使得投资次级债券的金融机构出现严重亏损。

三、金融危机背景下的区域金融合作:东亚的选择

亚洲金融危机的爆发深刻暴露了亚洲各国在协调经济政策、共同抵御危机方面缺乏沟通与合作。亚洲各国在经济和社会发展方面的差异性、多样性和文化的多元性,缺少一种强有力的整合力量,在区域金融领域也缺乏有效的监督机制和制度政策来共同应对危机。此外,国际货币基金组织(IMF)援助的条件苛刻,IMF向泰国、韩国和印尼提供贷款援助的同时也要求这些国家采取进一步开放国内金融业、实行紧缩货币政策、平衡政府预算等措施,这在很大程度上等于要求这些国家把财政和货币政策的决策权交由IMF监控,从而部分剥夺这些国家的经济主权。由于美国在IMF中占有最大份额,IMF的援助方案在很大程度上贯彻了美国政府意图,体现了美国倡导的经济全球化内容,因此,接受援助的这些国家在某种程度上受制于体现强权的国际体制。基于以上原因,地区合作沟通和大量的双边援助是十分必要的。

亚洲金融危机后,东亚各国逐步认识到加强区域合作尤其是金融合作的重要性。根据克鲁格曼的"三元悖论",东亚新兴市场国家既然选择了货

币政策独立和资本市场开发，就必须放弃固定汇率制，但作为新兴的工业化国家保持相对稳定的汇率制度是非常重要的。在这种背景下，东亚各国加快了金融合作的进程，主要包括：①建立双边货币互换机制。2000年5月，东盟10个成员国以及中日韩（10+3）财长在泰国清迈签署了著名的《清迈倡议》。该倡议的主要内容是：将原来东盟的货币互换扩大到东盟所有国家；在东盟、中国、日本、韩国之间建立一个双边互换和回购协议的便利网络；利用"10+3"框架促进持续和及时的有关资本流动的数据和信息交流；建立联络人员网络以促进东亚地区的金融监督。《清迈倡议》将东盟10国的外汇储备与中日韩3国的储备联系起来，以共同抵御投机者的狙击，维护地区内各国货币的稳定性。该协议的签署，标志着东亚国家在金融合作方面迈出了实质性步伐。在此基础上，日本先后与韩国、泰国、菲律宾、马来西亚签署了货币互换协议，中国也与泰国签署了货币互换协议。2002年3月，中国与日本签署了必要时向对方提供最高约30亿美元的货币互换协议。日中两国建立货币互换机制，可以说是亚洲地区金融合作的重要一步。②筹建区域外汇储备库。2007年5月，在"10+3"日本京都财长会议上，各方一致同意通过建立自我管理的外汇储备库，即各成员国中央银行或财政部分别拿出一定数量的外汇储备，建立区域储备基金，在危机发生时集中使用，协助发生危机国家应对国际收支和短期资金流动性困难。这项合作安排改变了《清迈倡议》的双边性质，开始向多边机制发展，"10+3"决策机制和基金启动机制也从双边安排转向多边安排。③提出"亚元"货币构想。2001年，"欧元之父"蒙代尔在上海亚太经合组织领导人非正式会议（APEC）上发表了对未来世界货币格局变化的看法，提出"未来10年，世界将出现三大货币区，即欧元区、美元区和亚洲货币区"的观点。2005年8月，中日韩提出建立东亚货币单位的构想，并委托亚洲开发银行（简称"亚行"）进行研究。亚行提出了亚洲货币单位构想（ACU），但由于亚洲货币单位在包括哪些货币、权重如何分配等问题上存在政治和技术争论，而且西方国家对之持反对态度，对"亚元"的研究因此被暂时搁置。④发展亚洲债券市场。2002年,泰国提出建设亚洲债券市场,以改变亚洲企业过度依赖银行贷款的局面。2003年,由东亚及太平洋地区中央银行行长会议(EMEAP)牵头成立了总额达10亿美元的亚洲债券基金一期,这是各国联手发展区域债券市场的第一次行动。2005年6月,EMEAP正式推出亚洲债券基金二期,总金额为20亿美元。

亚洲金融危机是亚洲金融合作的一个重要转折点,以中日为代表的区域内大国开始逐渐主导金融合作,特别是货币合作进程。日本不会放弃其对亚洲的控制,而中国在亚洲金融合作中也发挥着日益重要的作用。

美国次贷危机给发达国家和发展中国家造成了沉重打击,也反映了国际金融监管体系的不足。危机爆发前,国际金融组织未能充分发挥早期预警作用,由于能调动的资源有限,在危机救助中,也略显迟缓和力不从心。跨国金融监管存在缺陷,不能适应全球金融一体化的发展需要。而且此次金融危机的溢出效应前所未有的显著化和复杂化,单靠个别国家很难去独自解决。地区的外溢效应以及外部因素,对区域经济合作提出要求,包括以下几个方面,一是加强区域经济合作。通过自由贸易协定,建立区域共同的贸易和外商直接投资(FDI)政策。二是加强区域金融合作。在加快产品和服务自由流动的同时,也需要建立一个更深度融合的区域一体化资本市场,以更好地监管政策。同时加强区域间的信息共享和政策对话,更加深入地了解本区域的经济体,进行更加有效的政策制定以避免危机的发生,更好地应对新的危机。

发达经济体中,欧盟在2008年先后发布《从金融危机中复苏:欧洲行动框架》和《欧洲经济复苏计划》,提出应对危机的初步设想和具体措施,强调欧盟中长期目标的一致性。金融危机凸显了欧盟内部加强合作的紧迫性,并从另一方面赋予了欧盟一体化的新动力。金融危机后,西方主要工业国组成的八国集团认识到只靠发达国家的力量不足以克服危机,于是吸纳了中国、巴西、印度、南非、墨西哥、沙特等新兴市场经济国家,八国集团开始让位于二十国集团。

新兴经济体中，曾经遭受亚洲金融危机重创的东亚各国再次深切体会到要维护本国经济的安全与稳定，单凭一国的力量难以实现。加强本地区经济金融合作已经成为各国的共识：东亚国家在加快自身结构调整与深化结构改革的同时，应进一步深化区域经济金融领域的合作，以应对来自区域内外各种不确定因素带来的不良影响，增强区域经济应对外部环境冲击的弹性与能力，保持区域经济的持续稳定增长。危机虽然给亚洲经济带来严重影响，但也使亚洲区域金融合作得到深化。主要包括：①建立区域外汇储备库。2009年12月，"10+3"财长和央行行长以及中国香港金融管理局总裁签署《清迈倡议多边化协议》。2010年3月，亚洲区域外汇储备库正式启动，总规模1200亿美元。2012年5月，第十五届东盟与中日韩（10+3）财长和央行行长会议决定把亚洲区域外汇储备基金规模扩大一倍到2400亿美元。②加快亚洲债券市场建设。2008年5月召开的"10+3"马德里财长会议通过了亚洲债券市场倡议新路线图，重点是推动各经济体加快发展各自的本币结算债券市场，从而进一步提升亚洲债券市场。③2008年全球金融危机爆发后，中国央行迅速与韩国、马来西亚、印尼等国央行签署了双边本币互换协议。人民币地位不断提升，截至2021年底，人民币已成为世界第三大贸易融资货币、第四大支付货币和第五大储备货币。④建立政策协调与监督机制。2011年4月，东盟与中日韩宏观经济研究办公室正式启动，职责是为《清迈倡议多边化协议》的启动提供判断材料和经济数据。

自2008年金融危机以来，西方国家资本和产业外流导致国内失业率上升，国内矛盾加重，为缓和矛盾，发达资本主义国家开启"逆全球化"。英国于2016年6月就脱离欧盟举行了有史以来参与选民最多的全民公投，结果决定英国"脱欧"，这也使得世界上规模最大的区域一体化组织——欧盟经历严重的挑战。在同年11月举行的美国总统大选中，鼓吹"美国优先"的右翼民粹主义代表特朗普当选，随后美国新政府退出了一系列国际组织与协定,又针对中国乃至传统盟友发起贸易战。此外,在欧洲大陆以及巴西等国家,鼓吹反对移民和贸易保护主义的右翼势力也在抬头。这些事件表明,国家主义已强势登场,逆全球化正在成为全球政治经济潮流。

逆全球化在经济领域主要表现为贸易保护主义。世界进出口贸易额占GDP比重从2008年的51.86%下降至2015年的44.99%,相当于倒退回21世纪初水平。2016年按贸易量计算的全球货物和服务贸易增速仅为1.7%,连续五年低于世界经济增速。英国经济政策研究中心发布的《全球贸易预警报告》显示,2008年11月至2016年10月,二十国集团成员实施的贸易保护主义措施总计达到创纪录的5560项,2016年新增贸易保护主义措施659项。如果加上发展中国家同期实施的贸易保护主义措施,相关数据无疑将更加令人紧张。世界范围的贸易保护主义风潮是世界经济复苏乏力、国际贸易增长缓慢的重要因素。这些数据表明,逆全球化风潮已在很大程度上迟滞了全球化的步伐。

逆全球化风潮与全球贸易保护主义迭起不是偶然现象,有其深刻的背景,与全球化存在的一些问题密切相关,其中最突出的是社会分配不公平与国家间发展不平衡问题。社会分配不公平是市场经济调节固有的一个短板,经济全球化将这个问题进一步放大。在市场经济条件下,不同经济要素带来的收益存在显著差异,其中资本与其他生产要素之间的差异最为突出。法国经济学家皮凯蒂通过研究约20个西方主要经济体和新兴经济体的长期经济发展数据发现,1955年以来被西方经济学界视作金科玉律的库兹涅茨曲线并不成立。财富分配差异并没有像库兹涅茨曲线声称的那样,会在经济发展水平达到一定阶段后自发趋于缩小,出现"平衡增长"路径,而是恰好相反。他在《21世纪资本论》中写道,"自20世纪70年代以来,收入不平等现象在发达国家显著增加,尤其是美国,其在21世纪头十年的集中度回到了(事实上甚至略微超过了)20世纪的第二个十年。"这一成果不仅为解释2008年金融危机后西方国家尤其是美国日益严峻的社会分化现象提供了新的理论支持,而且对于分析全球化当前存在的问题具有重要意义。全球化给资本尤其是跨国公司的大资本提供了更大的盈利空间,因为资本在流动性上相对于劳动的优势进一步加强,资本所有者比其他生产要素所有者能够更加充分地利用全球化市场带来的便利获取更大收益,使资本收益率与经济增长率之间的差距趋于拉大。

全球化过程中出现的国家间发展不平衡问题同样深刻复杂。这个问题反映在两个方面:一是南北问题,二是东西问题。就南北问题而言,全球化虽然催生了一批新兴经济体,促进了发展中国家的群体性崛起,但同时也产生了一批被边缘化的国家。这类国家在全球化中获益有限,但面临的风险和压力不断增加,导致它们与发达国家甚至是新兴国家之间的差距进一步拉大。这种状况恶化了这些国家内部的政治社会生态,也是造成一些地区性冲突和动荡持续不断的重要因素之一。东西不平衡主要体现在新兴经济体与发达经济体之间。近二十年来,所谓"东升西降"成为影响国际力量对比和世界格局变化的一个主要趋势,一大批发展中国家尤其是新兴大国在过去二三十年强势崛起,改变了西方发达国家在国际力量对比中独占鳌头的现象。在世界经济下行压力下,这种趋势加剧了发达国家与新兴国家之间在国际秩序上的矛盾。尤其是在国际金融危机之后,美欧等西方发达国家面临许多发展困境,发达国家与新兴国家间矛盾变得更加突出。

现阶段,经济全球化已经形成,短时间内被逆转的可能性很小,全球化将继续在波动中前行。从中国提出"一带一路"倡议得到众多响应可以看出,大多数国家仍是全球化的支持者,逆全球化并没有表现出规模化趋势。但逆全球化给经济发展带来的不确定性,确实对区域合作形成阻碍。在东北亚地区,美国退出TPP,迫使韩国重修美韩FTA,并掀起对华贸易摩擦,对贸易自由化和区域一体化的进程造成冲击。以中国-东盟经贸关系为例,当中美贸易摩擦加剧,中国对美出口电子产品、汽车等将遭受重击,而中国生产组装电子产品和汽车的原材料,包括电子部件、橡胶等大多从泰国、新加坡、马来西亚等国进口。若中国出口因关税受阻,下游供应原材料的东盟各国也会受到不利影响。中国每年从东盟进口的天然橡胶占总进口量的98%,进口的天然橡胶中70%用于汽车和轮胎行业,这正是美国关税加征的重点行业。此外,中国是东盟第一大贸易伙伴和旅游业第一大客源国,中国经济形势变化势必会影响到中国-东盟的经贸关系。截至2020年末,中国已连续12年保持东盟第一大贸易伙伴地位。2020年,东盟上升为中国第一大贸易伙伴,标志着中国-东盟互相成为最大贸易伙伴国。这一年,中国与东盟贸易额6846.0亿美元,同比增长6.7%。其中,中国对东盟出口3837.2亿美元,同比增长6.7%;自东盟进口3008.8亿美元,同比增长6.6%。在RCEP签订的积极作用下,2021年中国和东盟之间的贸易持续增长。还需注意的是,中美贸易摩擦背景下,东盟各国或面临选边站的抉择。虽然东盟各国主要从自身经济发展的角度,力求平衡与中美两国的关系。然而,中美关系的持续恶化增加了东盟选边站的压力,东盟成员国可能在某个阶段针对相应问题做出选择和倾斜。如在特朗普公开称"越南在贸易上比中国更恶劣"之后,越南为避免被美国加征关税,宣布对非越南自产的,但贴有"越南制造"的出口产品收取更高的进出口费用,该规定主要是针对中国企业在国内生产,再运输到越南组装获得原产地证明的产品。

　　不可否认的是,逆全球化也给东亚合作带来了新的机遇。东亚国家普遍实行外向型的经济发展战略,对外部市场较为依赖,作为全球化的受益者,本地区不会出现政治主导下的逆全球化。域外大国的保护主义政策是当前逆全球化思潮影响东亚经济合作的主要途径,其中最为深刻的是2017年初特朗普政府宣布美国正式退出TPP,转而推行双边层面的贸易谈判,以利用自身的谈判优势获得更有利的贸易地位。美国退出TPP后,作为现有11个成员国中经济体量最大的日本决心继续推进协议。在美国退出TPP一年之后,剩余11国完成了《跨太平洋伙伴全面进展协定》(CPTPP)的谈判及签署工作,CPTPP保留了原版TPP协议超过95%的内容,且更关注成员国发展的差异性和开放的渐进性,但在失去美国这个GDP占TPP经济总量达60%的最终消费市场后,CPTPP的影响力将显著下降。

TPP受挫后的调整对亚太区域经济发展的长期影响一时还难以辨别,但短期而言将有助于缓解亚太地区的竞争性自由化,提高东亚国家开展域内经济合作的向心力。特别是对于东亚地区另一个合作机制RCEP而言,东盟主导的RCEP谈判面临的竞争和分化压力大幅减少,许多同时参与到两个谈判中的东亚国家已表示要将重心放在推动RCEP谈判完成上。东亚各国目前对加快本地区合作进程均表现出了较强的意愿,尽快完成RCEP谈判成为东亚经济合作的首要议题。

加强东北亚三国合作对东亚经济合作而言是一个重要的议题。2020年11月15日,《区域全面经济伙伴关系协定》(RCEP)签署仪式以视频方式进行,15个成员国经贸部长正式签署该协定。该协定的签署标志着世界上人口数量最多、成员结构最多元、发展潜力最大的东亚自贸区建设成功启动。RCEP签署后,东亚三国的自贸区谈判变得更加值得期待。随着中日韩自贸协定谈判的提速,有望在RCEP基础上形成一个"RCEP+"。中日韩如果达成一个高标准的自贸协定,一方面能够更好地推动RCEP相关承诺的落地;另一方面也将助推三国贸易投资向更深层次交流,不仅是货物贸易,还包括服务贸易、政府采购等,进行全方位的合作。中国也将会加快与周边国家的经济合作,加快RCEP和CEPA等区域经贸协议的进程,一是为了绕过美国的关税壁垒,二是为了实现更大范围内的深度区域及全球经济合作。

第二节　区域金融合作的可行性

一、蒙代尔的最优货币区理论

最优货币区是一个理论概念,即:在此区域内,以一种单一的共同货币或是几种具有无限可兑换性的货币作为一般性支付手段，其汇率在进行经常交易和资本交易时互相盯住，保持稳定，但区域内国家与区域外国家之间的汇率保持浮动。20世纪60年代，货币一体化随着区域经济一体化的发展成为区域金融研究的热点问题，最优货币区是货币一体化发展的理论指导，最早提出最优货币区概念，并对其进行相关阐述的是罗伯特·蒙代尔（1961），在《最优货币区理论》一文中他提出，用生产要素的高度流动性作为最优货币区形成的标准。他认为，理想的货币区是封闭的，当生产要素在某一区域内能够自由流动，而该区域与外部之间存在着生产要素流动性障碍时，具有高要素流动性的区域就适合建立一个货币区。成员国之间通过对内使用单一货币或固定汇率，对外实行浮动汇率，可以实现效率最优。其后许多经济学家对组成最优货币区的不同标准进行了研究。麦金农（1963）认为经济开放程度是组建最优货币区的标准之一。分析了小型开放经济体采用汇率调整国际收支失衡会产生的国内物价上升，抑制物价上升又会产生国内失业与紧缩问题，为了避免汇率频繁的波动，高度开放的小型国家可以组建最优货币区。凯南（1969）提出了产品多样化的标准。分析了产品多样性的国家和不同出口产品的国外需求相互交叉，可以消除需求的波动因素，从而降低由于需求波动对国际收支失衡和经济总支出的影响。伊格拉姆（1962）提出了国际金融一体化程度的标准。经济学家哈伯勒（1970）、托尔和维利特（1970）、弗莱明（1971）等从宏观的角度分析并提出了通货膨胀率相似性和政策一体化标准。为此，判断一个区域能否组成最优货币区就具有要素流动、经济开放程度、产品多样化程度、国际金融一体化程度以及通货膨胀率相似性和政策一体化等五个标准。

在以上理论研究的基础上，21世纪早期，关于东亚组成最优货币区的研究大量涌现。Takagi（2000）统计了东亚地区的经济开放度（外贸依存度），发现东亚有7个国家的经济开放度接近或超过100%；Goto（2002）根据1980年到1999年间的东亚各经济体贸易依存度指数（区域内贸易总额/各国GDP）

的数据,研究发现东亚地区贸易一体化程度进一步深化。而艾奇格林(Barry Eichengreen)和贝由米(Tamin Bayoumi)把东亚国家受宏观经济冲击性的非对称性和建成通货区的成本与效益参数两个方面与欧洲联盟做了对比,由此说明东亚建立通货制度的问题。兰德尔·亨宁(2002)阐述了《清迈协议》的主要内容,并将《清迈协议》与其他区域融资安排进行了比较,就如何加强《清迈协议》提出了一些建议,并探讨了东亚融资安排,及其对全球金融体系的各种影响和效果。

二、区域金融合作的复合相互依赖理论

罗伯特·基欧汉和约瑟夫·奈在《权利和相互依赖》一书中,从国家间权力关系的视角,解析了国际关系中经济上的相互依赖性和政治权利之间的相互转换关系。基欧汉和奈对相互依赖的界定是:"一般而言,依赖是指受到外部力量支配或巨大影响的一种状态,简而言之,相互依赖是彼此相依赖。在国际政治中,相互依赖是指国家之间或不同国家之间相互影响的情形。"国际关系中大部分的依赖关系是不对称的,而这种不对称性往往是主体权利的来源,也是政治讨价还价过程的核心所在。相互不对称性程度则取决于一国对另一国的敏感性和脆弱性,这也是复合相互依赖理论的核心概念。敏感性指的是在现有的政策框架下,一国的政策发生变化,导致另一国在经济或社会政治方面发生有代价的变化的速度快慢以及付出代价的大小。外部变化的直接影响一般表现为敏感性依赖。脆弱性是指一国无法在现有的政策框架下应对外界的变化而不得不改变现有的政策,由此而蒙受损失的程度,也就是该国找到"替代产品"能力大小、速度快慢和成本多少。当现有的国际规范被遵守时,敏感性可以作为权力的来源;当国际规则不被遵守或处于劣势的一方付出的代价较大时,该国就会采取新的政策,此时脆弱性将会成为行为体的权力来源。基欧汉和奈不仅主张相互依赖关系可以使各国从更多的国际合作中获利,他们还认为各国如何利用相互关系中的

敏感性和脆弱性将影响他们在政治上的讨价还价能力,因此会影响其获利的能力和程度,也就是将脆弱性和敏感性的差异转换成政治权利的过程是关键。

美国在东亚的政治、经济等领域影响巨大,是东亚合作过程中一个重要的外在博弈方。分析东亚的金融合作,不仅要考虑东亚各国之间,也要考虑东亚各国和美国的不对称依赖关系。东亚各国关系的敏感性和脆弱性,在1997年亚洲金融危机和2008年全球金融危机中表现得最为明显。亚洲金融危机中,由于东亚各国在经济等领域的高敏感性依赖,最开始在泰国出现的金融危机很快蔓延至邻国及邻近地区,波及马来西亚、印尼、中国的台湾和香港地区、韩国以及日本。东亚各国采取的货币贬值、增息等政策也没能有效地抑制危机的传播,泰国、印尼等国最终不得不请求国际货币基金组织的援助并接收其苛刻的条件,充分展现出东亚各国的高脆弱性依赖。亚洲金融危机后,东亚各国和美国在贸易、货币、金融等领域的关系更为紧密,美国成为东亚各国主要的出口国,且美元资产是各国最重要的外汇储备,东亚国家对美国有很高的不对称相互依赖。从敏感性角度来看,金融危机期间,东亚主要国家的汇率、对美国的出口、资本的流入流出等都出现大幅波动;从脆弱性角度来看,东亚各国持有大量的美元资产,危机后期投资者出于避险情绪转投美国国库券,导致国债收益率大幅下跌,各国持有的美元资产价值也严重下跌。

在地区金融合作问题上,相对于中国对东亚其他国家的依赖关系,中国在金融领域对美国的脆弱性非常高。中国实现对国际金融体系的改革,一条重要的途径就是深化东亚金融合作,减少对美元的依赖。从区域的角度来看,一个新的金融机制的出现,比如《清迈倡议》,可以促进区域合作、降低区域在金融危机时对国际货币基金组织的依赖,并提高东亚国家对美国的讨价还价能力。

三、区域金融合作的竞争与依赖视角

从超循环理论的角度，曾国屏（1996）认为，只有竞争因素的系统的发展，其结果必然是彻底崩溃，而引入了合作的系统具有非线性的选择行为，从而系统有了多种发展方向，区域金融合作同样如此。在此基础上，阎忠吉（2007）通过比较系统内竞争和协同要素对系统的影响，认为各区域金融的自组织不仅与竞争联系，还十分注重协同因素，即通过联合、合作、共赢的协调作用机制进行发展。以共生原理为基础的区域金融合作研究发源于德国德贝里（1987）年提出的不同种属生活在一起的"共生"概念。后来，刘荣增（2006）将"共生理论"应用于区域金融合作，认为区域之间的合作取决于共生效益，共生系统不稳定性决定着区域间金融合作的随机性。

从各国经济相互依存度的角度，黄梅波（2001）认为东亚地区组建最优货币区与欧盟相比还存在差距。戴金平（2001）对2001年东亚地区和1979年西欧国家的经济水平做了比较，认为东亚尚不具备建立真正的、有制度框架保障的、以汇率目标区为主的货币合作体系的基本条件，但可实行对称性的货币合作。白当伟（2002）认为东亚地区可以先从符合条件的部分国家和地区开始，组成小范围货币合作区，然后逐步扩大到整个东亚地区。余永定（2002）系统研究了亚洲金融合作的背景、理论基础、发展进程并提出应建立东亚国家之间的紧急救援安排和汇率安排。李晓（2003）对在东亚地区构建区域货币体系进行了可行性分析，指出其应遵循循序渐进的原则，采取区域层次的货币金融合作。何帆（2005）结合东亚地区的经济现实，对东亚地区建立货币联盟的成本与收益进行了分析，对东亚建立货币联盟持谨慎或悲观态度。

第三节 区域金融合作的原则

一、区域金融合作的平等性原则

只有建立在平等基础上的合作才能是持久的合作,也才会是互利的合作。区域金融合作中,各国应该是平等的参与者、贡献者、受益者,通过共商、共建、共享来实现互利共赢。

共商是区域金融合作的前提。一方面,区域金融合作应致力于打造开放的、基于规则的和多边的全球经济和金融秩序,而不是以意识形态划线,坚持大国独霸的话语体系和叙事方式。只有坚持大小国家主权平等、协商一致,维持各国的核心利益,区域金融合作才能长远发展。另一方面,双多边和区域性的金融合作交流,是深化区域金融合作、加强货币宏观政策沟通协调的重要途径。

共建是区域金融合作的途径。区域金融合作不是单方面的对外援助,而是利益共享、风险共担,充分发掘与发挥各国的发展潜力与比较优势,彼此形成互利共赢的区域利益共同体、命运共同体和责任共同体。区域金融合作涉及问题复杂且覆盖领域多,需要多个国家协作攻关。如区域金融合作中涉及的互设金融机构,推进货币结算与本币交换等,都需要多方共同努力。

共享是区域金融合作的目标。区域成员参与金融合作的方式和目的不尽相同,但发展是各国的"最大公约数"。具体而言,区域金融合作应有利于各成员稳定宏观经济、发展国内金融市场、防范化解金融风险。共享发展成果是合作的最终目标,也是继续深化金融合作的必要前提。

二、区域金融合作的大国作用

亚洲金融合作具有危机驱动的特征，1997年亚洲金融危机和2008年全球金融危机是亚洲各国加强金融合作的重要契机。但是，对美元流动性的高度依赖、区域内金融市场不发达、合作向心力不强等因素都制约着亚洲金融合作步伐，而亚洲各国在经济、政治、文化等领域巨大的差异也决定了亚洲金融合作不是一朝一夕可以达成的。因此，推进亚洲金融合作，需要确定一个合理的次序，寻找一个适当的起点并在不同层次上相互促进。中日韩三国作为东北亚乃至东亚的政治、经济大国，其金融合作直接决定了亚洲金融合作的过程和结果。未来深化亚洲金融合作的重要突破点是发挥中国等主要国家的引领作用，塑造亚洲金融合作新规则。从经济规模、金融水平和国际影响力的角度来看，亚洲其他国家均远无法与中日韩相提并论。尽管东北亚地区历史政治等各方面错综复杂，但其战略重要性也始终应该放在中国对外合作的最前列。未来亚洲金融合作应以推动经济发展为出发点，以金融区域化优先为原则，强化主要国家的角色，引领合作方向，塑造合作新规则。

过去几十年的亚洲金融合作，主要是由日本和东盟分别主导和推动的，中国只扮演了参与者的角色。由于亚行的运作方式与世界银行没有太大差别，难以真正满足亚洲发展中经济体的需要。东盟虽然一直在积极推动区域经济整合，但因实力过小，难以形成金融合作的轴心及充当"领头羊"的角色。这就需要更有远见的发展计划和更有实力的经济体来充当引领和推动角色。当前，中国已是全球第二大经济体，经济规模在亚洲居于首位。无论是承担国际责任的需要，还是提升自身话语权的需要，中国都应在亚洲金融合作中发挥重要作用，从参与配合者向引领塑造者转变。例如，中国可以通过健全"一带一路"倡议下的融资支持体系，大力发展亚洲债券市场、推动人民币区域化与亚洲货币合作等，努力使亚洲金融合作迈上新的台阶。

三、东北亚金融合作的循序性原则

对比欧盟,虽然东北亚国家在经济周期、贸易与投资方面的协同性日益增强,然而在数量较多、经济发展程度相差较大、利益考量分歧较大的国家之间要形成集体行动,仍面临着很多困难。因此,东北亚金融合作在操作上,应先易后难、循序渐进、分类施策、重点突破。

在金融合作的路径选择上,存在着功能性金融合作和制度性金融合作。功能性金融合作是指各国保持自主性的金融政策,各国为解决某些具体问题,促进金融对实体经济的支持作用而进行的金融合作;制度性金融合作是指区域内各国在汇率和货币制度上达成制度性安排,如欧盟各国之间紧密的汇率协调合作机制以及货币一体化。对比制度性金融合作,功能性金融合作表现为双边特性、非制度性,不要求统一、完善的组织结构和制度安排。根据东北亚地区目前的合作现状,应该先加快功能性金融合作,如构建区域清算支付体系、加强区域金融风险管控和危机援助机制、设立东北亚合作与开发银行等,在金融合作充分深化后,再开展制度性金融合作,实现区域性汇率协调机制,并实现区域货币一体化目标。

简而言之,东北亚金融合作应循序渐进,以局部促全局。促进东北亚地区的和平与稳定是金融合作的基础,加快功能性金融合作是必由之路,以最终实现制度性金融合作。

第四节　东北亚区域金融合作:动因及挑战

尽管中日韩自贸区的推进尚需时日,但是东北亚区域金融合作理应尽快提上日程。区域金融合作,是非常重要的促进区域经济合作的机制和框架,需要先行和全面展开。

一、东北亚区域金融合作的动因

（一）东北亚区域金融合作是防范和应对金融危机的现实需要

既有的事实表明，东北亚区域金融合作属于典型的危机推动型，金融危机是合作的主要动力来源。金融危机通过外贸渠道和金融市场渠道向外迅速蔓延，其"传染效应"使得维护区域金融安全已成为东北亚各国的共同需求。目前，由国际货币基金组织主导的国际流动性支持体系难以为东北亚区域内受危机影响的国家提供及时有效的支持，难以起到最后贷款人的作用，同时附加经济结构改革和紧缩性政策等与区域内各经济体的实际情况不符的苛刻条件，有可能造成危机国国内经济失衡。而现有的国际组织尽管有协调各个成员货币政策的职能，但受"华盛顿共识"的操纵及其自身实力和决策机制的限制，也不能很好地发挥其进行及时救助的职能。国际组织的这些缺陷表明，维护区域金融安全已成为摆在东北亚各国面前的共同课题，需要各国开展广泛而深入的金融合作，建立独立的区域救援机制。东北亚各经济体金融市场不完善导致区域内各国金融市场普遍存在着"原罪"，即一国货币不能用于国际借贷，甚至在本国市场上也不能用于长期借贷，使得各经济体都面临着货币错配和期限错配的双重错配难题，对外部资本的依赖性加深，自身面临的流动性风险上升，这无疑加大了金融部门的系统性风险，给区域金融安全埋下隐患。在开放的经济体系下，宏观经济政策的外部性和汇率政策的外溢效应所带来的负效应，通过资产价格渠道，贸易、产出渠道，汇率渠道甚至地缘、文化渠道，迅速地影响到他国特别是邻国的金融资产价格、贸易收支状况和总产出水平，危及区域内经济体的金融安全。区域货币金融合作不仅可以增强区域内的流动性，降低金融部门的系统风险，还可以将宏观经济政策和汇率政策产生的外部效应内部化，避免其负效应对区域内经济体带来巨大的冲击，维护区域金融安全。

东北亚国家金融市场的不健全和负债率过高是在应对金融危机过程中

暴露的一个主要问题。冷战结束后，东北亚国家各国的本国货币基本上都是正式或非正式地盯住美元。这其中隐含着巨大的风险：一旦美元贬值或经济危机，采取这种汇率制度的国家将不可避免地受到巨大的冲击。而另一个重要问题则是区域金融合作的欠缺：东北亚各国之所以在金融危机中受到严重冲击，其主要原因就是应对金融危机的"行动"不一致，在金融领域合作方面缺乏必要的制度性安排。大量事实也证明，国际货币基金组织提供的援助，在席卷全球的金融危机中，对处于金融困境的国家帮助有限。因此通过建立信息沟通共享机制和有效的金融监管合作机制来加强东北亚国家区域金融协调与合作，对抵御或减少外来和内在的金融危机带来的危害具有十分重要的意义。

（二）东北亚区域金融合作是非均衡的全球经济格局下减少区域金融脆弱性的需要

东北亚等经济体的贸易顺差和美国的贸易逆差相比，形成了巨大反差。2020年，美国贸易逆差达到了6787亿美元，美国对华商品贸易逆差3108亿美元。外汇局数据显示，十年来，我国经常账户顺差与同期GDP之比总体在2%左右；截至2022年5月末，外汇储备余额为31278亿美元。与此同时，东北亚各国的外汇储备近年来也在不断增长，并且最后又都会以债券等形式流入美国等发达国家。美国政府利用这些资金不仅可以享受着东北亚各东道国的各种招商引资的优惠政策，而且还可通过对东亚国家的直接投资，获取不平等的超额利润。而投资期间，美国政府只需拿出利润中的一小部分以利息的形式作为外汇储备的回报和补偿，支付给各国政府。充足的外汇储备虽然可以成为东北亚经济体应对金融危机的有效措施和手段，但美元的持续贬值又在加速着各国外汇储备价值的持续缩水。因此，东北亚国家十分有必要深化区域金融货币领域的合作，发展区域内的金融市场，拓宽金融投资渠道，创新应对金融危机的机制和方法。

（三）东北亚区域金融合作是促进贸易深化和经济一体化的需要

很多专家认为，历史、自然等客观因素一般对区域经济发展有很大的影响，国家制度的变迁和政策方针等复杂背景也都会对区域经济发展形成制约，而经济和金融领域的合作机制则有利于克服这些影响和制约因素，并有利于通过合作与竞争，最终实现聚合和共赢。

换言之，区域性金融合作能有效地预防金融风险，整合区域内资源，从而提高经济运行的效率，并最终推进区域内实体经济的快速发展。在世界经济一体化的大背景中，东北亚各国经济联系程度日益紧密，尤其是中日韩三国间的相互贸易更是逐年增长。中国和韩国的金融投资合作计划虽然起步比较晚，但发展的速度很快。目前，韩国已成为中国引资的第三大来源国，超过了日本。东北亚地区跨国经营活动的日益扩大，要求在金融领域建立起更高层次的区域合作，而其相对滞后的发展现状，也是当前东北亚区域相互间贸易和投资进一步发展的主要制约因素。因此，东北亚国家必须尽快加强金融合作以促进区域贸易和投资以及经济各领域的稳步发展。

金融发展受实体经济发展水平的推动与制约。在众多金融合作中，投资的增长对促进区域内贸易的增长起到了关键性的作用；区域合作中，贸易-投资链条的加强也成了区域经贸合作的一个显著特征。贸易规模的扩大和直接投资的发展正在使东北亚各国潜在的互补优势转变为现实优势，也使东北亚各国间的金融合作变得越来越必要。投资、贸易、技术转让等的扩大与发展需要在结算、计价支付手段上进行有效合作，以顺畅区域内双边、多边贸易与投资的发展。日益扩大的贸易、投资以及技术转让，扩大了实体经济的存量与增量，必然增加对资金的需求，而金融合作有利于形成区域内有效的资金调剂和供给机制。经贸关系的密切加大了各国关系的内在联动性，增加了一国金融变化对其他国家的影响程度，从而使各国在防范金融危机方面共性增加，加强了金融合作的动力。

（四）东北亚区域金融合作是东北亚各国加强地区开发资金合作的需要

在东北亚地区,俄、蒙、朝都属于经济相对落后的国家,中国经济发展虽然迅速,但发展经济仍然需要大量的资金投入。日本拥有大量的资金盈余,是亚洲地区最早的发达国家;韩国作为新兴的发达国家,资金也相对充裕,也在寻找有利其发展的投资场所。但是由于东北亚国家之间没能把区域内的技术、资本和能源潜力转化为现实的生产力,没有形成优势互补,特别是深层次的金融区域合作的缺乏,导致难以在开发资金来源和融通上形成一个互补的良性循环机制。鉴于此,必须加强资金在区域内的整合,以便更有效地促进各国的经济发展。目前,实现全区域各国间的金融合作还有一定难度。因此,实现中日韩三国在开发资金上的合作就具有极大的现实性与必要性。中日韩的金融合作对解决区域资金盈余和资金短缺的结构性矛盾具有决定性影响,同时,中日韩的这种金融合作机制与合作秩序的形成也有利于吸引世界资本流向东北亚地区,实现整个区域对开发资金的需要。

（五）东北亚区域金融合作可以充分发挥东北亚各国互补性强、产业链分布均衡的优势

东北亚各国地理位置毗邻、资源充裕,在过去的经济发展中已经形成了深厚的合作基础。从资源要素看,东北亚六国各具优势,互补性强,具体表现如下:日本和韩国自然资源匮乏、工业原材料及能源供给有限及劳动力比较稀缺,但高素质劳动力资源方面较充足,因此对于日韩来说,他们主要生产具有高附加值的技术密集型的机械设备和电子产品。相较来说,中国拥有丰富的劳动力资源,所以在劳动力密集型的工业制品生产上有一定的比较优势。同时在中国科教兴国战略的实施下,科学技术是第一生产力的思想已融入社会发展方方面面,科技创新已摆在中国发展的首要位置,在技术密集型产品生产上已初露锋芒。对俄罗斯、蒙古、朝鲜来说,自然资源丰富,矿产资源及燃料能源富裕,在能源矿产类的初级产品生产上具有比较优势。

从经济结构看,东北亚各国经济结构互补,中国和日本分别为第二、第

三大经济体,日韩经济较发达,而朝鲜、蒙古经济发展一般,尚处于起步阶段,这一互补的经济结构有利于东北亚实现产业链的垂直分工合作。东北亚各国的这种阶梯形产业结构,有助于各方发挥自身的比较优势,在区域内开展垂直型国际分工,实现区域内产业转移。同时这种产业发展上的传递性,也带来了东北亚在资金、技术和市场上的互补性,这些互补性和潜在的巨大经济效益构成了东北亚经济金融合作的物质基础。

(六)东北亚区域金融合作有助于各国尽早实现政治经济效益

根据"不可能三角形"理论的解释,一个开放经济体的政府只能在稳定的汇率、资本自由流动和独立的货币政策三个目标中选择两个,放弃第三个。要谋求稳定的汇率,一国就只能在资本自由流动和国内货币政策自主权之中选择其一。但是,现实经济中经常出现两难选择。一方面,在资本自由流动的情况下,即使放弃货币政策的主动权,也难以维持汇率的稳定,亚洲金融危机便是一个很好的例证。东亚国家为了吸引外资过早地开放了资本项目,同时又通过放弃部分货币自主权来维持盯住美元的汇率政策,但仍未逃过巨额国际资本的冲击。另一方面,在资本自由流动的情况下,实行浮动汇率也很难保持货币政策的独立性。如果一国实行扩张的货币政策,就会产生贬值预期,导致"货币替代"发生,资本外流。结果使得本国增加的货币供给大量流到国外,货币政策达不到预期效果。就其他国家而言,"货币替代"导致外国货币的大量流入,使本国货币供给被动增加,原本紧缩的货币政策得不到预期效果。可见,货币替代的存在使本国货币政策与外国货币政策之间产生高度的相关性。为此,东北亚各国为避免单一决策下的政策低效性,应该加强货币合作,推动金融区域化的发展。

亚洲金融危机之前,东亚各新兴市场国家选择了开放资本市场和实行独立的货币政策,这就意味着放弃了汇率的稳定性。在国际投机资本的攻击下,被迫实行了浮动汇率制度,汇率的大幅波动对各国经济造成了极大损害。从世界经济发展来看,各国对资本项目的管制必然会放开,即资本最终会自由流动,因此,要维持稳定的汇率就必须寻求区域性金融合作,最初可能只是地区伙伴国之间相互的资金支持,发展成熟了就是让渡部分或全部货币政策主权的货币联盟。

东北亚金融合作将给这个地区带来巨大的利益。特别是如果达到金融区域化的要求,将会大大减少交易成本,促进商品和生产要素在整个区域内自由流动,实现有效配置,有利于该地区经济增长的高效率。

二、东北亚金融合作的有利条件

(一)东北亚的经济实力为金融合作打下扎实基础

区域经济一体化是一个动态过程,早期主要是在贸易、直接投资等领域开展经济合作,随着经贸合作的深化,经济领域的合作必将拓展至金融领域。中日韩三国是东北亚重要的经济体,2019年中日韩GDP总量达21.01万亿美元,接近美国同年的GDP总量。2020年受疫情影响,东北亚国家的经济受到一定冲击,但与全球其他地区相比,东北亚地区发展仍处于较好状态。2020年中日韩三国的GDP总和不仅超过了欧盟,还超过了美国。根据世界银行数据可知,2020年中国、日本和韩国的GDP增速分别为2.27%、-4.83%、-0.96%,而全球GDP同比下降3.27%。在外贸领域,2018年中国与东北亚地区五国贸易额合计约7585.7亿美元,占中国对外贸易总额的近四分之一,其中,日本和韩国分别是中国的第二大和第三大贸易伙伴,中日和中韩贸易额均超过3000亿美元。随着东北亚国家经贸合作的不断加强,金融合作也表现出良好的态势。

(二)区域金融安全成为共同需求

2007年次贷危机波及全球金融市场,大部分亚洲国家因持有大量美国金融资产而遭受巨额损失。危机期间,国际货币基金组织为亚洲制定的解决办法脱离实际,给有关国家造成严重的经济萎缩和巨大的财政赤字。而中日韩等亚洲国家通过大规模的救市和紧密的金融合作,避免刺激债务风波波及整个金融市场。此次危机给亚洲国家以深刻的警示：亚洲国家要想保持区域内长期稳定的经济增长趋势，必须加强区域内国家间的经济金融合作建设，充分的经济金融合作框架才可能将危机所带来的不利影响控制在尽可能小的范围之内，并有效避免下次可能出现的国际金融危机对区域经济可持续发展的损害。就东北亚自身的金融发展现状而言，区域内经济体面临着货币错配和期限错配的双重错配难题，在对外部资本存在很强依赖性的同时，自身流动性风险以及金融部门的系统性风险都在加大，给区域金融安全埋下隐患。随着东北亚区域内贸易投资一体化，金融风险传染性加深。在此背景下，东北亚各国只有加强区域金融合作，设立区域救援机制，才能有效地应对危机，维护区域内金融稳定。

（三）区域政治形势有缓和的动机

从2018年开始，东北亚政治环境由乱趋缓。第一，朝鲜半岛局势走向缓和。2018年初以平昌冬奥会为契机，在韩国积极斡旋、朝鲜愿意弃核谈话、中国极力支持及美国的响应下，半岛形势出现缓和。第二，中日关系明显好转。2018年是日中和平友好条约签署40周年，日本首相安倍晋三在访华期间签署了60多项协议，包括双边货币互换协议、搜救协议以及企业间的商业协议等。第三，中俄关系再度提升至新时代全面战略协作伙伴关系，将两国关系提升到前所未有的高度，赋予了双边关系新的定位，确立了双边关系发展守望相助、深度融通、开拓创新、普惠共赢的新目标和新方向。第四，中韩关系走出困境。文在寅政府上台后，中韩关系出现改善。2019年中韩双方就需要全面修复经历"萨德"风波后的中韩关系达成共识。2021年初，韩国总统文在寅在新年记者会上强调了中韩关系的重要性，并表示将在疫情稳定且条件成熟的情况下努力促成习近平主席访韩。政治领域形势缓和，激发了相关国家间合作的动能。2020年11月15日，经过8年谈判，《区域全面经济伙伴关系协定》（RCEP）正式签署，这是东亚区域合作极具标志性意义的成果。

（四）中日韩自由贸易合作或成合作催化剂

中日韩是东亚地区三个最大的经济体,经济规模合计占据亚洲经济总量的70%以上;中日韩三国2018年的进出口贸易总额占到整个东北亚地区贸易总额的91%以上。因此,东亚乃至东北亚的经济金融合作取决于中日韩合作。2008年金融危机后,外部经济环境严重恶化,中日韩三国外需萎缩,扩大东北亚区域内需成为三国的重点。中日韩自由贸易区是一个由人口超过15亿的大市场构成的三国自由贸易区,可以很好地增加区域经济增长内生动力,同时也将极大地丰富东北亚区域金融合作的内容。中日韩自贸区谈判于2012年11月正式启动,与RCEP谈判同时进行,到2019年已举行16轮。其间,三方就货物贸易、服务贸易、投资和规则议题深入交换了意见,取得积极进展。2020年,RCEP正式签署,中日韩同为RCEP成员国,RCEP的签署将为中日韩自贸协定的达成创造良好条件。中日韩自由贸易区是建立东北亚自由贸易区的必由之路,亦是实现东北亚经济、金融一体化的关键步骤。自由贸易区建成后,中日韩三国政府将更加积极主动地寻求金融政策的协调,保障区域内金融政策的一致性,推动经贸合作健康稳定发展。同时,三国之间贸易水平的提升,对于消除三国之间的矛盾和误解,增强东北亚地区内部的政治互信也大有益处。

三、东北亚金融合作面临的挑战

经济发展水平差异以及由此产生的政策偏好差异是金融合作的根本性障碍。从经济学理论层面解释,各国经济发展水平差异较大,各国之间生产要素流动性差,而根据最优货币区理论,区域金融合作的基础是各国相近的经济结构和发展水平,各国的生产要素能够自由流动。过分悬殊的经济规模和不同的经济发展阶段,导致各国经济政策、产业结构政策、进出口贸易能力、相对吸收需求能力等方面的巨大差异,这客观上构成了区域货币金融一体化进程受阻。同时,不同经济发展水平的国家在金融合作中所能获得的经济利益也是不一样的，这也导致各国在参与金融合作的步调上难以协调一致。

此外，从不同经济发展水平国家的合作动力和政策偏好的不同来看。低收入发展中国家想解决本国各种基础设施建设中面临的发展资金短缺问题；新兴国家则关注通过金融合作吸引外资，解决发达国家的贸易保护问题。由于分歧和利益的存在，导致各国之间缺乏信任，致使区域金融合作难以在短时间内取得实质性进展。

在货币金融体制方面，区域各国之间汇率制度和外汇管制制度的差异是金融合作的体制性障碍。合作区域内大多数国家采用浮动汇率制，货币政策保持相对独立性。如果进行汇率合作，首要目标将是确保本国货币的稳定性。一方面，各国很难就货币政策达成一致，即使制定了共同的货币政策，执行也面临巨大挑战；另一方面，这也考验各国汇率管理能力，区域内的发展中国家和少数发达国家实施的外汇管制措施将成为其他国家干预外汇市场的障碍。外汇市场的不稳定直接导致汇率间的协调与合作陷入停滞，区域金融合作失去深入推进的外部环境与区域基础。东北亚各国金融市场不完善，政策拟合的难度大。

按世界银行的统计，在货币方面，日元已成为国际货币，韩元已成为完全自有兑换的货币，人民币的地位虽然不断提高，但还不能自由兑换；东亚各国的汇率制度也参差不齐，有的实行浮动管理，但大多数都实行盯住美元的固定汇率制。金融市场不发达、国际收支不平衡程度严重、债务负担重，这些因素制约了东北亚金融合作的顺利进行。在东北亚金融市场中，除中、日、韩之外，其他国家仍是封闭的金融体系和非自由兑换货币，亚洲美元市场不发达，金融一体化的程度较低，使得汇率工具在协调外部失衡方面的重要性增强，加入通货区的成本加大。另外，各国金融体系、金融市场、金融发展水平差距较大，金融市场运行的质量普遍不高，市场不能有效地发挥资源配置的功能。

在合作的政治基础方面比较薄弱。首先是社会制度不同,在东北亚地区,有典型的发达资本主义国家日本,有发展中的资本主义国家韩国,又有实行社会主义制度的国家中国和朝鲜,还有由社会主义制度向资本主义制度转型的国家俄罗斯和蒙古。即使是中国和朝鲜同属于社会主义国家,也具有一定的差异性。其次是历史遗留问题长期得不到解决,缺乏政治互信。东北亚地区过去长期处于对立状态,安全、领土争端、历史遗留问题等悬而未决。东北亚是二战遗留问题最多的地区,主要有领土、领海主权争端问题,如中日钓鱼岛归属权问题、日韩竹岛归属权问题、日俄南千岛群岛问题等,还有日本政府对历史问题不诚实,使东北亚各国难以形成政治互信。特别是日本在侵略问题上对亚洲各国的不断挑衅,以及朝核危机的日益复杂,更加深了东北亚各国的不信任感和区域金融合作的难度。最后,复杂的地缘政治环境和脆弱的地缘安全环境难以为区域金融合作提供长期稳定的政治保障,甚至还可能使已经取得的合作成果遭到破坏。如果东北亚各国政府不能充分发挥政治智慧,加强政治互信,则很难改变目前东北亚金融合作层次较低的现状。值得注意的是,大国间的利益博弈使得在东北亚区域合作中小国的态度更积极,大国的态度则比较暧昧。中、日都不想对方成为区域合作的主导力量,俄罗斯利用手中的石油资源操纵能源外交,而美国则根本不愿见到一个一体化的东北亚。因此,东北亚地区政治上的复杂性,加上根深蒂固的传统观念的束缚,形成了东北亚区域合作的多重矛盾,这些因素错综复杂地交织在一起,严重干扰了东北亚区域经济金融合作的顺利发展。它不仅影响区域内各国共同利益目标的形成和确定,限制各国经济合作的紧密度,还将直接影响到东北亚区域金融合作的模式和进程。

东北亚区域金融合作中,能够成为领导核心国并推动区域一体化进程的两个国家当属中国和日本。但是中日两国彼此之间仍然存在着诸多矛盾,难以形成共识并发挥领导作用。目前,中国日益成为东亚的经济中心,中国力量的勃兴使其在东亚拥有了强大的自信和愈加重要的话语权。但是目前中国尚不发达的金融体系以及"中国威胁论"的散布影响着中国承担领导核心国的角色。日本是世界经济大国,从经济上有担当东亚区域金融合作领导核心国的实力,但是日本国内狭小的市场以及民族主义复兴的趋势使东亚各国对其抱有抵触心理。

"搭便车"倾向和博弈性思维也制约金融合作集体认同的形成。各区域内国家往往在政治制度、法律制度和历史文化等各方面都存在很大的差异,部分国家间甚至存在领土争端,不可避免造成相互间的认同障碍,很难将自身利益和区域内其他国家的利益视为一个整体,所以区域内国家更倾向选择"搭便车"而不是集体推进金融合作。另外,中国改革开放后积极融入国际社会,成为国际金融体系的参与者、建设者甚至引领者,但区域内个别国家仍坚持旧的意识形态倾向,对中国主导的区域金融合作持有疑虑和防范心理,带着博弈性思维周旋在各种区域性制度安排之中。

美国也不断对东北亚金融合作施加干扰影响。二战后,美国为维持其霸权地位,不断利用其政治、经济、安全和文化力量对世界各地企图"威胁"其霸权地位的国家和地区实行"长臂管辖",东北亚地区也不例外。一直以来,美国国家安全部门始终防范欧亚大陆出现发达经济体。冷战时期苏联的解体使美国放松了对东北亚国家的警惕,而中国经济的飞速发展成为最有可能挑战美国世界霸权的新生力量,为了避免削弱自己在东北亚区域的竞争力并能够在东北亚合作中获得更大的一杯羹,时常炮制"中国威胁论",不仅限制中国与周边国家的经济合作,增加东北亚各国对中国的联合抵制,还严重阻碍了世界贸易自由化进程,造成新贸易保护主义抬头,各国基于保护本国利益而降低与其他国家的经贸合作。

此外,美国提出亚太再平衡战略,东北亚地区对美国重返亚洲具有极为重要的战略价值,东北亚区域金融合作受到美国等西方国家的阻挠和影响。美国"重返亚太"战略不仅是出于地缘政治和经济需要,还是未来遏制中国和制衡中国发展的需要。东北亚是世界经济发展的中心之一,美国对东北亚的有效控制能使美国在东亚地缘政治博弈中争取主动,进而有助于美国对世界经济的掌控。尽管经历了金融危机,但美元依旧是主要的世界货币,虽然中韩自贸区已经建立,但是中日韩自贸区的建设却遇到了瓶颈,东北亚很难在短期内建立起将中日韩囊括在内的强大自贸区,也没有哪一种货币能完全取代美元的地位和作用。美国"重返亚太"战略主要方式是通过参与亚太经济事务,分化东亚地区的经济格局,最重要体现在美国曾主导和推动《跨太平洋伙伴关系协议》(TPP),TPP将中国排除在外,有意在经贸交流和金融合作领域孤立中国。即使拜登上台,美国对华推行强硬遏制战略的立场却并未改变。把中国视为美国的主要竞争对手,已经是美国的基本国策。拜登在其首次外交政策演讲中就将中国描述为美国"最严峻的竞争对手",同时又强调"在符合美国利益时与北京共事"。作为应对中国的手段,拜登政府已公开表示将以同盟关系为基础"重建美国的领导力",而美日印澳"四方机制"则被拜登政府视为"印太战略的基础"。美国的因素及其"重返亚太"战略牵制了东北亚区域金融合作的进程。

▶ 第五章
区域金融合作——全球经验

第一节 区域金融合作——欧盟

　　欧洲金融合作已经有近八十年的历史,是全世界金融合作中合作过程最完整、合作形式最高级、合作结果最成功的区域金融合作实践,欧洲的区域金融合作为其他区域的金融合作实践提供了经验和启示。

　　欧洲金融合作可以分为三个阶段:第一个阶段是从1950年欧洲支付同盟成立到2008年金融危机前;第二个阶段是从2008年金融危机开始到2012年在经济层面上金融危机的形势好转;第三个阶段是从2012年开始至今的后金融危机阶段。根据不同的合作方面,我们将欧洲金融合作分为货币合作、金融市场合作、金融监管合作等几个主要领域,接下来我们将从这几个方面进行介绍,同时将以欧债危机为例来叙述欧洲金融合作。

一、欧洲货币合作

　　二战后,欧洲的货币格局有了很大的改变,在1950年到2008年金融危机前的时间里,世界的政治格局和经济格局都与二战前有所不同,在这个时间段里,欧洲经济与货币一体化的合作在促进战后经济发展的政策中有着举足轻重的地位。随着经济全球化程度的加深,各国之间的经济联系也愈发密切,国家之间的相互依赖程度持续加深,这促使各国之间对国际货币合作的需求越来越强烈。在布雷顿森林体系瓦解之后,国际货币体系开始进入以浮动汇率为主的混合体制时期,但浮动汇率制所带来的主要货币之间频繁的汇率波动给国际贸易和国际投资造成了很大的负面影响。在此背景下,寻找能够稳定汇率体系的各种措施和方案就成了当时的主要议题。

　　欧洲货币合作的标志性起点是1950年欧洲支付联盟的成立,欧洲货币合作从开始到最终实现货币一体化的整个过程可以分为四个阶段:第一个阶段是欧洲经济货币合作的开始阶段。这一阶段是从欧洲支付联盟成立开始,到1969年海牙首脑会议关于建立"经济与货币联盟计划"(即《魏尔纳计划》)的出台结束;第二个阶段是海牙首脑会议提出的"经济和货币联盟计划"的实施阶段。这个阶段的起点是1969年12月共同体的海牙首脑会议,到1978年欧洲货币体系(EMS)计划的出台结束;第三阶段是欧洲货币体系(EMS)的建立和发展阶段。这一阶段的起点是从1979年欧洲货币体系正式生效开始,直至1989年第二个经济货币联盟计划出台结束;第四个阶段是建立经济货币联盟的阶段。这一阶段的起点是从1989年6月在欧共体马德里首脑会议《关于欧共体经济与货币联盟的报告》的宣布开始,到2002年3月1日,欧元正式取代成员国本币成为欧洲经济与货币联盟的唯一法定货币结束(张建政,2009)。

　　(一)欧洲经济货币合作的开始阶段

　　1950年,为了应对支付危机和区域贸易便利化,欧洲支付同盟建立,简化了大约两百个双边支付协议。欧洲支付同盟的任务主要是对各同盟国之间的美元债权和债务进行多边抵消,同时也促进了区域内的收支平衡和跨境贸易,所以欧洲支付同盟被认为是当代欧洲货币合作的最初形式。欧洲支付同盟的建立促进了西欧各国之间的贸易发展，为西欧各国之间的多边支付提供了便利。

随着1957年《罗马条约》的签署，欧共体正式成立，它的主要目的在于建立起欧洲内部的共同自由市场。《罗马条约》中的若干条款都强调成员国需要在调节国际收支、推行货币政策、实施汇率政策、协调经济政策上进行深层次、多维度的合作。之后在1959年签订的《欧洲货币协定》，实现了欧共体成员国内的货币自由兑换，这为未来推进欧洲更深层次的经济一体化奠定了基础。

(二)"经济和货币联盟计划"的实施阶段

在1970年出台的《魏尔纳计划》中，欧盟决定实施"可调整的中心汇率制"。1973年布雷顿森林体系瓦解后，欧盟中的各成员国依然保持盯住，中心汇率，对外实行联合浮动的政策。20世纪70年代，石油危机爆发，对全球的经济造成了冲击，美国的经济进入衰退期。为了刺激经济，美国坚持实施宽松的货币政策。美国的这个举动造成了国际通胀的形成，在这个背景下，欧共体认识到不能够对美元产生过度依赖，欧洲"去美元化"进程开始实质性启动。

(三)欧洲货币体系(EMS)的建立和发展阶段

欧洲货币体系于1979年建立，它的目的是要在欧洲形成一个货币稳定区。其实施的具体措施如下：①创设欧洲货币单位。②建立欧洲汇率机制，实行对内可调整的固定汇率和对外联合浮动相结合的汇率机制，同时实施平价网体系和篮子体系相结合的汇率干预机制。③决定在1979年4月建立欧洲货币合作基金，为各国央行干预活动提供短期融资，稳定成员国汇率和平衡国际收支。

(四)欧洲经济与货币联盟的建立阶段

1989年6月，德洛尔计划得以实施。该计划的主要内容是要从20世纪90年代起用大约20年的时间分三步完成货币一体化。欧洲货币联盟和经济联盟要齐头并进,同步发展,各成员国之间要逐步让渡货币政策决策权,同时要创建欧洲中央银行体系,为创造共同货币做准备。1990年7月《德洛尔报告》付诸实施,这意味着欧洲货币合作从政策协调进入了制度合作的根本性变革。

1992年2月7日,欧共体成员国在马斯特里赫特正式签署了《欧洲联盟条约》(又名《马斯特里赫特条约》),宣布自1993年11月1日起,欧洲联盟成立。该条约在货币合作方面的核心目的共有三条:(1)实现资本自由流动和欧洲汇率机制。(2)建立欧洲货币局,为单一货币做准备。(3)建立欧洲中央银行体系,成员国货币决策权向欧盟移交。

1995年12月的马德里会议指出,欧洲各国必须要在适当时间以及适当的经济情况下坚定不移地实施货币一体化政策,并且重申各个成员国必须毫不犹豫地按照《马斯特里赫特条约》的规定加入货币联盟的经济趋同指标,同时《关于引入货币具体方案的绿皮书》在会议上也得到了认可,即把欧洲的单一货币最终定义为"欧元"。

1997年10月2日,欧盟15国外长签署了《阿姆斯特丹条约》(简称《阿约》)。《阿姆斯特丹条约》在货币合作问题上形成了三个关键性文件:新的以欧元为中心的"第二欧洲汇率机制"决议;约束成员国财政纪律的《稳定与增长公约》;《欧元的法律地位》。这三个文件分别为解决欧元区成员国与非成员国汇率之间如何协调的问题、各国加入单一货币区的财政趋同标准中有关过度赤字问题的处理、各成员国对欧元启动的法律准备和欧元在欧盟的地位问题提供了法律基础。

1998年5月1日,欧盟财政部长理事会在布鲁塞尔召开,在这次会议上同意欧盟委员会提出的首批名单上的11个欧元国(德、法、意、比、卢、奥、爱、西、葡、荷兰、芬兰)按预定时间于1999年1月1日启动欧元的使用。2002年1月,欧元成为欧洲货币联盟的唯一法定货币。

二、金融市场合作

欧洲的金融市场合作始于1973年，但是由于当时的欧洲各国缺乏统一协调的行动，导致欧洲金融市场长期以来实际上还是相当隔离的，在当时的金融市场上，消费者和企业很难跨境获得金融服务。在欧盟成立后，欧洲金融市场的合作得到了进一步推动。

1998年6月，欧盟召开了关于推进金融市场一体化的委员会会议，在这次会议上欧盟就5个方面达成了共识：①欧盟应该被赋予应付新世纪金融市场挑战的立法能力；②为降低欧盟地区资本市场投融资的成本，必须消除资本市场分离；③在对高水平消费者进行保护的条件下，金融服务的消费者和生产者应能够自主利用单一金融市场所提供的商业机遇；④鼓励各国监管当局紧密合作；⑤进行为金融批发和零售交易一体化服务的金融基础设施的建设。

1998年7月，布鲁塞尔、阿姆斯特丹和卢森堡3家证券交易所达成联盟协议。1998年11月27日，马德里、米兰、伦敦、巴黎、法兰克福、布鲁塞尔、阿姆斯特丹和苏黎世等欧洲8家主要股票交易所的总裁在巴黎举行了会议，在此次会议上，总裁们就组建单一的泛欧证券交易市场达成共识。1999年，欧盟出台了金融服务行动计划，该计划的改革措施涉及证券、保险等众多类别的金融机构。2004年4月，巴黎、阿姆斯特丹和布鲁塞尔证券交易所公布结盟计划，组成欧洲第二大股票市场——泛欧证券交易所（Eu-ronext）。同年5月，伦敦和法兰克福证券交易所宣布联盟计划，组成国际股票交易所（iX）。在证券交易所不断进行结盟的同时，欧盟内部的期权与期货交易所合并不断：伦敦国际金融期货交易所（LIFFE）与德国期货交易所（DTB）合作；法国国际期货交易所（NATIF）与西班牙巴塞罗那交易所（MEFF）联合，组建欧洲交易所（EUREX）（李悦、顾苏秦，2007）。

在制定相关的政策方面，欧盟在1999年5月制定了《金融服务行动计划》，该计划包括42项改革措施，覆盖范围包括证券、银行和保险业等所有金融机构。2000年3月，欧盟里斯本首脑会议正式批准《金融服务行动计划》的实施，到2005年全部完成，该计划的实施消除了欧洲金融市场在一体化进程中所存在的一切障碍。欧洲的金融市场一体化改变了国际金融市场格局，在欧洲的金融市场上加速形成了一个强大的金融证券交易中心，同时使得欧洲各国在金融市场上的联系愈加紧密，在证券市场上的合作不断深化，汇率风险、交易成本均大幅下降。

在欧洲金融市场合作过程中，资本市场发展和资本联盟的建立是十分关键的一个部分。资本市场的作用不单单只是为欧洲各国提供了良好的投融资平台，在分担经济风险和克服消费、投资波动方面也发挥着重要作用。

三、金融监管合作

在欧债危机爆发前，欧盟的银行业市场已经呈现高度一体化的局面，货币市场和债券市场基本与国家环境无关。随着金融机构跨境业务活动的增加，银行间的竞争也日益加剧，于是银行主动寻求合并与收购增强自身竞争力。国际金融监管，包括一系列规范性和制度性的协议规定，既有具备约束力的硬法也有不具备约束力的软法（如巴塞尔协议），还有某些兼具软硬法特征、但不具备法律约束力的制度协定（如IMF协议）。金融监管，包括系统风险监管、审慎监管和消费者保护。《马斯特里赫特条约》第105条第5款明确成员国负责银行微观与宏观审慎监管，欧盟银行监管体系呈现分散化特征。该条款使得监管活动具有有效性和灵活性，而且符合成员国主权要求，成为政治上最优的选择。但是，金融市场一体化的稳定与危机管理，在成员国的审慎监管下会有监管不力的可能性，这也为金融危机的产生埋下了隐患。

2002年，欧盟开始构建系统的监管协调体系——莱姆法路西框架。莱姆法路西框架主要致力于欧盟的证券市场监管改革，这个框架把欧盟的证券市场立法和监管体系分为四个层次:①确定欧盟证券市场的基本政策和基本原则;②成员国证券管理机构、欧盟委员会和新的欧盟证券委员会组成一个职能网络,进行具体的政策执行;③成员国内部监管机构的合作和网络建设;④强化欧盟委员会对欧盟规则的具体执行。首先,理事会、欧委会和欧洲议会通过立法程序制定金融监管指令;其次,欧盟银行委员会制定技术性条款;再次,欧洲银行业监管者委员会促进各国监管机关合作,如提供解释性建议、法律指导、共同标准及推荐监管操作等;最后,欧盟和成员国合作执行监管任务。

欧债危机前,欧盟银行监管体系呈现以下特征:①母国和东道国具有微观审慎监管与商业行为监管的权力。②各国监管模式与规则多样,各国监管实践差异很大。③签订双边或多边谅解备忘录开展银行日常监管,通过建立超国家委员会为区域内信贷机构创建公平竞争环境。

欧洲银行监管体系的主要目标是:①消除准入障碍,在区域内贯彻银行业国民待遇原则。②协调各国监管规则,降低跨境银行业务成本。③在单一银行执照、母国控制和相互承认等原则指引下,银行母国进行审慎监管同一原则用东道国进行商业行为监管。④破除监管与市场壁垒,建立欧洲经货联盟,引入欧元。

宏观经济层面的增长为金融危机前银行的各项活动提供了良好环境。欧洲央行货币政策的成功伴随着欧元在国际金融市场地位的逐渐提高,使得银行更容易参与投资业务,创新金融工具。在金融危机之前,当时的主流观点是经济的不稳定性已经被限制,经济形势整体处于比较稳定的阶段;当全球金融危机和欧洲债务危机发生时,现有金融架构、欧元地区治理框架、欧盟层面经济政策和预算协调方面的缺点和不足就暴露了出来。在金融危机爆发前,欧盟的银行业规模大幅扩张,扩张最多的银行部门分别位于爱尔兰、西班牙、塞浦路斯和葡萄牙。欧洲的银行体系和规模伴随着杠杆的增加而越来越大,欧盟的银行越来越多地参与到衍生品交易中,并将其信贷活动扩展到国外。

根据欧洲央行的研究,欧元区银行向中东欧银行体系的扩张主要由中东欧经济体的未来发展潜能推动,这为欧元区银行赚取更高的利润率提供了机遇,同时也推动了它们实现国际化战略和规模经济的意愿。外资银行在中东欧银行体系的扩张转化为信贷快速增长。在危机爆发前,欧盟金融企业的信贷增长是可以被直接观察到的,并且新成员国的信贷增长率明显高于欧元区国家,尤其是在抵押贷款方面,而这些条件促进了银行业规模的增长。在危机之前的大多数欧盟国家的银行贷款总额甚至已经超过了本国的GDP,大规模的银行贷款已经对经济产生了负面影响,同时产生了系统性风险,具体体现在经济波动加剧、私人部门负债过高、经济中资源配置效率低下等方面。

在主权债务危机和银行业危机的双重打击下,欧盟经济、金融与财政体系的结构性问题暴露无遗:银行主导的金融体系对市场风险不敏感,风险不断累积;资本市场无法有效缓冲金融危机对实体经济的冲击;欧盟银行修补资产负债表,制约信贷发放;欧盟成员国的金融体系不尽相同,由联合银行主导的单一货币政策无法照顾到各国依赖银行信贷的不同程度。

2009年,受欧洲联盟委员会委托,以前法国央行行长、前国际货币基金组织总裁德拉罗西埃为首的专家小组发布《德拉罗西埃报告》,建议欧盟强化整体层面的监管预警,建立新的泛欧金融监管机构。报告中提出了一系列关于改革欧盟金融监管微观和宏观审慎框架的立法建议。欧洲金融监管体系很大程度上接受了《德拉罗西埃报告》的建议,这一制度结构自2011年起生效,它包括三家欧洲金融监管局:欧洲银行业管理局、欧洲保险与年金管理局以及欧洲证券和市场管理局。这三家新金融管理局在相互协调工作的同时还要与有相关职能的国内监管局协调,并且需要与新建的欧洲系统风险委员会相互配合。

这个时期的欧洲金融监管体系相比莱姆法路西框架有了明显进步,《德拉罗西埃报告》的目标在于创造一个国家与欧盟金融监管局的综合网络。欧盟金融监管局的首要任务是制定规则，使适用于金融市场参与者的规则高度集中。欧洲金融监管局需要协调国家金融监管局的活动，为国家及欧盟机构提供建议，优化有效的技术标准、方针及建议，负责委派、执行任务，以及采取法律约束手段。在各国监管机构无法达成一致的前提下，欧洲金融监管局有权通过强制各国机构采取某种措施或者停止该机构的行动来解决问题。随着欧洲金融集团的重要性日益增加，欧洲金融监管体系为各国机关设立的分歧解决机制就变得十分关键。争端解决机制象征着金融监管的去国家化，然而即使是对跨境操作系统性重要的金融机构来说，权力向欧洲层面的转移也还没有实现。

金融危机阻碍了欧盟银行体系规模的增长。欧盟银行业的资产在2008年至2013年几乎没有变化，而资本市场业务在逐渐增加。危机也导致了其对欧洲金融一体化进程的影响，并扭转了早些时候发展跨境业务和扩大欧元区银行在欧元区以外业务的趋势。宏观经济环境和财政政策并没有对银行重组后的地位产生积极影响。除了特殊的财政支持外，各国央行的非常规救助行为限制了短期流动性的规模，新创建的宏观审慎权威机构对银行实施的贷款限制影响到了银行利润。

金融危机后，欧盟需要克服银行主导型欧盟金融结构的一系列问题，如银行监管不足、市场出清机制不足、对银行的过度依赖、系统性风险增加、金融系统脆弱性等。银行业联盟可能成为一种替代性机制帮助维持银行体系的稳定。2012年5月以来，欧盟银行业监管制度的理念与模式转变为"审慎监管"，欧盟启动由单一监管手册统领的银行业联盟建设，单一监管机制（SSM）和单一清算机制（SRM）、单一存款保险机制–欧洲存款保险计划（EDIS）正在建设之中。银行业联盟已经浮出水面，但尚未在欧元区和所有成员国实施。

1.单一监管机制

欧洲系统性风险委员会(European Systemic Risk Council,ESRC)负责欧盟宏观审慎监管;欧洲银行业管理局(EBA)、欧洲保险与职业养老金管理局(EIOPA)和欧洲证券管理局(ESA)负责微观审慎监管,单一监管规则与各国监管机关一起构成欧洲金融监管者体系(ESFS)。2013年,"单一监管机制"创新性地使欧洲金融监管者体系(ESFS)制定的规则具有强制力。欧洲央行在银行监管和维护金融市场稳定方面经验丰富,成为这一机制的核心。

金融危机后,大部分欧元区的银行通过追缴资本和政府注资的方式,达到《资本要求指令Ⅳ》和《资本要求条例》(CRDIV/CRR)的最低监管资本要求,并接受救助国家的银行转变经营模式,移除问题资产,继续发挥金融中介功能。但是,由于信息不透明,外界对欧元区银行业的风险仍然充满警惕,为了修复和重建投资者的信心,欧洲中央银行和欧洲银监局以及各国监管机关共同于2013年11月对大型银行机构进行了全面评估。2014年11月,欧洲中央银行正式开始履行欧元区银行监管职能,抽取部分银行进行评估和压力测试,向银行发布分红与薪酬政策的指导性意见,不定期公布监管规则、评估决定和银行业数据,与公众进行紧密沟通。对系统性信贷机构,欧洲央行负责审慎监管,成员国负责商业监管;对中小型信贷机构,欧洲央行负责宏观审慎监管,而微观审慎与商业监管交由成员国负责,既保证了安全性,又兼具灵活性,无疑是金融监管模式的巨大创新。欧洲银行单一监管机制帮助解决银行危机,也为银行业联盟的建立奠定了基础。

2.单一清算机制

《欧洲联盟运行条约》第114条规定:①建立源于银行业征税的单一清算基金。②设立清算委员会负责清算工具和资金的使用。2013年12月12日,《欧洲银行复苏与清算指令》(BRRD)达成。2016年1月1日,单一清算机制正式启动,单一清算委员会开始与各成员国清算机关共同履行银行重组与清算职能。

3.单一存款保险计划

各个成员国的存款保险机制和融资模式都有很大差别。2013年12月17日,欧盟理事会与欧洲议会达成存款保险机制协议。欧盟先通过法令督促各国在8年内完善各自的存款保险基金,目标额度为有担保存款总额的0.8%,并允许各国存款保险机制在自愿的基础上相互借贷,可用于重组与清算行动。欧盟委员会决定,从2017年起直至2024年,欧洲存款保险基金逐渐替代各国存款保险基金。虽然目前方案批准仍有阻力,但是得到了欧洲央行肯定,认为欧洲存款保险计划是银行业联盟必不可少的第三支柱。

四、欧债危机后的危机调整机制合作

欧债危机是指2008年金融危机之后欧洲部分国家因在国际借贷领域中大量负债并超过了其自身清偿能力,造成无力还债或者必须延期还债的事件。2009年12月,欧洲主权债务危机最早在希腊出现,随即国际三大评级机构惠誉、标准普尔和穆迪相继下调希腊主权信用评级,并将其评级展望定位为负面,希腊乃至整个欧洲的债务危机由此拉开序幕。截至2010年4月底,其已经蔓延至欧元区内经济实力较强的葡萄牙、意大利、爱尔兰和西班牙,法国和德国两个欧元区的核心国家也受到了危机的影响。2012年初,标准普尔宣布将法国等9国主权信用评级下调,法国主权信用被踢出AAA级。至此,由希腊开始的主权债务危机演变成一场席卷整个欧洲的主权债务危机。这场欧债危机可以分为三个阶段:

(一)第一阶段:希腊债务危机

2009年10月初,新一届希腊政府宣布2009年政府财政赤字和公共债务占国内生产总值的比例预计分别达到12.7%和113%,远超欧盟《稳定与增长公约》规定的3%和60%这一上限,希腊债务危机由此拉开序幕。随后几个月,全球三大评级公司标普、穆迪和惠誉分别下调希腊的主权债务评级;2010年5月底,惠誉宣布将西班牙的主权评级从AAA级下调至AA+级,至

此,希腊债务危机扩大为欧洲债务危机。希腊债务危机的爆发削弱了欧元的竞争力,欧元自2009年12月开始一路下滑。2010年5月10日,欧盟27国财长被迫决定设立总额为7500亿欧元的救助机制,帮助可能陷入债务危机的欧元区成员国,防止危机继续蔓延。这套庞大的救助机制由三部分资金组成,其中4400亿欧元将由欧元区国家根据相互间协议提供,为期三年;600亿欧元将以欧盟《里斯本条约》相关条款为基础,由欧盟委员会从金融市场上筹集;此外国际货币基金组织(IMF)将提供2500亿欧元。欧盟的有力举措使市场信心得到一定修复,市场对欧债危机的担忧有所缓解。

(二)第二阶段:爱尔兰债务危机

2010年9月底,爱尔兰政府宣布预计2010年财政赤字会骤升至国内生产总值的32%,到2012年爱尔兰的公共债务与国内生产总值相比预计将达到113%,是欧盟规定标准的两倍。2010年11月2日,爱尔兰5年期债券信用违约掉期(CDS)费率创下纪录新高,表明爱尔兰主权债务违约风险加大,由此宣告爱尔兰债务危机爆发。11月11日,爱尔兰10年期国债收益率逼近9%,这意味着爱尔兰政府从金融市场筹资的借贷成本已高得难以承受。爱尔兰债务危机全面爆发,并迅速扩大影响范围。爱尔兰政府从最初否认申请援助到无奈承认,爱尔兰债务危机进一步升级。

欧盟27国财长讨论后决定正式批准对爱尔兰850亿欧元的援助方案,爱尔兰得到援助须接受苛刻的财政条件,即大力整顿国内财政状况,大幅削减政府财政预算,以达到欧盟规定的水平。爱尔兰成为继希腊之后第二个申请救助的欧元区成员国,欧洲债务危机暂时告一段落。

(三)第三阶段:债务危机蔓延

爱尔兰债务危机刚刚安定下来,市场焦点却转向葡萄牙及西班牙。金融危机后葡萄牙经济下滑,2009年度财政赤字占国内生产总值的9.4%,大大超出欧盟规定的上限3%,这一比例是继希腊、爱尔兰和西班牙之后的欧元区第四高。西班牙面临的首要问题是总额达1万亿欧元的公共债务规模,

IMF预计2014年西班牙债务占GDP的比例会达到80%。IMF还预测,西班牙2010年的失业率为20%,比葡萄牙高出1倍。西班牙也是欧洲住房市场问题最严重的国家之一,西班牙存在房产泡沫以及相应的建筑市场过热问题,产能大量过剩,大量房屋空置,建筑行业岌岌可危。危机一旦在西班牙蔓延,后果将不堪设想,因为西班牙是欧元区第四大经济体,希腊、爱尔兰和葡萄牙都属于欧元区小国,经济总量加起来只及西班牙的一半。

身为欧元区第三大经济体,意大利也受到波及,其10年期国债与德国国债之间的收益率利差已升至欧元流通以来的新高;身处欧洲心脏的比利时也受到了波及,其10年期国债收益率呈现连续上扬态势。

欧元区的成立积极推进了欧元区成员国间的经济一体化。希腊、爱尔兰等国在加入欧元区之后就享受到了欧元区使用单一货币的好处,比如消除汇率浮动、促进跨境贸易和促进跨国就业等,使得政府和企业在国际资本市场上融资更加便利,与其他国家之间的资本流动更加顺畅。但是统一的货币区内存在多个经济发展不平衡的国家也会产生诸多难以协调的矛盾,这为债务危机爆发埋下了伏笔。

欧元区实施统一的货币政策后,成员国丧失了独立的货币政策,但是财政政策仍由各国政府独立执行,这就造成由欧洲央行执行货币政策,各国政府执行财政政策的宏观经济政策体系,这一体系也成为欧元区运行机制中最大的缺陷。欧洲央行的目标是维持低通胀,保持欧元对内币值稳定,而各成员国财政政策的目标则是促进本国经济增长、减少失业等。在失去货币的独立性后,成员国只能采用单一的财政政策应对各项冲击,这就意味着欧洲央行和各国政府财政政策的目标是不一致的,这种不一致性导致政策效果大打折扣。各国政府在运用财政政策时面临着遵守"马约规定"和促进本国经济增长的两难选择。

金融危机之后,欧元区各国经济复苏步伐不一致,德国、法国的经济开始回归正常,而希腊、爱尔兰、西班牙等国由于房地产泡沫的破裂,经济复苏之路还存在着一些障碍。目前,欧债危机虽然已成为历史,但只要欧元区宏观经济政策的机制漏洞还存在,类似的债务危机就还可能爆发。

第二节 区域金融合作——拉美

美元化是拉美国家经济发展历程中的重要经济现象,也是20世纪金融全球化和区域经济一体化发展的产物。所谓经济"美元化",概括起来有三层含义:一是最低层次的经济"美元化",即在经济生活中广泛使用美元。1994年以前,特别是20世纪80年代以前的"美元化"基本上属于这种层次。二是中等层次的经济"美元化",即本币与美元采用固定比价,典型的方式是实行货币局制度。阿根廷就属于这种类型和层次。三是最高层次的经济"美元化",即以美元作为本国的法定货币。这种"美元化",又分为两种类型:①本币与美元同时流通,同为法定货币;②本币退出流通,美元成为唯一的法定货币。亚洲金融危机后,拉美国家积极谋求经济"美元化"之路,这里所指的经济"美元化",是指最高层次的经济"美元化"。(朱小梅,2006)

拉美国家的"美元化"(即用美元代替本国货币)实践已经有很长历史。最早实施完全"美元化"的国家是巴拿马,始于1904年。其后在拉美国家的发展中,受美元币值和美国货币政策的影响一直很大,特别是在拉美国家经济出现危机的时候,美元与危机国的货币常常同时被广泛地使用。

1965年9月22日,12个拉美国家在墨西哥签署了《共同支付和信贷协定》(即《墨西哥协定》)。协定要求成员国在区域内贸易中应尽量用成员国货币替代美元等国际货币进行结算,以节省本已十分短缺的外汇储备。1980年,拉美一体化协会成立,在《墨西哥协定》的基础上,明确提出以加强区域内的金融合作和扩大贸易为目标,为成员国提供多边支付和清算机制、临时融资机制、贷款担保机制等金融服务和融资便利。此外,协会建立了由各国央行组成的金融与货币事务委员会,其执行机构是金融与货币事务咨询委员会。一年后，拉美一体化协会商讨建立多边票据清算交换所，组建金融合作基金，为各成员国提供融资便利，应对临时性的贸易收支失衡问题，同时还就创立拉美货币单位达成一些共识。1982年，拉美一体化协会签署了《临时流动性赤字互助多边协定》（即《圣多明哥协定》），将金融合作基金的融资便利扩大到成员国经常项目失衡，而不仅限于贸易收支的失衡。然而，由于这种融资便利所提供的资金规模仍然十分有限，通常只作为IMF援助的配套资金。

拉美一体化协会成员国的清算体系，从开始运行就在拉美国家区域内贸易的融资中占据着主导地位，即便在20世纪80年代区域内贸易萎缩的环境下，大部分区域内贸易仍然通过该清算体系结算。1970年区域内进出口通过此结算体系的比重为41.4%，1975年上升到60%，1980年更是高达90%的水平。拉美债务危机爆发后，区域内贸易规模收缩，通过此清算体系的清算额呈现逐年下滑的趋势。1995年，此支付体系的清算额占整个拉美地区区域内贸易的比重为66.3%。在拉美一体化协会清算体系建立后，拉美国家在国际贸易和结算业务中节约了1/4左右的外汇储备额。时至今日，拉美国家区域内支付体系仍然以上述清算体系为基础。

1987年巴西和阿根廷政府签署双边协定，在拉美一体化协会清算体系框架下建立了双边融资便利机制，由两国共同出资4亿美元，通过双边外部融资促进双边贸易发展。1991年《亚松森条约》签署，南方共同市场（MER-COSUR）成立，成为拉美地区举足轻重的区域性经济合作组织。在南方共同市场（即南共市）组织架构中，各成员国的经济部和中央银行都是共同市场委员会下属工作组的成员。其中，第四工作组主管金融事务，第十工作组负责协调宏观经济政策。1995年，南方共同市场通过了9/95号决议，其主要内容是加强金融领域的合作与协调，明确第四工作组的基本任务是推进金融市场的自由化，同时还必须对金融体系、保险市场、股票交易、投资促进与保护、宏观经济指标、汇率制度研究等领域具有深刻的理解。1993年6月30

日,巴西提出"南共市汇率目标区巴西倡议",它与最初的欧洲货币体系相似,即成员国的货币在某一中心平价的范围内上下波动,此中心平价根据各成员国贸易比重的加权计算得出。然而,这个倡议主要从巴西自身的利益出发,目的在于防止阿根廷比索大幅度贬值殃及巴西。因此,该倡议提出的汇率形成机制未能被各方接受,更不用说在货币政策中介目标以及财政平衡等方面进行协调。(黄志龙,2007)

拉美债务危机、亚洲金融危机和阿根廷货币危机等一系列金融危机的经验教训使拉美国家逐渐认识到,在资本大规模流动的条件下,现有的汇率制度安排在维持一国金融体系的安全与稳定方面存在显著弊端。为此,拉美国家开始实行经济"美元化",旨在解决汇率波动及货币贬值问题。20世纪末,在阿根廷、尼加拉瓜、萨尔瓦多、厄瓜多尔和秘鲁等拉美国家,事实上的美元化已经十分明显了。1994年,巴拿马和波多黎各率先实现了美元化;1999年阿根廷政府宣布打算实施美元化;2000年3月,厄瓜多尔开始正式启动美元化政策,其原有货币苏克雷除了保留少数硬币之外已经全部退出流通领域。2001年1月1日,萨尔瓦多的《货币一体化法》开始生效。该法规定,美元与本国货币科朗一样是合法流通货币,并实行固定汇率(8.65科朗兑换1美元)。巴拉圭实际上已经"美元化",其65%的存款和50%的私人贷款用美元计价,其货币瓜拉尼已经失去实际的储值和计价功能。秘鲁、玻利维亚及危地马拉也先后完成立法,允许美元与其本国货币同时流通。

此外,阿根廷、尼加拉瓜、洪都拉斯及哥斯达黎加等国政府都在认真而积极地思考本国经济的美元化问题。其他拉美大国如墨西哥、巴西等也对此表示出浓厚的兴趣。

在外汇储备合作方面,拉美国家组织筹备了拉美外汇储备基金。拉美外汇储备基金的前身是1978年安第斯共同体成立的安第斯外汇储备基金,最初的成员国是安第斯共同体国家,即玻利维亚、哥伦比亚、厄瓜多尔、秘鲁、委内瑞拉五国。2000年,安共体成员国决定吸收哥斯达黎加成为基金成员国后,改称为拉美外汇储备基金。该基金的宗旨包括三个方面:当成员国面临国际收支失衡问题时为成员国提供资金支持;协调各成员国之间的宏观经济和汇率政策,使它们实现安第斯共同体签署的"喀他赫纳协议"和拉美一体化协会"蒙得维的亚协定"的承诺;改善各成员国外汇储备的运营效率。基金的主要业务是对成员国提供国际收支平衡支持贷款、公共外债重组贷款、流动性贷款和紧急融资便利等业务。

第三节　区域金融合作——北美

《北美自由贸易协定》主要目的是消除关税和非关税壁垒,推动区域内商品、人员及资本流动。但随着投资自由化条款、投资争端解决机制等制度的建立,经济一体化内容已超越贸易自由化的范围而涵盖劳务、贸易、投资、金融服务等领域。《北美自由贸易协定》生效后,美、加、墨三国在金融领域已形成深层次的合作。该协定规定:①某一成员国金融服务提供者可在另一缔约国开业,从事银行、保险、证券交易和提供其他金融服务。各国应允许本国居民在另一国境内获取金融服务,不对任何金融部门的跨境交易规定限制条件,也不对已有限制增加补充规定。②各国应给予在其境内的金融服务提供者以国民待遇,不得将其他国家金融服务提供者置于较本国提供者不利地位。③在区域内的金融市场开业的条件、有关人员要求、申请程序应明确,并遵照约定执行。④各国仍可保留合理调整的权利,以维护金融体系稳定和完整。特殊情况下,还可采取旨在保护收支平衡的措施。⑤规定成员国之间就有关金融服务事务进行磋商的专门程序。⑥各国对金融服务合作做出具体承诺。(李悦、顾苏秦,2007)

金融合作是北美自由贸易协定的一部分,实施以来表现出巨大的合作效应,突出表现在对1995年墨西哥金融危机的有效救助上。1995年,墨西哥爆发金融危机,当年GDP增长率为-6.2%,比上年下降10.3个百分点,是20

世纪90年代经济增长最低的年份；通货膨胀率达到51.1%，比上一年提高47%，失业率也是20世纪90年代最高的年份。美国政府马上做出反应，主导国际社会对墨西哥进行了前所未有的大规模救援行动。首先，美国联合加拿大等国多次入市干预，抛出本币买入墨西哥比索，以支持比索的汇率。接着，美国又促使国际货币基金组织宣布向墨西哥提供500亿美元的紧急援助，其中，美国政府提供200亿美元，国际货币基金组织提供178亿美元，国际清算银行提供100亿美元及拉美提供10亿美元。不仅如此，美国和国际货币基金组织还帮助墨西哥设计了有关货币、汇率、利率以及财政政策等内容的"宏观经济框架"，以帮助墨西哥恢复经济金融。尽管IMF等国际金融机构也向墨西哥提供近500亿美元紧急贷款，但墨西哥政府认为，本国经济能从近乎崩溃的金融危机中复苏，很大程度上归功于《北美自由贸易协定》和美国的帮助。此次危机与1982年墨西哥金融危机形成鲜明对比，当时墨西哥对美国征收100%关税并实行其他贸易限制，与美国没有有效的经济贸易合作，也没有得到周边国家援助，总共用了7年时间才恢复到危机前的出口水平，而1995年危机仅用18个月就顺利度过。

第四节 全球区域金融合作对东北亚金融合作的启示

一、良好区域金融合作需要具备的条件

（一）有相似的文化背景

欧洲各国几乎都深受基督教的影响，宗教信仰相近。在经历过中世纪的沉寂后，欧洲国家先后经历了科学革命、文艺复兴、宗教运动以及资产阶级大革命。数世纪的互联互通，相似的文化背景和意识形态，都大大减少了欧洲国家合作的障碍。文化的共通性是欧洲国家得以无隙合作的重大优势。拉丁美洲的各个国家在近代同属殖民地国家，同处拉丁美洲文化圈，在

文化及思想方面都具有共性。从这个方面来讲,东北亚也具有相似之处,中日韩三国都拥有源远流长的历史文化,并且同属于东亚文化圈,彼此之间的认识也不尽相同。

(二)面对共同的困境

二战后,欧洲经济因为激烈的战争而一度凋敝,民生艰辛。德国作为屡次战败的欧洲大国,政治上更是被美苏在很大程度上干预或掌控。世界中心也在欧洲衰败后转移到新兴的美国。在这种情况下,欧洲国家合作的意愿空前高涨,金融作为经济合作的一大支点,必定不容忽视。受1997年东亚金融危机的影响,巴西、俄罗斯、阿根廷等国接连发生金融危机,不仅这些国家的经济出现严重倒退,它们所波及的其他国家(主要是发展中国家)的经济也深受其害,这让一些国家不得不联合起来抱团取暖。而在21世纪的今天,东北亚饱受美国霸权政治的欺凌,必定想要脱离美国的掌控,维护本国的主权不受侵犯。与此同时,新冠疫情对东北亚国家的经济也产生了重大影响,导致经济发展出现滞缓,这就为金融合作提供了前提和可能。

(三)大国的牵引

欧洲大陆两大国,德国和法国,在历史上曾因三次普法战争结为世仇。两次世界大战中,德法又分别作为协约国和同盟国对峙阵前。但即使存在这种历史渊源,战后德法在政治上合作的必要性,在经济上合作的互补性还是让德法摒弃前嫌,诚意合作。德法积极拉起了欧洲国家合作的序幕。尽管时至今日,德法之间仍然存在诸多矛盾,但不可否认的是,德法合作一直是欧洲联合的中心。在东北亚的历史上,中日韩三国之间也曾经历过大大小小的数次战争,但是随着世界百年未有之大变局的来临,中日韩三国应该在新时代的浪潮中通力合作,发挥各自国家优势,形成坚固的金融合作联盟。

二、合作中应注意的问题

在看到区域金融合作优势的同时,我们也要注意到区域金融合作在实践中也存在着诸多不足,也曾产生过不好的影响,这无疑给东北亚的金融合作敲响了警钟。在合作过程中,我们应该着重考虑如下问题:

(一)促进国际信用评级改革,妥善应对信用危机

在欧洲主权债务危机中,我们可以看到在现代的国际金融体系下,美国的三大信用评级机构一直在危机中扮演着推波助澜的角色。在关键时期的评级调整会深刻影响各界对一国的信心,虽然欧债危机的根本原因来自内部,但三大评级机构的报告仍是欧债危机愈演愈烈的重大原因。三大评级机构可以通过信用评级影响一国或一地区的发展与否。国际权威评级机构长期被美国垄断,其在美国政治力量的影响下极易成为"损人利己"的工具和武器。在信用高度社会化的时代,东北亚地区在进行金融合作时必须加强本区域内的信用评级体系建设,促进全球信用评级机构的多元化发展,加强东北亚地区信用维护能力。

(二)建立统一货币联盟不一定适合东北亚

地区区域金融合作中的最高形式就是单一货币联盟,到目前为止,全球实行货币联盟的地区仅有欧洲地区。实行单一货币联盟的优点主要体现为:降低成员国之间的交易成本、促进地区资源要素的合理流动与配置、减少贸易壁垒、促进地区经济整体良性发展。但是在享受单一货币所带来的益处的同时,也会产生弊端,这些弊端主要体现在成员国会因加入联盟而失去货币政策独立性,各成员国之间在面对问题时难以及时形成统一对策等。

某一区域成立单一货币联盟的前提条件是该区域的成员国需要在经济、政治和社会制度上具有极高的相似性,只有相似程度越高,在出现外部冲击时,各国才能更高效、及时地制定政策解决问题。这种相似性越低,在面临外部冲击时各成员国形成统一共识的难度就越会加大,单一货币联盟的缺陷也就越明显。

东南亚金融危机后,学界和政界都肯定了东北亚金融合作的迫切性。欧元区成立后,部分学者认为东北亚金融合作也应该走向单一货币联盟,甚

至有的学者建议先成立货币联盟,然后再推动经济和政治合作发展。目前东北亚地区经济发展还不属于同一层次,中国是最大的发展中国家,而日韩是发达国家,我们还和发达国家的经济有一定差距;在政治方面,东北亚地区存在着不同的政体;社会结构上也呈现较大差距,所以对于建议单一货币联盟的观点一定要极为慎重。

（三）加强政治互信与经济合作

欧元的成功发行和使用,有赖于货币一体化理论的成熟和政治家的推动,欧元的发展历程亦表明政治上的互信和经济合作是欧元得以顺利推进的根本动力。欧元区在促进区内金融合作的同时也大力推动政治上的合作与发展,相继成立欧洲议会、欧洲法院等超主权政治性机构,这些机构在促进欧元发展与应对危机中发挥了相当重要的作用。欧元区的经济一体化程度可以作为全球经济合作的典范,但目前欧元区仍在努力深化经济合作,力图整合欧元区成员国的预算政策,创造一个"银行联盟""政治联盟",并采取共同的结构性改革。

（四）努力扩大东北亚外汇储备基金规模

在东南亚金融危机和欧洲主权债务危机中,国际货币基金组织的作用极为有限,同时其救助的条件极为苛刻,协商的周期也较长,这对快速控制危机是极为不利的。希腊发生债务危机后,由于欧元区缺乏共同的货币基金,而国际货币基金组织以及核心国家德、法等成员国又未及时进行救助,希腊债务危机迅速蔓延并恶化。所以在区域金融合作中,外汇储备基金是十分重要的一环,当遇到经济危机时,共同外汇储备基金可以起到遏制事态进一步恶化的灭火器。扩大东北亚外汇储备的规模可以比较有效地防范黑天鹅事件,为东北亚金融合作的稳定提供强力的保障。

（五）完善经济体制并建立相适应的福利制度

欧债危机爆发的根本原因之一是债务国家的经济制度。这些国家缺乏完整的工业体系,经济具有极高的对外依赖性,这使得其经济和金融稳定性较大的受到外部市场和环境的影响。东北亚经济体的经济模式是一种政府主导型经济体制下的外向型发展的经济模式,国家的内部消费不足,过度依赖外部市场的东北亚经济必将伴随脆弱性。东北亚金融合作需要强大的东北亚经济作为支撑,东北亚经济体在继续发展外向型产业的同时还必须培育东北亚地区内的消费市场、加强科技创新与开发能力,努力实现产业的技术升级。

(六)合理的制度和法律保障。

欧洲合作依靠制度化和法律化,为金融合作的维系和发展提供强有力的保障。出台欧盟法律、建立欧洲中央银行等使欧洲合作不断深化。制定合理且成员国能够遵守执行的制度法律对国家间的合作是十分必要的。法律和制度的演进在很大程度上是政治家推动的结果,有些时候并不是完全来源于现实中的社会需求,而是具有一定的前瞻性和超现实性。如果这种制度设计无法得到法律法规的有力实施,那么就会导致无益于国际合作的结果,甚至是阻碍国际合作。在东北亚金融合作中建立具有法律约束力并使各方都能遵守执行的制度是非常重要的。

▶ 第六章

东北亚区域金融合作——中日韩的期待与选择

第一节　东北亚区域金融合作的现状

一、中日韩经济现状分析

经济泡沫破灭后,日本经济连续多年负增长,直至21世纪初才有所好转。出口和消费的强劲复苏使日本经济状况得到极大改善,然而受到全球新冠疫情反复的影响,日本经济前景尚不明朗。近年日本国内资本支出增长率始终低于其他发达国家平均水平,由于日本经济严重依赖出口,这将减弱日本经济的风险抵御能力。经济复苏与疫情防控成为日本政府亟待解决的问题。此外,日本国内经济全球化进程推进不畅。多数日本学者不认同经济全球化和市场化,他们认为日本经济不景气的主因是市场开放导致的激烈竞争,然而事实恰恰相反,日本政府对国内市场的保护和对日本产业团体造成的实质性的操纵局面才是使日本市场失去活力的关键。(柯隆,2001)

近年来,韩国经济增速放缓,受全球经济不确定性增加的影响,韩国经济持续下行的风险也在增加。究其原因主要有以下几点：一方面，家庭债务的增加和企业盈利能力的下降削弱了韩国经济的基本面；另一方面，人口结构恶化等因素也将对经济产生负面影响。不断增加的家庭贷款可能对韩国经济构成另一重风险。在政府减轻了对抵押贷款的监管之后，家庭贷款猛增，其中可变利率贷款占贷款总额的很大一部分，市场利率的上升将导致更高的债务负担，家庭消费能力受到损害，从而对经济造成拖累。人口老龄化加剧导致各年龄段人的消费倾向都有所下降，这种倾向不仅具有结构性，而且具有长期性，短期内难以解决。全球经济下行风险不断增加，韩国经济家庭债务不断增加和人口老龄化等结构性因素将损害韩国经济增长潜力。(王宇宸,2019)

进入21世纪以来，中国经济保持高速发展势头。面对复杂严峻的国内外环境，中国主要经济指标始终稳定在合理区间，经济发展质量持续向好，这体现出中国经济发展的强大韧性和巨大潜力。数字经济、智能制造等战略性新兴产业发展势头良好，为经济发展注入强大动力。一些传统产业加快数字化、智能化转型，成为经济增长新的增长点。此外，中国产业配套齐全、基础设施完善、人力资源丰富等综合优势十分突出，再加上各项政策的不断完善，营商环境也在不断优化。通过推出一系列务实的举措，深化外贸领域科技创新、制度创新、业态和模式创新，中国外贸综合竞争力不断增强。 总体来说，近年中国经济增速虽有所放缓，但经济结构向良性调整，经济前景较为乐观。(朱宝琛,2021)

二、中日韩的经济合作情况

在过去的 20 余年间，中日韩经济合作以"10+3"框架为基础，在深度和广度上都取得了长足进步。1999 年 11 月 28 日，中日韩领导人在菲律宾出席"10+3"会议期间举行了早餐会，就推动三边经济合作达成共识。这标志着三国领导人在历史上第一次超越双边关系架构，开启了平等互利的三边合作。1999 年以来,中日韩领导人通过在"10+3"框架内举行的历次会晤,就共同推动三边合作不断增进共识,形成了《中日韩推进三国合作联合宣言》(2003 年)、《中日韩三国合作行动战略》(2004 年)等一系列共同文件。2007 年,中日韩外长会议机制建立,成为协调三国间各类部长级合作与对话的核心机制。随着中日韩合作的持续深入发展,三国在"10+3"框架外单独举行领导人会议的时机日趋成熟。2008 年 12 月 13 日,"10+3"框架外的第一次中日韩领导人会议在日本福冈举行,会议发表的《三国伙伴关系联合声明》首次就三国的"伙伴关系"做了定位。2009 年 10 月,第二次中日韩领导人会议在北京举行,发表了《中日韩可持续发展联合声明》及《中日韩合作十周年联合声明》。根据会议达成的共识,中日韩合作秘书处于 2011 年 9 月 1 日正式成立。2012 年 5 月,第五次中日韩领导人会议在北京举行,三国签署了《中日韩投资协定》,同意 2012 年内启动中日韩自贸区谈判。

中日韩合作属于区域一体化范畴,其宗旨在于以互惠合作求互利共赢,并不断提升三国合作的机制化程度,其首要的现实目标就是通过缔结自贸协定走向经济一体化。中日韩自贸区建设经历了由民间研究到政府间谈判、由双边谈判到三边谈判的发展进程。

对于中日自贸协定谈判,与中国积极开放的态度不同,日本最初采取了排斥中国、单独与韩国谈判的消极态度,致使中日自贸协定谈判迟迟未能走上正轨。2003 年 12 月 22 日,日韩两国开启了政府间自贸协定谈判,但事实上,日韩双方时至今日仍未能实现目标。2012 年 5 月,中韩开始进行自贸协定谈判。经过三年谈判,两国于 2015 年 6 月 1 日签署自贸协定,同年 12 月 20 日协定正式生效。该协定成为中日、中韩、韩日之间唯一已正式签署的自贸协定。

日本经济水平长期处于比中韩更为发达的层次,且在历史领土问题和外交安全政策等方面与中韩多有摩擦,致使其对于日中、日韩自贸区建设不够用心,因而始终未能采取积极态度。直至 2010 年中国 GDP 超越了日本,在此背景下,日本对中国市场才开始日益重视,并对中日韩自贸区谈判的消极态度有所转变。2013年3月,中日韩第一轮自贸区谈判在韩国首尔举行。经过多轮谈判,中日韩自贸区谈判就技术层面而言已基本具备签署自贸协定的条件。2020年11月15日,东盟10国和中国、日本、韩国、澳大利亚、新西兰等共15个国家,正式签署《区域全面经济伙伴关系协定》(RCEP),中日韩三国首次进入了同一个多边自贸协定之中。这无疑为中日韩自贸区建设提供了新的有利起点,但同时也凸显中日韩合作的进展比起上述15国合作具有更加艰难、敏感和滞后的一面。(晋益文,2021)

三、中日韩的金融合作情况

1997年亚洲金融危机后中日韩金融合作被提上日程,但因受到地缘政治的影响,合作进展始终较为滞后。2000年5月,中日韩与东盟在泰国清迈达成了《清迈倡议》(CMI),这是东亚范围内加强金融合作的第一项实质性举措。2002年以来,中国与韩国金融合作更为密切、频繁,涉及内容也从简单的货币互换协议逐渐拓展到保险、银行、特色服务、结算、外汇直接交易等方面,且涉及金额逐渐增大。其中,从2020年开始,货币互换规模由原来的3600亿人民币扩大至4000亿人民币,为持续推进中韩、中日韩自贸区打下了坚实的金融基础。由于中日双方没有达成任何贸易协定,中国与日本的金融合作频率比较稳定,合作内容也较为单一,合作规模并不大,但RCEP协议的签订,使得未来中日间的金融合作具有较大的潜力。

2003年亚洲债券市场(ABMI)和亚洲债券基金(ABF)的创建,不仅在一定程度上解决了贷款期限与货币的双重错配问题,而且还加强了各区域对世界国际资本流动所带来的外部冲击的适应能力。随着经济合作的不断加深,金融基础建设合作也不断加大,非官方的亚洲金融合作协会(AFCA)、亚太中央托管组织(ACG)的成立,构成了各区域金融机构间合作交流的纽带,推动了各区域间机构融合联动伙伴关系的建立,对完善金融基础设施和促进金融服务发展起到重要作用。其次,在支付结算领域建立亚洲支付网络,推动了各区域间支付系统的跨境互联。总之,在政府主导下,从多边财政沟通机制、区域金融安全网、债券市场及金融基础设施等方面,为进一步提升东北亚地区间的金融合作打下了坚实基础。

中国、日本和韩国作为东北亚区域内的主要经济体支持和参与了 RCEP 的签署,三国经济总量占 RECP 参与国的 80%,RCEP 协定通过降低关税壁垒,将会极大降低跨国贸易的成本,提高区域间贸易往来的便利,这一趋势势必会对金融合作产生新的要求,以满足贸易过程中对货币及金融服务的需求。其次,由于 RECP 的签署是目前中国和日本首次同时参与的自贸协定,深刻影响中日间的经贸往来,日本的金融市场相对成熟,中国的金融市场仍在发展完善,但在此协定的签订下,中日间的金融合作势必会取得实质性突破。(宋永辉,任福真,康捷瑜,2021)

第二节　深化东北亚区域金融合作的必要性

东亚金融危机后,东亚区域的金融合作,特别是中日韩三国之间的区域金融合作已成为热点话题。这不仅是世界经济发展的必然结果,也是东亚乃至整个亚洲实现经济稳定发展的必然选择。

一、国际货币集团化发展的要求

区域性货币集团化是金融一体化的重要环节。实施区域性货币集团化式制度有利于降低金融风险、降低国家经济的运行成本、提高资源配置效率,可以有力地增强区域经济实力。亚洲金融危机使各国认识到区域内各国之间金融互助的重要性,当危机来袭时区域内国家并不能一味指望区域外的金融援助,而应该积极自救。

20世纪80年代后期,欧元区的建立使世界上出现了一股货币集团化的潮流,一些学者认为国际货币体系可能有越来越多货币联盟出现,这将会使国际货币体系回归新型固定汇率制。蒙代尔的最适货币区理论揭示了一个重要规律:在经济全球化程度不断加深的21世纪,金融合作将成为一种必然。目前世界货币体系显现出明显的欧元和美元"二元化"现象,东北亚区域内国家若想推动区域内货币集团化,有两种方式可供参考:依附于其他两个货币区或者构建自己的货币区。若依附美元和欧元,在区域内实施货币美元化和欧元化,那么就必须接受过程中产生的巨大转化成本以及在未来因欧美货币政策变动而引起的本区域内经济动荡的可能性。目前中日韩三国均选择一定程度上与美元挂钩的汇率制度,这使得三国容易受到国际投机资本的攻击,进而增加了金融危机发生的可能性。因此,中日韩有充足的动机推动构建本地区金融、货币协调与合作机制。

二、防范区域金融危机的要求

随着各国逐渐放开对金融市场的严格管制,金融自由化的浪潮对国际金融市场的冲击也越来越大。由于单个国家往往难以抵抗大规模的国际投机资本流动,世界各国的货币金融危机爆发越来越频繁。对于金融体系尚不健全的东北亚国家来说,只有加强区域内各国的金融合作才能抵御国际投机性资本的冲击,从而降低金融危机发生的可能性。此外,由于金融危机具有强传染性,在经济体制高度相似的东北亚各国内,一旦一国或地区陷入危机,投资者往往会对相邻的国家和地区的市场也产生动摇情绪,通过外贸或金融市场渠道冲击邻国市场,进而引起区域内经济动荡和货币贬值。

1998年亚洲金融危机爆发的主因是国际投机资本的冲击和货币危机的自我实现机制,但东亚区域内经济结构的脆弱性才是其内在原因。只靠一国的力量难以快速有效地防范和化解本国内的金融危机,只有在国际组织和制度的援助下才有可能成功,但IMF等国际性金融组织在亚洲金融危机发生时没能发挥好最后贷款人的作用,附带的紧缩性政策等苛刻条件又使危机国难以适应,区域金融合作机制的缺失导致危机快速传染,最终发生危机的各国都付出了惨重的代价。如果危机发生时能有一个亚洲各国共同建立的机构充当最后贷款人,就可以更有效地提供援助。因此,中日韩三国有必要探索加强金融协调与合作的路径,推动区域最后贷款人的建立。

三、满足区域开发资金的要求

区域性金融合作不仅能够有效地规避金融风险,而且能够加深区域内资源的整合,吸引区域内和区域外资本加入区域开发过程中来。由于中日韩所处东亚地区经济发展不平衡,资金短缺与资金盈余并存,中日韩金融合作将构建起把最具潜力的资金需求市场与有效资金供给结合起来的互补机制,有效地解决结构性资金短缺的问题。目前,由于东北亚各国,特别是中日韩之间没有形成发达的金融合作机制和网络,实现全区域各国间的金融合作还有一定困难。但至少中日韩三国在开发资金上的合作具有极大的现实性与必要性。东北亚区域,特别是中日韩三国的金融合作对解决区域资金盈余和资金短缺的结构矛盾具有决定性影响,同时这种金融合作机制与合作秩序的形成也有利于吸引世界资本流向东北亚地区,实现整个区域对开发资金的需要。

四、实现政治经济效益的要求

根据"三元悖论",开放经济体政府最多只能在汇率稳定、资本自由流动和独立的货币政策三个目标中选择两个,但该理论有时并不能很好地解释现实经济中经常出现的两难选择。一方面在资本自由流动的情况下即使放弃货币政策的主动权,一国也难以维持汇率的稳定。亚洲金融危机便是一次很好的例证。东亚国家为了吸引外资过早地开放了资本项目,同时又通过放弃部分货币自主权来维持盯住美元的汇率政策,但仍未逃过巨额国际资本的冲击。为此中日韩为避免单一决策下的政策低效性,应该加强货币合作推动金融区域化的发展。亚洲金融危机之前,东亚各新兴市场国家选择了资本市场的开放和独立的货币政策,这就意味着放弃了汇率的稳定性,在国际投机资本的攻击下被迫实行了浮动汇率制度,汇率的大幅波动对各国经济造成了极大损害。从世界经济发展来看,各国对资本项目的管制必然会放开,即资本最终会自由流动。因此要维持稳定的汇率就必须寻求区域性的金融合作。中日韩金融合作将给这个地区带来巨大的利益。

通过东北亚金融合作,有助于中日韩实现共融的政治经济效益。这样做,可以使得中国在经济全球化浪潮中,抓住机遇扩大在国际金融事务中的影响力,也有助于提升中国人民币的国际地位。对于日本来说,最近20多年的日元兑美元的汇率波动较大,给日本经济带来了非常消极的影响,阻碍了日本国际贸易的发展。东亚区域金融合作的成功将会更有效地保护日本投资者的利益。对于韩国来讲,其开放经济也无力承受汇率的频繁波动。此外,中日韩金融合作还能给区域内各国带来潜在的政治利益:为经济发展提供稳定的政治经济环境;增加地区在国际事务中的发言权;增加各国之间的相互信任维护地区安全。

第三节 深化东北亚区域金融合作的战略选择

一、建立东北亚合作开发银行

提出设立东北亚合作与开发银行始于20世纪90年代。长期以来,我国和区域内其他各国持续不断地做了大量富有成果的基础性研究。总体来说,东北亚是全球最具发展潜力的地区和最大的次区域经济体,需要一个专注本地区发展的金融合作平台。区域内国家各具资源禀赋和比较优势,互补性强,深化互利合作空间广阔。但是受非经济因素长期困扰,区域内各国发展不平衡、不协调,发展水平差异大,跨境基础设施滞后,一体化进程迟缓，基础性、开发性投融资需求巨大。同时，区域内主要国家动员配置资金和国际融资能力强。自身也都有足够大的市场和投资需求、各国间经济存在着相互依存互利合作的基础，以及普遍期望地区和平稳定发展的呼声。因此在区域金融合作框架下，组建次区域性质的东北亚合作与开发银行具有较强的必要性和可能性，而且中国理应发挥更加重要的作用。

主动推进东北亚合作与开发银行的设立，符合中国关于东北亚地区合作的战略构想，是落实"睦邻、安邻、富邻"政策的有力抓手，是完善金融开放布局的重要一环，是推动区域一体化进程的务实举措。其对我国发展有极强的战略价值，将不仅有助于增强我国维护地区和平稳定发展格局的主动权，还可以有效地帮助我国拓展推进"一带一路"建设的新空间，并提升我国推动构建国际金融新秩序的影响力，从而为我国重大开放发展战略的实施提供动力支持。

二、中、日、韩之间的清算支付体系

在中日韩三国之间建立其统一的清算支付体系可以有效推动经济贸易一体化进程，同时为扩大投资规模提供便利。但由于三国金融市场开放程度不同，目前只能建立与国际贸易相关的贸易结算系统。随着各国金融开放程度的深化，清算支付体系包含项目将不断增加，资本交易等项目或被纳入其中。

为保证贸易结算的顺利实现，首先应筹资设立清算基金。各国应根据自己从其他两国进口的总金额来确定出资份额，并定期调整出资比例，以美元结算贸易差额。成员国在本国银行开设贸易结算账户，商业银行在本国中央银行可以开设其他成员国货币的账户，成员国之间贸易使用本币结算。贸易差额可在商业银行将贸易对象国的货币换成本国货币或美元，商业银行的交易差可在中央银行换成本国货币或美元，对象国的中央银行承诺用美元支付其贸易差额。成员国出现支付困难时可向清算基金申请贷款。

建立中、日、韩三国间的清算支付体系可以提升三国之间非美元结算贸易的效率,同时提高人民币、日元和韩元的国际地位,加速实现其货币国际化。综合来看,成立中、日、韩三国之间的清算支付体系可以切实推动东北亚地区金融合作。

三、完善中、日、韩三边货币互换机制

亚洲国家积累了大量的外汇储备,但在金融危机来袭时却往往无法合理应对。货币互换协议对于维护亚洲国家经济金融的稳定,促进经济增长起到重大作用。1998年,在中国的倡议下,东盟10国和中、日、韩建立了金融合作机制。《清迈倡议》增加了东盟原有货币互换机制的资金规模,并建立双边货币互换网以帮助成员国解决短期国际收支问题及稳定金融市场。目前,中日、中韩、日韩之间都已经签订了货币互换协定,应该根据全球宏观形势和金融稳定状态,以及东北亚区域的风险压力,特别是新冠疫情对本区域金融稳定的冲击,进行动态加强和调整。

四、加强物流金融合作

东北亚区域地跨中、俄、蒙、日、朝、韩欧亚6国,北接北极,地理环境复杂,交通物流的线路组合方式也较多。随着东北亚各国之间的经济合作日益紧密,交通运输方面的合作问题也显然应该得到更多的重视。东北亚交通运输网,包括铁路运输网络、跨海交通网络、空港海港物流体系的开发和利用都十分重要。一方面中国的"一带一路"可以将欧亚大陆桥的起点延伸至日本和朝鲜半岛,并将环渤海、黄海发达城市连为一体;另一方面,东北亚区域空港海港物流体系建设可以整合东北亚地区海空运输资源,形成优势互补,使东北亚成为世界海空联营的枢纽地区。同时,随着北极资源的开发和气候条件的转变,东北亚各国原有的对外交流路线突破马六甲海峡的局限而转向北极圈的可行性也越来越大 。因此区域内各国均对物流合作具有

浓厚的兴趣,属于共同利益的核心。但是区域内物流体系的构建,正是跨境基础设施建设的重要领域,涉及多个国家的协调和统筹规划,这是任何单一国家都无法独立完成的,也是传统双边合作难以解决的。因此,一个统筹融资、投资、技术支持和系统规划完善的次区域金融合作框架,才更有利于物流体系的建设、协调与合作。

五、大力推进区域内以项目开发为主的能源金融合作

随着东北亚国家对能源安全需求的迫切提升,使得通过推进以项目开发为主的能源金融合作来促进区域金融合作的路径选择前景光明。未来,东北亚区域能源金融合作一方面要协调好资源供给国和消费国合作的利益机制,即主要协调中、日、韩三国与俄罗斯能源合作的利益分享机制,在满足三国自身能源需求的同时,加大俄东部地区基础设施建设力度,加强俄能源深加工技术能力,提升其能源出口附加值。另一方面,中、日、韩三国应致力于促进能源来源的多元化和多样化,努力消除"亚洲溢价",加强节能环保、石油替代、新能源开发等方面的多边合作,避免因彼此间无序竞争而损害整体利益。东北亚各国还应在跨国油气管道及石油战略储备库建设方面加强合作,构建东北亚共同石油市场。为此,东北亚各国要特别重视通过创新金融合作加大对能源合作的支持力度。

六、利用地区外汇储备设立投资基金

截至2020年年底,中日韩外汇储备高达49779亿美元,其中相当大一部分以投资美国联邦政府债券的形式存在,难以为东北亚地区建设所有效利用。随着美国不断进行宽松扩张性货币政策,东北亚国家饱受美元贬值之苦。东北亚国家应该充分利用区域内巨额的外汇储备,在资本市场不够发达的情况下,在东北亚地区研究设立东北亚基础设施投资基金和东北亚金融资产投资基金,形成双层投资基金结构。该基金一方面可以直接参与区

内能源资源开采以及交通物流等基础设施建设,尤其是多个国家共同参与的基础设施投资项目,如远东油气项目、欧亚铁路项目等;另一方面,还可以为区域内大型投资项目提供债券发行服务(承销商)和担保服务(担保人)。这样,既可以使东北亚地区外汇储备留在本地区,为本地区经济建设服务,还可以加深东北亚地区国家之间的金融一体化程度,增强彼此间的能源金融联系。

七、建立东北亚地区原油期货交易所

能源金融的核心是在满足能源信贷资金需求的同时有效解决能源金融安全问题。现代石油期货市场是欧美发达国家实施石油安全战略、建立石油安全体系的重要手段。2011年,中、日、韩三国对中东地区石油的进口量分别占到各自石油进口总量的42%、78.9%和87.1%,然而,东北亚地区却没有一个能反映自身利益的、成熟的原油期货市场,没有一个能与纽约原油期货(WTI)和伦敦布伦特地位相当的基准原油市场,缺乏原油采购的价格协商平台,因而难以使中东石油在报价上与东北亚原油市场供需水平产生联动,这也使得东北亚地区每年损失的"亚洲溢价"将近50亿美元。未来,东北亚地区,特别是中、日、韩三国应加强能源金融合作,逐步构建一个较为成熟的区域石油期货市场,培育区域内基准原油和原油定价中心,联合进行石油采购,确保中东原油在销往东北亚时,其计价能与亚洲原油期货价格联动。

八、东北亚区域信用评级体系建设

信用评级机构主要负责对债券发行方的违约风险做出专业判断。信用评级信息可以减少信息不对称,降低债券市场的违约风险,并提高债券的发行影响力,其关系到东北亚区域金融体系的安危。目前,欧美国际评级机构站在债务人的立场上,利用评级话语权,设立有利于债务人的评级标准,使得大债权国与大债务国之间信用等级"倒挂",直接导致东北亚地区各债权

国政府、企业海外融资成本大大增加。随着国际评级机构在危机中公正性和权威性的逐步丧失,由东北亚区域自身评级机构制定区域内评级标准的必要性开始凸显。未来,东北亚国家,特别是中、日、韩三国应该联合起来,实现优势互补,彼此分享信用评级数据、技术和积累的历史经验,通过协商,用民间的力量建立一个在东北亚地区能够真正发挥作用、对东北亚区域债券市场能够真正起到推动作用的联合评级公司,逐步消除美国评级机构对东北亚地区金融市场话语权的垄断。然而,短期内东北亚区域很难完全用统一的评级方法和标准去度量某一国的风险,可行的发展路径是中、日、韩三国首先发展符合各自国情的评级事业,在此基础上进一步发展东北亚区域的评级合作。因此,在未来一段时期内,东北亚地区可以采取"双评级"模式,在判断经济形势和投资时,既参考国际评级机构的信息,也注重国内评级机构的建议。随着东北亚信用评级体系的完全对接,最终过渡到以区内评级为主,适当参考国际评级信息的模式。

九、主动倡导建立区域制度化汇率协调合作机制

作为东北亚地区政治和经济大国,中国具有维持地区汇率稳定的责任,可以主动倡导建立区域制度化汇率协调合作机制,实现区域汇率联动。当前,人民币与东北亚区域相关国家货币之间已经存在一定程度的汇率联动关系,人民币与东北亚区域国家货币之间开展汇率合作已经具备了一定的基础。然而,这种汇率联动关系表现出多样性,这说明人民币在东北亚区域内很难采取单一形式推动建立全面化、制度化的汇率协调机制。鉴于此,中国应有选择、有次序地推进东北亚区域货币汇率合作进程,应坚持不懈地对人民币汇率制度进行自主、渐进和可控的改革。随着中、日、韩自由贸易区谈判的启动和人民币跨境贸易结算的深入开展,由中国主导的区域汇率协调合作可能呈现两种趋势:一是假设中、日、韩自由贸易区顺利建成,三国区域内贸易投资额大量增加,三国首先建立起汇率协调合作机制,在此基础上

通过建立"中、日、韩+俄罗斯"自由贸易区,逐步把俄罗斯吸收到中、日、韩区域汇率协调合作机制中来,最终建立起东北亚区域汇率协调机制,这是较为理想的一种汇率合作方式;二是随着人民币跨境贸易结算的大力开展,首先建立起由中国主导的、不包括日元在内的局部汇率稳定圈,在此基础上通过与日本政治经济贸易往来的不断加强,逐步将日元纳入其中,促成事实上的东北亚区域汇率协调合作体系的建立。无论采取哪种形式,中国都应积极倡导建立区域制度化汇率协调合作机制,实现区域主要国家间的汇率联动,从而推动东北亚区域金融合作的深化,为东北亚各国开展更高层次的金融合作奠定坚实的基础。

▶ 第七章

东北亚能源合作

第一节　能源的重要意义

能源被看作是现代世界经济的最基本的驱动力之一,在保证经济增长、促进社会进步、提高人类生活水平方面发挥着重要的作用,在各国的经济战略乃至政治、军事战略方面都有不可忽略的作用。具体来说,从战略高度角度各国不仅积极开拓海外能源市场,建立和加强能源战略储备,同时也不断开发利用新能源与可再生资源,提高能源利用效率、厉行节能政策。此外,由于近些年环境问题的日益突出,全球清洁能源得到了快速的发展。

事实上,尽管目前人们仍然普遍为信息化带来的革命感到欢欣鼓舞。但是从能源角度来分析,人类文明进程中的下一次工业变革并未到来。一般来说,用能源进步来标记工业变革是这样划分的:第一次产业革命,所谓的蒸汽时代,是指人类学会了如何在工业生产中使用能源;而第二次产业革命,也就是电力时代,则是人类学会了如何在工业生产中更有效率地使用能源;第三次产业革命,尽管被普遍称为信息时代,但从能源角度来看,可以被认为是人类学会了如何多样化并且可持续地使用能源。因为这次革命是以原子能、电子计算机和空间技术的广泛应用为主要标志,涉及信息技术、新能源技术、新材料技术、生物技术、空间技术和海洋技术等诸多领域的一场信息控制技术革命。但是,随着目前世界各国创新能力普遍进入边际创新能力递减时期(就是专利发明仍然很多,但受限于信息传播速度过快,创新意愿下降,基于原有技术的边际更新成为创新的主力),全球经济也部分受其影响陷于普遍的低迷。人类已经再次来到了产业革命的十字路口。而尽管全球能源强度的下降趋势明显,但以新能源、清洁能源为标志的能源领域创新仍然会是下一次产业革命的核心。

能源领域的创新与发展一方面将缓解全球范围内日益紧张的能源供求关系,另一方面也将有利于全球气候状况、环境状况的改善,因此符合全人类可持续发展的理念。在此形势下,中国如何在应对能源供给不足的同时实现节能减排目标,实现能源安全和能源效率的双重提高,就显得尤为重要。能源与环境将是中国能否在这一次最新的产业革命中取得先机,弥补在过去三次产业革命中落后于人的被动局面的关键领域。

但是从目前的国际经济政治环境来说,要达到这一目标任重而道远。特别是能源供不应求的失衡对世界上绝大部分的国家构成了硬性约束。发达国家在能源特别是石油等传统领域对发展中国家的限制,和在新能源、清洁能源领域中对发展中国家技术的封锁,使得包括中国在内的广大发展中国家的能源安全受到了相当大的威胁。而与此同时,全球应对气候变化的方案又给发展中国家特别是新兴市场国家增加了额外的沉重负担。因此我们需要有一个统一的纳入在可持续发展前提下的总体能源与环境战略。而为了实现这一战略,金融将起到至关重要的作用。

能源产业的发展离不开金融的支持。作为现代经济的核心,金融与能源产业的结合是历史的必然趋势。事实上,自从世界进入工业时代,能源的开采与使用就成为人类经济生活的主题,为能源产业融资也成为金融部门的主要业务之一。随着现代经济的发展，能源金融的概念也逐渐拓展，既包括金融为能源融资、能源如何利用金融平台；也包括能源定价机制与能源投融资决策以及能源供求关系引起的宏观经济和微观经济的波动，如汇率变化及其风险等领域。此外，随着环境气候等问题的日益突出，能源金融的概念再次延伸到碳金融领域，涵盖了碳交易市场以及与碳交易密切相关的清洁能源投融资市场等。在中国，金融部门在经济发展过程中的地位越来越重要，特别是加入WTO以后，经济开放程度越来越高，整个经济产业架构对于金融部分的依赖程度也越来越高。简而言之，就是金融在整个经济中的作用已经从从属的服务层面逐渐转变为起决定作用的主导层面。那么我们自然就要提出一个对于金融部门来讲是迫在眉睫的问题：在整个经济努力实现节能减排，实现能耗节约，实现优化能源使用效率的过程中，金融系统如何扮演举足轻重的作用？

具体到东北亚区域，能源问题尤其突出。近十几年来，东北亚地区经济持续迅速发展，促使对能源的需求也在快速地稳定增长。按照国际能源组织的预测，未来世界能源需求的主要增长将基本产生在经济增势明显的亚太地区。在21世纪前30年，东北亚是世界经济发展的热点地区，该地区对能源的需求增长快速，可达10%以上。目前，东北亚地区的能源需求占世界能源需求总量的比重已近1/5，而东北亚地区主要能源国家基本都是消费国，地区能源总储量偏低，已探明石油可采储量仅占世界总储量的4.2%，石油产量占世界总产量的10.4%，消费量占到世界消费量的近30%。尽管俄乌冲突及此后的日本对俄罗斯制裁带来了潜在的合作破裂的风险，但东北亚对能源合作的需求仍然会十分旺盛。因此东北亚地区需建立起一个有高度整合力的能源合作体系，倡导多边合作，联手共建东北亚能源合作体系特别是支持能源合作的金融体系，从而消除东北亚国家之间在能源供应上的恶性竞争。

第二节　东北亚能源合作的问题与挑战

一、中国的能源现状

改革开放以来,我国的化石能源份额均下降了一定的比例,截至2021年,化石能源占比从92%下降至85%,其中,煤炭作为主要的化石能源从70%下降至现在的58%,能源开发现状逐渐多元化。根据国家发展改革委和国家能源局2017年联合发布的《能源发展"十三五"规划》《能源生产和消费革命战略(2016—2030)》和2022年联合发布的《"十四五"现代能源体系规划》,我国对未来能源发展各方面均提出了具体的发展意见和目标。

(一)中国石油储备和消费现状

从我国目前的主要能源储备来看,中国已经探明的石油储量从2000年底的152亿桶增长为2020年底的260亿桶,折合为35亿吨,占全世界总石油探明储量的1.5%(表7.1)。表中储产比表示任何一年年底剩余储量除以该年度产量所得出的结果,表明剩余储量以该年度的生产水平可供开采的年限。可见中国石油资源的稀缺性,而中国作为世界上最大的能源消耗国之一,中国的经济增长也越来越依赖于石油等能源供给的可靠性与稳定性。

根据表7.2和表7.3数据显示,2012年—2015年中国能源产量快速增长,这既是因为国家石油需求增加,也是因为发现了一些富有的油田。在2016年,中国成为石油输出国组织和独立生产国之间全国石油削减交易的非自愿参与者,并且由于成熟油田的产量减少和新油田发现量的降低,中国石油产量在2016年比上一年下降了近1500万吨,并且在2016年—2018年持续下降,但在2019年末—2020年受到疫情冲击时,由于中国防疫政策的快速启动和合理应用,石油产量不降反升,成为全球石油供应的有力支撑。

从消费视角来看,2010年至2020年,中国石油需求量一直平稳增长,

2020年中国石油消费量为28.5艾焦,同比增长1.7%,占全球石油总消费量的16.4%,是继美国之后的全球第二大石油消费国,石油需求旺盛(表7.4)。

(二)中国天然气储备和消费现状

由于近年来中国大力发展天然气相关产业,中国的天然气探明储量由2010年底的2.7万亿立方米飙升至2020年底的8.4万亿立方米,占全球总探明储量的4.5%(表7.5)。

因天然气探明储量的大幅提升,2010—2020这十年间中国天然气产量不断提升,2020年总产量为1940亿立方米,同比增长9.0%,在全球产量下滑的局势下仍保持着强劲的增长势头(表7.6)。

随着中国能源供给结构的不断转型和优化,中国天然气消费量近十年来的增长势头强劲,由2010年的1029亿立方米增至2020年的3306亿立方米,占全球总消费量的8.6%,是全球第三大天然气消费国。2020年受到疫情影响,全球天然气消费量下降了2.3%,与2009年金融危机期间的降幅相同,与之相比中国消费量逆势增长了6.9%(表7.7)。

(三)中国煤炭储备和消费现状

2020年底中国煤炭探明储量为1432亿吨,占全球煤炭探明储量比例的13.3%,是继美国、俄罗斯、澳大利亚之后的全球第四大煤炭储量资源国。其中无烟煤和烟煤探明储量为1350万亿吨;相比之下,次烟煤和褐煤探明储量相对稀缺,约为81.3亿吨(表7.8)。中国虽然煤炭储量丰富,但由于近年来的大量开采,储产比已进入全球倒数行列,煤炭产业未来形势严峻。

中国煤炭产量虽然在2014—2016年经历一次小幅下滑,但在2017—2020年出现提升。2020年煤炭总产量为80.91艾焦,同比增长1.2%,占全球总产量的50.7%,为全球当之无愧的第一产煤国(表7.9)。

我国煤炭消费量于2014年达峰,为82.49艾焦,此后五年煤炭消费量徘徊在80~81.79艾焦之间。2020年我国煤炭消费突破82艾焦,达到82.27艾焦,同比增长0.3%,占全球煤炭总消费量的54.3%(表7.10)。

二、俄罗斯的能源现状

(一)俄罗斯的石油储备和消费现状

近十年俄罗斯石油探明储量增长缓慢,仅由 2010 年底的 1058 亿桶增至 2020 年底的 1078 亿桶,占全球总储量的 6.2%,是全球第五大石油储量国(表 7.1)。美国凭借其页岩革命浪潮,石油产量在 2018 年成功超过俄罗斯,变成世界第一石油生产国。同时,因为美欧对俄罗斯的制裁,俄罗斯的石油产业受到严重打击,2020 年的产量同比上一年下降 8.8%,共生产 5.24 亿吨,占全球总产量的 12.6%(表 7.3)。

相较储量增长而言,俄罗斯的石油需求较为平稳,在 6.5 艾焦上下波动,2020 年底石油共消费 6.39 艾焦,占全球总消费量的 3.7%(表 7.4)。综上可见,俄罗斯国内石油需求明显低于供给,因此俄罗斯的石油大部分用于对外出口(欧洲、中国等国家和地区)。

(二)俄罗斯天然气能源概况

俄罗斯是世界第一大天然气资源国,截至 2020 年底俄罗斯天然气探明储量为 37.4 万亿立方米,占全球天然气总储量的 19.9%(表 7.5)。2020 年底俄罗斯天然气总产量为 6385 亿立方米,同比下降 6.2%,占全球总产量的 16.6%,是继美国之后的第二大天然气开采国(表 7.6)。

近十年来,俄罗斯天然气需求量波动平稳,2020 年底天然气总需求量为 4114 亿立方米,占全球总消费量的 10.8%,是全球第二大天然气需求国(表 7.7)。

(三)俄罗斯煤炭能源概况

2020 年底俄罗斯煤炭探明储量为 1621.7 亿吨,占全球煤炭总探明储量的 15.1%,是继美国之后的全球第二大煤炭储量资源国。其中无烟煤和烟煤探明储量为 717.2 亿吨,次烟煤和褐煤探明储量为 904.5 亿吨。俄罗斯虽然煤炭储量丰富,但煤炭开采程度较低,储产比高达 407,大幅高于全球储产比

139的平均水平(表7.8)。

2010—2019年俄罗斯煤炭产量稳健提升;2020年受到疫情冲击,煤炭产量降至8.37艾焦,同比下降9.6%,占全球煤炭总产量的5.2%。

2010—2020年俄罗斯煤炭需求波动平稳;2020年因疫情的影响导致煤炭消费量同比下降8.5%,降至3.27艾焦,占全球煤炭总消费量的2.2%(表7.10)。

三、日本与韩国的能源现状

（一）日韩石油能源概况

日本和韩国国内石油资源稀缺,对石油需求的满足主要依靠外部进口,是全球主要能源进口国。同时由于国家能源转型工作的不断推进,对石油的需求量也在不断下降,日本由2012年顶峰9.37艾焦下降到2020年的6.49艾焦,占全球总消费量的3.7%;韩国2020年的石油总消费量为4.90艾焦,占全球总消费量的2.8%(表7.4)。

（二）日韩天然气能源概况

2010年至2020年间,日本天然气消费量从2010年的990亿立方米增至2014年的1248亿立方米,达到峰值;随后在2015年到2020年天然气消费量逐渐下降,2020年消费总量为1044亿立方米,占全球总消费量的2.7%。

韩国在2014年前的天然气消费量与日本情况相似,不过在2015年后其天然气消费量逐年增长,并在2019年之后保持一个稳定水平,2020年天然气消费量为566亿立方米,占全球总消费量的1.5%(表7.7)。

（三）日韩煤炭能源概况

日韩两国煤炭消费量波动一直保持平稳,2019年末到2020年受疫情影响,煤炭需求量下降幅度较大。日本2020年煤炭消费量为4.57艾焦,同比下降7%,占全球总消费量的3%;韩国2020年煤炭消费量为3.03艾焦,同比下降12.2%,占全球总消费量的2%(表7.10)。

第三节　东北亚能源贸易

一、石油贸易

在俄乌冲突之前,俄罗斯与中日韩三国近年来就能源贸易方面开展了广泛的合作。由于煤炭资源的使用不利于各国减少碳排放,东北亚各国目前都在着力促进其能源结构的改变,提升天然气和石油在产业结构中的占比。而三国普遍"贫油、少气"的能源现状使得其不得不依赖能源的进口。作为油气资源丰富、地理位置毗邻的俄罗斯自然是首要选择之一。

在石油方面,俄罗斯的石油出口由2014年的7792千桶/天升至2015年的8313千桶/天,并在2015—2017年间石油出口量不断增长。由于2017—2018年美国石油出口的大幅度增长,俄罗斯的石油出口受到不小的负面冲击,虽在2019年有所恢复,但又因2019年末至2020年受到疫情冲击,其石油出口再次受到大幅下降,降幅为11.3%,对俄罗斯的能源行业造成重创(表7.11)。

俄罗斯对中国的石油出口由2015年的4.24亿吨变为2020年的8.34亿吨,占俄罗斯石油出口总量的32.1%,增幅显著。但俄罗斯的原油主要出口国仍为欧洲各国,占俄罗斯原油总出口量的53.2%。

2020年日本的原油进口总量为123.5百万吨,主要进口来源为沙特阿拉伯和阿拉伯联合酋长国,分别占进口总量的40.2%和31%,而来自俄罗斯的原油进口仅占4.1%(表7.12,7.13)。

二、天然气贸易

在2010年—2019年间俄罗斯管道天然气的进口较为平稳,而在2020年天然气进口由前一年的306亿立方米骤降为110亿立方米,同比下降64.2%。

俄罗斯天然气出口由2601亿立方米下降为2381亿立方米，降幅为8.7%。液化天然气出口增加3.1%，升至40亿立方米；管道出口减少11%，降至198亿立方米。尽管如此，俄罗斯仍然是世界上最大的天然气出口国。

2020年，中国天然气整体进口上升4.7%，升至1391亿立方米；管道天然气进口下降5.8%，降至451亿立方米；液化天然气进口上升10.6%，升至940亿立方米。天然气进口份额占全球14.8%，是世界上最大的天然气进口国。

受到日本核电站事故的影响，目前天然气是日本能源结构的主体。但由于东北亚各国的复杂形势导致俄罗斯和日本的天然气项目受到搁置，俄罗斯对日本的天然气出口仍然处于一个较低水平。至今日本的天然气主要进口来源仍然来自澳大利亚和马来西亚等国，占天然气进口总量的65.1%。

由于韩国近些年来碳减排政策的推行和实施，对煤炭的需求逐渐变为对天然气的需求，但受到朝韩问题的影响未与俄罗斯建立天然气管道。韩国天然气进口主要为液化天然气，2020年韩国的液化天然气主要进口国为卡塔尔、澳大利亚和美国等国，从俄罗斯进口的液化天然气占比为5.1%（表7.15，7.16）。

三、煤炭贸易

由于中国是全球最大的煤炭消费国，虽然国内煤炭产量丰富，但也需要进口大量煤炭满足国内煤炭需求。2020年总计进口6.61艾焦煤炭，同比增长3.1%，占全球总进口量的20.8%，为全球第一大煤炭进口国。中国的煤炭进口主要来自印度尼西亚和澳大利亚，分别占总进口的35.4%和31.8%，而来自俄罗斯的煤炭进口仅占总进口的15.1%（表7.17）。

日韩两国相比其国内煤炭储量和产量，消费量巨大，其能源消费对外依存度高，约97%的能源消费需要通过对外进口来获得。2020年日本和韩国的煤炭进口量分别为4.56艾焦和3.26艾焦，占全球总进口量的14.3%和10.3%，为全球第二大和第五大煤炭进口国。日韩的煤炭进口主要依靠澳大利亚,来自俄罗斯的煤炭进口与印度尼西亚不相上下。

俄罗斯作为全球第一大煤炭储量国,2020年其煤炭产量远低于中国的80.91艾焦,仅为8.37艾焦,但俄罗斯的大部分煤炭产量用于出口,2020年共出口5.66艾焦,占本国产量的67.6%。俄罗斯的煤炭出口流向仍主要为欧洲各国,其次为中国、韩国和日本,俄罗斯对中日韩三国的出口量占总量的40.5%(表7.18)。

第四节　东北亚当前的能源问题

一、俄罗斯与中日韩的能源贸易比例较低

根据之前的数据分析可以得出,由于欧洲各国与俄罗斯地理位置上的便利,导致俄罗斯的主要能源出口方向仍为欧洲各国。虽然在21世纪初期,俄罗斯就已经着力将其能源出口向广阔的东方市场转移,并计划在2020年将对东北亚等国的石油出口比例升至总出口的30%,天然气出口比例升至总出口比例的15%,但是并没有从质上改变俄罗斯"重欧轻亚"的态势。

因中日韩三国与俄罗斯的能源贸易受阻,导致至今中日韩三国仍需要从距离颇远的中东国家进口化石能源。2020年,中国从中东国家进口的石油为从俄罗斯进口的3倍,而日本更是高达21倍。

二、俄罗斯与中日韩管道运输体系建设不足

俄罗斯与中日韩的油气贸易量难以提升,很大一部分原因是因为俄罗斯与中日韩的管道运输体系建设不足。

虽然俄罗斯远东地区能源资源非常丰富,但自然环境恶劣,能源基础设施落后,严重阻碍了其能源生产与出口。由于受到前几年俄罗斯经济衰退的影响,俄罗斯对其远东地区的基础设施建设出现了一定程度的搁置,阻碍

了东北亚各国的能源合作。

在当前的石油管道体系中，中日韩三国中仅中国与俄罗斯的管道建设进展较快，日本因与中国的争执导致其管道建设一度停滞，而韩国也由于朝韩关系导致其与俄罗斯的管道建设进展艰难。

三、欧美等国对东北亚能源合作的制约

全球的各主要能源出口国也需要与俄罗斯竞争对东北亚各国的能源出口，防止俄罗斯成为中日韩等国的能源主要提供国。日本和韩国的国家地理特性导致其能源进口方式以海上运输为主，结合两国的亲美政策和美国在海上运输中的霸主地位，严重影响了俄罗斯对日韩两国的能源出口。同时，近些年中日韩的政治交锋、朝韩关系的不断动荡也让日韩两国需要寻求外部力量的帮助，进而考虑与美国关系的维护，主动控制其参与俄罗斯能源合作的力度。

除此之外，能源出口的相关行业竞争者会努力抢占东北亚各国的能源市场，进而削弱俄罗斯对中日韩的能源出口。例如，欧佩克可以与中日韩等国进行能源定价方面的谈判，让出一定的利益换取中日韩的进口份额，以短期的利益让步实现长期的合作空间，从而进一步制约了东北亚各国的能源合作。

第五节　俄罗斯的东向能源发展战略

一、俄罗斯东向能源发展战略的实施原因和发展过程

首先是国际能源局势的深刻变化。21世纪以来，全球各国纷争不断，导致各国关系不断调整，全球能源局势发生了深刻改变。

从能源的生产角度，由于美国凭借其"页岩革命"的技术进步逐渐获得

石油出口领域的核心地位,同时,油气勘测技术的发展和运用导致一系列的油气开采地不断出现,全球能源生产逐渐形成美国与中东国家两极并存的局势。

从能源的消费角度来看,由于2008年的金融危机和近些年碳减排政策的推行,主流发达国家对化石能源的需求增速逐渐降低。但与此同时,亚洲各发展中国家的快速发展使得其能源需求在不断提升,根据国际能源署(IEA)的报告推测,2040年全球石油和天然气消费的近2/3将由亚洲各国的需要产生,中国也因此成为世界第一能源消费国。

随着能源局势的不断变化,拥有大量能源资源的俄罗斯应着力巩固其在能源出口领域的地位。拥有巨大能源进口需求潜力的东北亚各国成为俄罗斯开阔市场的首要选择。

其次是国内能源与经济结构的转型。在21世纪初期,俄罗斯凭借将其国内巨大的能源矿藏转为能源出口,伴随石油价格上涨,成功缓解了俄罗斯经济衰退,成为俄罗斯经济发展的强劲动力源。但由于石油价格下降,俄罗斯能源出口遭受巨大打击,同时俄罗斯的化石能源开采和清洁能源技术开发又并没有取得较大程度的进展,因此,俄罗斯这种严重依赖能源出口带动经济增长的模式并不适合一国的持续发展。不仅如此,这种发展模式还严重依赖俄罗斯现有能源矿藏的原能储备,依据俄罗斯现在的能源开采效率,截至2035年左右,俄罗斯的石油资源将被全部开采。

因此,俄罗斯依赖能源出口的经济结构需要进行改变。在2014年俄罗斯发布的《俄罗斯能源战略2035(草案)》中明确提出,对俄罗斯的能源产业进行转型,推动能源发展策略的改变,由原料导向型转向创新导向型。采用能源推动创新的策略,以国家基础资源为根本,推动能源创新,研究高效率的能源开发技术,大力开展清洁能源的相关研究,以此将原有的能源产业转变为一个可持续发展的能源产业,保障俄罗斯经济的持续健康增长。

在此战略中,俄罗斯东部地区所蕴藏的大量化石能源便成为其战略发展的依靠。因此，东部地区的开发和利用也变为俄罗斯能源转型环节的重中之重。

第三是来自欧美的能源制裁。2010年以来，随着国际政治局势的风起云涌，欧美各国对俄罗斯的能源制裁以及美国"页岩革命"的技术变革，各种新兴的能源出口国家和组织接连涌现，均对俄罗斯的能源出口地位产生了严重威胁。

2013年底发生的"乌克兰危机"是俄罗斯与欧美政治局势恶化的导火索，在2014年克里米亚公投进入俄罗斯之后，欧美开始对俄罗斯实施经济领域的相关制裁，在一系列制裁中，俄罗斯的能源产业受损严重。

通过欧美联合发布的一系列的制裁措施，许多所属欧美的能源公司受到波及，被迫中止或放弃在俄罗斯的能源利益，暂停对俄罗斯的能源开采和进出口贸易，截至2020年，只有欧洲的道达尔公司还与俄罗斯保持一定的能源合作关系，这让俄罗斯的能源产业难以继续依靠美欧等国的支持，进而将目光转向东北亚各国。

与此同时，随着美国"页岩革命"的技术发展，美国的石油出口量逐年上升，挤压了俄罗斯在欧洲和亚洲的石油出口贸易。2015年美国国会取消了长达40年的原油出口禁令，这意味着美国拥有了在石油资源自给自足的条件下，向其他国家出口原油的能力，冲击了俄罗斯石油出口的国际地位。

受此影响，俄罗斯在《俄罗斯能源战略2035（草案）》中重点提到了要凭借其与东北亚各国相邻的地理优越性，发挥优势，与东北亚各国建立更深层次的能源贸易往来，拓展俄罗斯的能源出口方向，以此巩固俄罗斯的能源地位，降低欧美能源制裁对其带来的不利影响。

2022年，俄罗斯与乌克兰冲突升级。欧美对俄罗斯制裁进一步加剧，但这同时对欧美经济体自身造成伤害。现在，欧美国家正在经历前所未有的通货膨胀，而其中能源价格飙升是一个重要因素，因此，美欧七国集团探讨进一步限制俄罗斯石油和天然气价格的方法。美国也正在与欧佩克成员国探讨进一步合作增产降低能源价格的可能。但是从短期看,这并不能缓解世界目前面临的能源压力。俄罗斯在能源领域仍然有较强的主动权。

从俄罗斯东向能源发展战略的发展历程来看,俄罗斯在20世纪末的叶利钦时代就开始关注其东部的化石能源矿藏,并逐步启动对东部地区的能源勘测和开采。随着俄罗斯能源战略的不断开展,其东部地区地理位置的优越性开始显现,中日韩等东北亚各国对俄罗斯的能源需求也在不断增长,因此东向能源发展战略也逐渐演变为俄罗斯能源战略的重要组成部分,成为带动国家经济增长的重要基石。

虽然叶利钦时代开始关注本国的能源产业发展,但实施进展缓慢。为此,俄罗斯在2003年发布了《2020年前俄罗斯能源战略》(以下简称《2020战略》),成为俄罗斯的第一份国家级的能源战略文件。在文件中,俄罗斯首次对其东部能源资源提出指导意见,指出要制定对其东部地区的石油资源的开发方案、制定向亚太各国出口石油和天然气的方案和制定对亚马尔地区进行开采的详细规划,并且要在2020年前开发东西伯利亚、远东、亚马尔和海洋大陆架等地区的油气资源。

根据《2020战略》,俄罗斯在其能源供应和生态安全、俄罗斯对外能源相关政策以及能源产业发展的地区特点等重点部分,均提及了与东向能源发展相关的内容,为俄罗斯后续的东向能源发展战略奠定了基调。

在《2020战略》之后,俄罗斯在2009年底出台了《2030年前俄罗斯能源战略》(以下简称《2030战略》)。在《2030战略》中,俄罗斯第一次将东向能源发展战略提升到国家能源战略地位。

《2030战略》将俄罗斯的能源发展分为三个阶段进行:第一阶段的关键要求之一就是打通俄罗斯与国际各国的能源合作,特别是进一步加深俄罗斯和亚洲各国的能源交流;第二阶段则要求俄罗斯在其东部地区建立创新型能源产业,以此带动俄罗斯的能源创新,转变俄罗斯单一的能源出口依赖型经济结构;第三阶段是推动东部地区的可再生能源的相关研究和产业发展,促进俄罗斯能源供给结构转变。三个阶段都需要俄罗斯东向能源发展战略的健康发展,以此推动俄罗斯的能源产业进步。

为此,俄罗斯出台了一系列文件保证东向能源发展战略的平稳进行。例如,在2009年底,俄罗斯总理普京签署了《2025年前远东和贝加尔地区经济社会发展战略》,该文件制定了2025年前俄罗斯远东和贝加尔地区的发展纲要和前景规划,并且详细描述了俄罗斯东部地区要和中国东北地区以及其他东北亚各国开展的一系列经济合作,以此吸引东北亚各国对俄罗斯东部地区的相关资金支持。

在2013年底的乌克兰事件发生后,俄罗斯能源产业因为受到欧美的一系列制裁措施而发展受挫。为了能源产业的恢复和国内经济的发展,普京政府在2014年签署了《2035年前俄罗斯能源战略(草案)》(以下简称《2035战略(草案)》),此战略虽然增添了不少扶持俄罗斯能源发展的相关政策,但整体思想与《2030战略》并没有较大改变,是《2030战略》的正统续作。因此,在《2030战略》中占主要内容之一的东向能源发展战略核心思想依旧延续,在《2035战略(草案)》中,仅进一步细化了未来东向能源发展战略的实施内容。其具体的相关内容如下:

在俄罗斯的能源贸易方面,《2035战略(草案)》认为未来欧洲的能源需求增速会下降,亚太各国的能源需求会上升。因此,俄罗斯要增加对亚太各国的能源出口比重,在2035年,俄罗斯对亚太各国的石油出口要提升至23%,天然气出口要提升至31%。还要注重出口产品质量的提升,争取多出口高质量的石油产品。同时,同中国开展天然气领域的合作协商,以缓解俄罗斯在欧洲天然气市场受挫的局面。俄罗斯通过这些措施来加深和亚太各国的能源合作,巩固俄罗斯在能源出口领域的地位。

在俄罗斯的能源运输方面,着力发展石油管道和天然气管道项目的推进,重点强调了针对亚太各国的能源运输,将此类项目的推进放在运输系统建设的第一位。

在俄罗斯远东地区开发方面,要保障项目的资金支持,以此确保向能源创新结构的转变和清洁能源研究设施的建设。

在俄罗斯能源结构方面,针对东部地区有计划地逐步开展油气综合体项目、对北极地区的油气开采以及远东地区的清洁能源项目,推动俄罗斯能源结构向清洁能源的靠拢。

在俄罗斯能源开采技术方面,利用东部地区蕴藏的大量油气资源,研究更高效的勘测技术和开采技术,提高能源的利用率,推动能源开采相关技术的发展进步。

俄罗斯政府经过对《2035战略(草案)》的几次调整和改进,2020年6月新版《2035年前俄罗斯能源战略》(以下简称《2035战略》)出台,这是根据最新的国家形势和能源局面而制定,结合疫情对俄罗斯乃至各国能源产业的影响,更适合指导俄罗斯的能源发展。《2035战略》考虑到全球各国受到疫情的影响,将面临各国经济整体增速下降和能源需求减弱的局面,为此俄罗斯将巩固能源大国的地位当作能源发展的首要要求。

俄罗斯相较于2014年的战略要求,在《2035战略》中,进一步提高了俄罗斯对亚太各国的能源出口比重。在2018年,亚太各国在俄罗斯的能源出口占比为27%,已经提前完成俄罗斯之前制定的2030年的能源出口要求,为此,俄罗斯将亚太各国在能源出口占比的目标提高至2024年的40%,并预计在2035年达到出口总量的一半,持平甚至超过俄罗斯对欧洲国家的能源出口量。

在《2035战略》中,重点强调了俄罗斯要着重建设东部地区的能源运输系统的建设,持续推进液化天然气项目的推进,确保能源供应的持续性和安全性。

一是以亚太各国带动俄罗斯能源出口结构的多样化。"北溪2"和"西伯利亚力量"等项目的进行确保了俄罗斯能源出口的多样性要求,可基本保障能源战略安全。尽管"北溪2"项目遭遇干预及阻挠,但俄德两国仍在努力促成其尽快投产,经济和政治意义不言而喻。在亚太方向,除已经投入运转的"西伯利亚力量"项目外,俄罗斯正在考虑推出"东方石油"项目,该项目作为目前全球最大的石油新项目,业已探明的液体碳氢化合物储量高达62亿吨。

二是持续推进液化天然气项目的推进。液化天然气是俄罗斯优先发展的战略项目。根据《战略》规划,俄罗斯计划在2024年前将液化气的产量提高至4600~6500万吨,2035年达到7200~8200万吨。俄罗斯预计液化天然气(LNG)在国际天然气贸易中的份额将大幅增加。"亚马尔"项目和"北极2号"项目的情况可以充分说明,俄依托LNG液化天然气项目开发北极资源及运筹北极战略正在逐步实施。

直至《2035战略》,俄罗斯在其能源战略体系中已经成功建立了东向能源发展战略的主要内容,东部地区对于俄罗斯的重要性正在逐步体现,俄罗斯对于东北亚各国的能源出口比重也在日益提高,争取在未来形成亚洲、欧洲两者兼顾的能源出口局面。

二、俄罗斯东向能源发展战略的能源合作内容

（一）俄罗斯与中日韩各国开展合作的客观基础

俄罗斯能与中日韩各国开展能源领域的相关合作,是因为双方都具有一定的合作意向和潜力,双方在能源的多个方面具有互补特性,合作共赢使得双方都欣然接受。

1.能源贸易方面

由于中日韩三国石油和天然气资源的匮乏,导致不得不大量依靠能源进口来维持国内的消耗;同时面临国内逐渐增长的能源需求,寻找新的能源进口方向早已提上发展日程。而影响国家和地区能源进口的主要因素有:一国自有的能源储备,一国的能源消费水平和经济实力。

首先从能源储备来看,受到碳减排的影响,中日韩等国都在着力减少能源结构中煤炭的比重,为此,石油和天然气成为其能源消费的不二选择。然

而,中日韩三国的石油和天然气储备难以满足国内需求,只能依赖于对外油气的进口来满足国内消费。这时,地理位置毗邻、油气资源丰富的俄罗斯,便成为中日韩三国进口的主要选择之一。

其次从能源消费来看,中日韩的能源消费增速明显,尤其是中国的高经济增速,必然带动能源消费的高增速。同时,中日韩较高的人口基数也使得生活能源消费占较大比重。因此,中日韩三国在东北亚地区的能源消费中名列前茅,是俄罗斯能源出口的不二之选。

最后从经济实力来看,即使前两项条件均满足,若一国的经济实力难以满足油气资源的大量进口,其能源进口水平也仍将处于较低水平。身处亚洲前列的中日韩对外能源进口水平,构成了与俄罗斯能源大宗商品贸易合作的客观基础。

2.能源运输方面

因为俄罗斯在其东部地区缺少港口,同时管道运输输送量大,一般不受气候因素影响,结合中日韩三国与俄罗斯相邻的地理位置,管道运输成为俄罗斯能源出口的首要选择。同时,能源进口国的政治因素对出口国能源出口具有较大影响,与其他东北亚各国相比,中日韩三国具有较为稳定的国内政治和更为重要的国际地位,是能源出口的理想选择,这些构成了俄罗斯能源出口上政策的重点考虑。

3.能源相关技术方面

俄罗斯与其他各国的技术合作程度决定了俄罗斯非常规油气的开采和清洁能源的开发,进而影响到俄罗斯的能源结构和能源出口水平。在俄罗斯出台的一系列战略和规划中,都着重强调了要依靠和世界各国的国际能源合作,来带动本国的能源技术发展,以此推动本国的能源产业。但由于之前受到欧美各国的能源制裁,俄罗斯目前难以获取欧美各国的能源相关技术支持。因此,能源技术水平相对较高的中日韩三国成为俄罗斯能源合作的最佳选择。

综上所述，无论是在能源储备、能源运输和能源相关技术等方面，俄罗斯和中日韩三国均形成了互补的局面，也就成为俄罗斯与中日韩开展合作的客观基础。

（二）俄罗斯与中日韩合作的政治基础

在政治领域中，俄罗斯与中日韩三国存在着一定的合作基础。相比日韩两国，中国与俄罗斯的能源合作程度更深，这主要是因为中国与俄罗斯的能源合作开始时间较早、进展不断持续以及双方态度积极。在2004年，普京来访中国，俄罗斯与中国便开始了油气领域的能源合作，并逐步扩展合作领域。截至2020年，俄罗斯与中国已经成立中俄能源合作委员会，为两国协调能源合作事宜。在近些年的定期交流中，签署了《〈中俄关于实施亚马尔液化天然气项目的合作协议〉的议定书》《中俄关于互设投资促进机构代表处的备忘录》等能源合作领域的相关协议。

日本和韩国对俄罗斯的高层互动虽然不像中俄两国一样密切，但日韩两国对从俄罗斯进口能源仍具有很高的热情。相比中国和俄罗斯，日韩两国更为注重能源结构的多元化，因此更重视同各领域的能源出口大国开展能源合作，确立能源贸易。并且日韩两国均在早年便参与了在俄罗斯远东的能源合作项目，并为俄罗斯的能源技术进步起到了重要作用。

但是近期，俄乌的冲突虽然爆发在欧洲，日本和韩国却也参与了对俄罗斯的制裁，这使得东北亚区域地缘政治局势变得更加紧张。与此同时，美国对中国的政策也越来越激进。日本岸田文雄政府和韩国新上任的尹锡悦政府也逐渐地在向美国靠拢，试图遏制中国。拜登所谓的"印太战略"秉承了奥巴马时代的美国"亚太再平衡"战略思维。但是在特朗普时代美国退出泛太平洋合作伙伴计划（TPP）之后，美国试图主导的多边贸易利益共同体在亚太地区事实上已经面临着巨大的挑战。新的印太战略更多的是美国主导的维护地方霸权的工具，而无法给东北亚区域内各国带来实质性的利益。因此美国为了维护自身在亚太的影响力，必然会动用一切宣传机器，将中俄塑造成共同的敌人。日本前首相安倍晋三遇刺去世,让区域内的前景更加扑朔迷离。有充分的理由相信,亚太地区和东北亚地区将面临更多"不确定性"的重大影响。日韩与俄罗斯的政治互信将显著降低,给区域内合作增加了阴影。

由此可见,俄罗斯与中国的能源合作进程走在最前,政治基础最牢固,而日韩相对较差,目前有恶化的可能,但还存在着较大的政治争取空间,能源合作将是一个重要的突破口。

(三)俄罗斯东向能源合作的主要内容

在21世纪初期制定的俄罗斯东向能源发展战略主要是为了东部地区的资源开发,满足俄罗斯本国的能源需求。但由于世界能源局势的不断变化,俄罗斯经济结构的转型驱动、欧美对俄罗斯的能源制裁等,俄罗斯不得不扩展其东向能源发展战略的相关内容,以此来适应不断变化的世界环境,强化其东部地区的地理特性,带动俄罗斯的能源外交。俄罗斯希望凭借其东部地区的能源产业建设,使国内能源出口向东北亚各国转移,加强同东北亚各国的能源合作,通过建立新的国际合作带动本国经济转型,推动自身的进一步发展。

随着俄罗斯东向能源发展战略的不断改进和完善,目前该战略主要由俄罗斯东部地区的能源发展战略和加强同亚洲各国的能源合作战略构成。这两个战略相互配合,推动了俄罗斯东向能源发展战略的不断进步。因为欧美的能源制裁和俄罗斯自身的经济实力,使得俄罗斯不能独自完成其东部地区的资源开采和能源运输体系建设,需要亚洲各国对俄罗斯的技术和资金支持,带动俄罗斯的能源产业发展,俄罗斯也因此为亚洲各国提供成本更低的油气资源。

东向能源发展战略是俄罗斯国家战略重要组成部分,通过提高俄罗斯在能源出口市场的比重、能源运输设施的比重、能源相关技术的研发程度和对能源定价的影响程度,来巩固俄罗斯在能源领域的国际地位和影响力。

而想要提高上述的各项指标，就需要俄罗斯东向能源战略的支持。因此，东向能源战略的主要内容有：能源产品贸易合作、能源运输设施建设合作、能源相关技术合作和原油期货市场合作。然而，俄罗斯与亚洲各国的原油期货市场合作尚未开始，也在一定程度上降低了俄罗斯东向能源发展战略的发展进程。

在能源产品贸易合作领域，俄罗斯作为能源出口国同亚洲各能源进口国展开相关能源产品的贸易活动。俄罗斯出口能源获得经济收入，推动国内经济发展；亚洲各进口国通过合作获得更为低廉的能源，满足国内的能源需求。

在能源运输设施建设合作领域，俄罗斯和亚洲各国签订协议，为跨境能源运输设施建设一起提供资金和技术，满足俄罗斯的能源出口需求和协议国的能源进口需求。能源运输设施的成功建立，意味着俄罗斯降低了出口成本，进而协议国的能源进口成本也随之下降，是对双方均有好处的能源合作项目。

在能源相关技术合作领域，俄罗斯凭借其丰富的油气资源吸引亚洲各国前来开展能源合作，并以此带动俄罗斯能源相关技术的进步。事实上，俄罗斯在《2030年战略》《2035年战略（草案）》和《2035战略》中，都多次强调了发展新兴能源开采技术以及加强与国际层面在这一技术领域合作的重要性。(沈亦豪，2020)

第六节　日本与韩国的能源开发战略

一、韩国的能源开发使用战略

韩国国土面积狭小，自然资源匮乏，一直以来就是能源进口大户，韩国目前是全球第三大天然气进口国、第四大煤炭进口国，韩国的能源部门中化石燃料占主导地位,2020年韩国化石能源消费量占能源消费总量的85%左右,在国际能源署的相关国家中占比最高。

韩国政府致力于推进国家能源转型,并制定了明确的目标,到2030年将可再生电力的比重提高到20%,到2040年提高到30%~35%,并且准备从能源结构中淘汰煤炭与核能,同时还准备显著提高能源效率,积极推动氢产业在本国的发展。

韩国作为全球第三大煤炭项目投资国,长期以来煤炭在韩国能源结构中占有重要地位,特别是在电力领域,煤电占韩国发电总量的40%以上。不过近年来韩国也开始关注由于煤炭使用而造成的问题,并为此进行了一系列政策调整。2017年底,为减少碳排放,韩国停止了尚未在建的新建燃煤电厂项目。2018年,韩国允许地方政府在空气污染超过政府规定的法定限制时暂停燃煤电厂的运营,并进一步承诺永久关闭超过30年的旧燃煤电厂。在2019年5月,韩国将煤炭消费税上升了28%,将天然气消费税下降了75%,韩国还将液化天然气进口税下降了85%,从而使得天然气的竞争力大幅上升,抑制电力行业对煤炭的需求,减少煤炭消费。2020年10月,韩国宣布将在2050年前实现"碳中和"目标,因此,韩国成为在中国和日本之后,第三个明确在2050年前实现碳中和目标的亚洲国家。

韩国是东北亚第一个引入全国性排放交易系统的国家,不过目前韩国的碳排放交易制度尚不完善,目前仍有较大份额的碳排放交易权被分发给高碳排放公司和企业。在之后韩国计划的碳排放交易制度改革中,韩国计划引入针对交易权的有偿拍卖制度,同时将金融公司引入碳排放交易市场中,促进市场发展的同时,提升企业碳排放的相关成本。通过这一系列的措施,韩国准备到2030年时将煤炭和天然气在电力结构中的份额分别降低至30%以内和25%以内。

韩国还对自身的核电政策进行了调整,2017年,新一届韩国政府表示将终止所有新建核电站的计划,也不再批准延期现有核电站,这是韩国自20世纪70年代开展核电应用以来,对核电政策做出的最大调整,显示韩国能源政策的重大转变。

在削减煤炭、核能使用之外,韩国政府也积极推动可再生能源的开发,并鼓励能源企业积极参与。在2017年年末,韩国政府推出"可再生能源3020实施计划",主要任务是促进韩国能源结构转型,其目标是截至2030年韩国的可再生能源消耗占总能源消耗的20%。2020年12月,韩国政府宣布将建全球最大的浮式海上风电场,其中,韩国政府将为该项目投资约0.9万亿韩元。除了对风电的投资开发外,韩国政府也关注氢能产业的发展。韩国政府在2019年1月发布了推动氢经济发展路线图;2021年2月,韩国产业通商资源部推动修订《关于培育氢经济及氢能安全管理的法律》,以构建清洁氢能相关管理制度;9月初,韩国政府表示将斥资1.27万亿韩元(约合10.7亿美元)在全国建立5个氢产业集群,并推出必要的基础设施。韩国企业也对政府的氢能政策表示积极呼应,韩国现代汽车集团在全球线上发布会发布"氢能愿景2040",致力于建立全球氢能社会。

二、日本的能源开发使用战略

由于所需能源在很大程度上完全依赖进口,日本政府从21世纪初就开始对总体能源政策进行规划,2002年《能源政策基本法案》通过,2003年首个能源基本计划(SEP)发布,此后在2007年、2010年、2014年和2018年对其进行了修订,这些计划的基本原则是实现能源安全、经济效率和环境可持续发展(通常称为"3E")。2011年的福岛核事故彻底改变了日本的能源政策,2014年第四版能源基本计划将安全视为能源政策的关键优先事项,形成了"3E+S"原则,该计划设想降低对核电的依赖,扩大可再生能源和提高火力发电的效率,这与第三版能源基本计划中提高核能在发电中的份额形成了鲜明的对比。第五版的能源基本计划延续了第四版的政策方向,它描述了2030年预期能源结构,展望将能源自给率由福岛核事故前的20%提升到

2030年24%,同时还包括减少温室气体这一理想目标的总体概述:到2050年将排放量减少80%。日本的目标是最大限度地发挥可再生能源的作用,同时尽可能减少对核电的依赖;开发和实施新能源技术,以提高能源自给率;提高经济中的能源效率和资源利用。在第五版能源基本计划中日本明确了其能源目标,即最大限度地发挥可再生能源的作用,同时尽可能减少对核电的依赖;开发和实施新能源技术,以提高能源自给率;提高经济中的能源效率和资源利用。

最近一版的能源基本计划于2021年10月正式发布,"最优先"发展可再生能源被首次提出,同时该计划还提出将2030年可再生能源发电所占比例,从此前的22%~24%提高到36%~38%。

2020年10月日本时任首相菅义伟宣布,到2050年,日本将旨在使温室气体排放量减少到净零,并建立一个实现碳中和的脱碳社会,政府正在通过制定额外的政策和措施来实现目标。

2020年末日本政府发布了"绿色成长战略",战略中指出日本将运用超过240万亿日元的资金在绿色能源领域投资,采用补贴和税收优惠等制度激励私营企业发展,以此推动在新能源车、氢能源、航空等领域的碳减排。根据此战略的预测,截至2050年,日本发电量的50%~60%将来自可再生能源。为此日本政府将继续减少火力发电,加快引进可再生能源。该战略中还提到,在2035年左右,日本的汽车销售将全部变成新能源汽车,以此进一步推动日本的碳减排进程。

经过这些努力,日本已经实现液化天然气进口来源多元化,并且通过多种形式的国际交流以及通过与出口国和其他主要进口国的双边合作,积极推动建立一个更具流动性和透明度的全球液化天然气市场。

第七节　中国能源现状、问题与挑战

一、中国能源现状

2020年底中国煤炭的全部探明储量[①]约为1432亿吨,其中无烟煤和烟煤1350亿吨,次烟煤和褐煤81.3亿吨,集中分布在山西、陕西、新疆和内蒙古四省区,全部探明储量约占全球已探明储量的13.3%,居世界第四位,仅次于美国、俄罗斯和澳大利亚。

截至2020年底,中国石油的探明总储量约为35亿吨,为世界探明总储量的1.5%。中国的石油资源集中分布在鄂尔多斯、松辽、塔里木、渤海湾、珠江口、柴达木、东海路架以及准噶尔八大盆地。

截至2020年底,中国天然气的探明总储量约为8.4万亿立方米,为世界探明总储量的4.5%。中国的天然气资源集中分布在渤海湾、柴达木、塔里木、莺歌海、鄂尔多斯、松辽、四川、东海陆架和琼东南九大盆地,

中国是全球产煤大国,2021年,全国规模以上煤炭企业原煤产量达40.7亿吨,同比增长4.7%,创历史新高。同年,中国煤炭产量位居世界第一,占比达59.31%

中国石油产量自2015年达到一个高峰后出现过一次明显下滑,此后石油产量出现小幅回升,呈现相对稳定的生产状态。2021年,中国国内生产原油产量达19898万吨,比上年增长2.4%。受到资源禀赋的限制,短期内中国原油产量不可能有较大幅度的增产。

受到国内天然气生产商油气勘探力度提升的影响,中国天然气产量近

---

①煤炭的探明储量通常指:通过地质与工程信息以合理的确定性表明,在现有的经济与作业条件下,将来可从已知储层采出的煤炭储量。

十年持续增加,2021年,中国国内生产天然气产量达2053亿立方米,比上年增长8.2%。未来几年,在三大油气企业共同推进"七年行动计划"的努力下,天然气增储上产应仍能继续保持。

在发电方面,中国是世界上年发电量最多的国家,2020年中国发电量为77790.60亿千瓦时,占当年全球总发电量的29%。其中水电13552.09亿千瓦时,占17.42%;火电53302.48千瓦时,占68.52%;核电3662.5亿千瓦时,占4.73%;风电4146亿千瓦时,占5.33%。此外,还有3127.53亿千瓦时的输配电损失。从电力构成上看,近10年来中国电力供给结构在不断优化,火电占发电总量的比重呈现明显的下降,水电、风电、核电等非化石能源发电占比不断上升。

非化石能源发电占比的上升伴随着可再生能源装机容量的增加。在太阳能装机容量方面,中国从2011年的310万千瓦猛增到2020年的2.54亿千瓦,10年平均增长82.57%,装机总量占全球总规模从4.01%增长到35.87%;在风能装机容量方面,中国从2011年的4640万千瓦增长到2020年的2.82亿千瓦,10年平均增长26%,装机总量占全球总规模从21.08%增长到35.46%。目前,在太阳能装机和风能装机容量方面,中国已居于世界第一位,规模远超其他国家。

在核能利用方面,中国核电运行装机规模持续增长,核能发电量持续提高。截至2020年底,中国境内一共有16座核电站正式运作,运作的核电机组共有49台,总装机容量为5103万千瓦,仅次于美国和法国,居世界第三。此外,到2020年12月底,中国在建核电机组17台,总容量1853万千瓦,在建机组装机容量连续多年保持全球第一。在核能发电量上,2020年中国核能发电总量为3662.5亿千瓦时,核能发电占全国累计发电量的4.71%,核能发电量达到世界第二的水平。

随着经济的不断发展,中国对于能源的需求日益增加,2011年中国能源消费总量约为38.70亿吨标准煤,并于此后10年不断增加,即便在2020年受新冠疫情影响,全球宏观经济下行的背景下,中国能源消费总量仍达到了49.88亿吨标准煤,比2019年增长了2.16%(表7.19)。

二、中国能源消费结构

因为中国"富煤、贫油、少气"的矿藏结构,导致一直以来中国的能源生产结构中煤炭牢牢占据着能源供给的主要地位。近年来,由于中国不断深化能源的供给侧结构性改革,大力推动清洁能源的研发和利用,中国的清洁能源行业进入了发展的快车道,清洁能源消费比重持续提升,能源结构不断优化。2011年到2020年的10年间,中国煤炭消费占能源消费总量从70%降至57%;同时清洁能源消费占能源消费总量比重也从2011年的13%增加到2020年的24%,能源消费结构持续向绿色低碳转变(表7.20)。

三、中国能源面临的问题和挑战

(一)能源结构不合理

在全球主要经济体中,中国是唯一以煤炭资源为主的能源消费大国,即便经过长期能源结构调整,煤炭占能源消费总量的比重仍超过50%。煤炭的大量使用也与中国电力供应结构有着密切关系,电力供应结构的不合理间接导致了能源结构的不合理。目前中国超过65%的发电量来自火电,电煤消耗占全国煤炭消费量的比重超过50%,如此高的比重也使得煤炭产量与价格的变动严重影响到电力的供应。2021年第三季度末,中国几乎全国范围内出现了拉闸限电的风波,其背后相当重要的原因就是煤炭价格的暴涨使得发电企业大量亏损,发电动力严重不足。从长期来看,在碳达峰和碳中和的双碳目标压力下,降低煤炭使用量,增加各类可再生能源供给,已成为中国在能源领域的重要关注点,调整能源消费结构和电力生产结构将会是未来能源政策的发力点。

（二）能源供需矛盾日益突出

自20世纪90年代以来，随着中国经济的快速增长，能源需求也日益提升，但能源开采的增长速度却小于能源消费的增加速度，能源生产和消费之间的矛盾逐渐加深，特别是能源供应不足成为制约中国国民经济发展的瓶颈之一。

（三）能源资源与消费市场逆向分布

中国的煤炭、油气、水能等主要分布在西北、西南地区，而能源消费地则主要集中于东部沿海地区，能源空间上分布不均。能源生产与消费市场空间分布上的特性造成了许多不良后果：煤炭的长距离运输既占据了运力，又消耗了能源，污染了环境；为实现石油、天然气的长距离运输，前期投资巨大；电力的远距离输送，造成了巨大的输配电损失，仅2020年中国输配电损失量就达到了3127.53亿千瓦时，占当年总发电量的4.02%。

（四）石油、天然气等能源自给能力不强，对外依存度高

巨大的能源消费缺口使得中国必须从国外大量进口各类能源，以满足国内工农业发展的需要，由此又导致中国能源对外依存度的不断上升。2020年中国石油进口量为54239万吨、天然气进口量为10166万吨，同比增长7.3%和5.3%，石油、天然气对外依存度分别达到73%和43%。如此高的能源对外依存度对于国家能源安全来讲是一个严峻的问题。

在能源进口领域，虽然中国的主要能源进口来源国众多，但进口的主体份额还是来自中东各国以及澳大利亚等国，进口渠道相对集中。同时，大部分的能源运输航线都经过马六甲海峡和霍尔木兹海峡，容易受到周围地区的政治影响和军事封锁，进而影响国内的能源供给安全和稳定。

（五）替代能源发展举措不足，缺乏长远考量

为缓解能源安全问题，中央和地方政府在前些年曾大力推动煤制油、煤制气等煤化工产业项目，期望煤炭资源对油气进行替代，然而此类产业需要消耗大量煤炭资源作为生产基础，同时这一过程会带来环境污染，并且还需

要水资源保障。中国的煤化工项目大多建设在新疆、内蒙古、山西这些煤矿资源丰富但水资源缺乏的地区,给水资源也带来了污染隐患。此外,这类项目会产生大量的碳排放,与目前国家的双碳目标相偏离。

(六)新能源消纳问题长期存在

中国特别是东北、华北北部和西北地区(简称三北地区)拥有丰富的风能资源,10年来大量的风电基地在此涌现,然而由于当地负荷和消纳不足,同时外输通道短缺,为实现电网平衡,大量的风电资源被迫放弃。近两年弃风率呈现下降趋势,三北地区新一轮的风电基地建高潮又开始显现,2021年,我国风电总装机容量约3.3亿千瓦,同比增长16.6%,风电新增装机规模4757万千瓦。而与此同时,青海、内蒙古西部等地区出现了局部弃风短时增长,这表明新能源问题将长期存在且随时存在反弹风险。(表7.21)

(七)储产比低,影响能源长期自给能力

储产比是用一年年底的剩余储量除以该年度产量所得出的结果,用以衡量剩余储量以该年度的生产水平可供开采的年限。煤炭是中国最丰富的化石能源,然而伴随着煤炭资源的大规模开发,中国的煤炭储量也在大幅下降,根据2020年的生产情况来看,中国煤炭资源的储产比为37年,而按现有开采水平,全球煤炭仍可以生产139年,中国煤炭的储采比远低于世界水平。

与煤炭相比天然气的储产比情况要好一些,按2020年的生产情况计算,中国的天然气储产比为43.3年,接近世界平均水平48.8年。

而在三大主要化石能源中,中国石油的储采比水平最低。2020年底的数据显示,中国石油储采比仅为18.2年,而全球总计的储采比为53.5年,国内石油长期稳定的生产面临巨大的考验。

虽然资源勘探会在一定程度上提高目前的储采比,但考虑到部分资源储量因地理环境以及开采技术等方面的限制,其价值有限。储采比受到资源禀赋的限制无法较大幅度的提升,只能通过改善能源供给结构使其得到优化。

第八节　东北亚能源合作的空间及金融支持的方向

一、东北亚能源合作的合作目标

东北亚能源合作的目标可以分为短期、中期和长期。从短期来看,能源合作的主要目标就是保障能源合作的安全,具体可分为俄罗斯的能源出口安全和中日韩三国的能源进口安全。俄罗斯能源出口领域的经济收入是其经济增长的主要动力之一,长期以来,俄罗斯的主要能源出口方向为欧洲各国,出口量占俄罗斯出口总量的一半以上。但因为受近年来欧美对俄罗斯的能源制裁和欧洲经济下滑的影响,俄罗斯能源出口出现了较大的波动。同时,中日韩三国作为东北亚地区的主要能源进口国,其能源进口过度依靠中东国家。但由于中东国家的政治局势动荡不断,中日韩三国的能源供应安全无法得到保障,因此同俄罗斯的能源进口就显得尤为重要。

中期内加强东北亚能源安全的目标是提升地区能源定价权。中国、日本和韩国都是世界前几大的能源进口国,三国化石能源消费量之和约占世界总量的三分之一,但是在能源定价上三国却处在弱势地位。中东国家对欧洲、北美、亚洲国家出口能源时采用不同的计价方式,由此导致亚洲国家从中东地区进口石油价格一直比欧美国家高很多,这在一定程度上损害了三国的利益。对俄罗斯来说,受到能源出口依赖欧洲地区,能源金融市场不发达等的影响,其能源定价话语权较弱,能源价格的激烈波动对于俄罗斯来说不利于能源市场的可持续发展。过低的油价会影响俄罗斯的相关收入,而过高的油价又会推动能源进口国积极开发替代能源。对东北亚国家来说,不论是能源进口国还是出口国,定价权的丧失都对本国经济利益造成了潜在的损害。

东北亚金融合作的长期目标就是实现能源市场一体化,这个能源市场包括商品市场和金融市场。目前国际上比较成熟的原油现货市场主要包括西北欧市场、地中海市场、加勒比海市场、新加坡市场以及美国市场，主要的原油期货交易所包括纽约商品交易所、洲际交易所、新加坡交易所以及东京工业品交易所，这些市场大多分布在能源消费地。东北亚地区既是世界级的能源消费集中地，同时又有着丰富的资源储备，具备大规模开展能源交易，实现能源市场一体化的条件。

二、东北亚能源合作空间

东北亚主要国家在能源合作领域存在诸多可以互补之处。中日韩三国是能源的进口国，而俄罗斯是能源的出口国；中日韩三国有充足的资金可以投资于能源领域，而俄罗斯方面则有着丰富的资源亟待开发。对于区域内的能源合作空间包括以下几方面：

(一)加强基础设施方面的建设合作

东北亚各国地理位置临近，但受地理环境和基础设施不完善的影响，区域内各国的能源合作受到了限制。俄罗斯远东地区土地面积辽阔，自然资源丰富，但人烟稀少，长期以来开发缓慢，能源基础设施落后，严重阻碍了当地的能源开发与出口。虽然俄罗斯已就远东地区的开发提出了诸多规划，但受到国内经济不景气以及欧美国家对其经济制裁的影响，相关方面的开发建设面临着资金困难的问题。而中日韩作为世界前十大的经济体，有着丰富的资金储备，同时还面临着能源供应不足的状况，彼此在远东地区的开发合作前景广阔。

(二)加强能源储备合作

中日韩三国是能源消耗大国，同时国内的能源自给油严重不足，对此需要通过大量进口来满足工农业发展需要。能源大量依赖进口，会对国家能源安全带来不稳定性，为此中日韩三国需要进行能源的储备。目前日本和韩国都能够满足国际能源署建议的90天石油战略储备量，而中国是勉强能达到这个标准。中日韩三国能源特别是石油和天然气主要来自中东地区，而这一地区又是世界上最不稳定的地区之一，一旦出现战争等意外情况将会影响能源供给安全，对此需要建立完善的能源储备体系。中日韩三国可以尝试探索建立能源战略储备共同体，共同应对可能的能源断供问题，同时俄罗斯作为资源大国，也可以参与其中，为能源储备提供保障。

三、东北亚能源合作金融支持

长期以来，东北亚各国在能源金融市场建设上各自为政，未形成良好的区域合作。目前东北亚主要国家都已拥有一定的金融基础，具备能源金融合作条件，能源金融市场合作将大有可为。

（一）加强能源期货市场合作，增进地区能源定价话语权

在符合国际进口原油定价规则的基础上，欧洲各国以北海布伦特原油价格为基础，北美各国普遍以西得克萨斯轻质原油价格为基础，这两种原油定价都主要由发达的期货市场决定。而作为世界原油的重要消费地与生产地，东北亚地区由于缺乏发达的能源期货市场，无法通过期货市场形成反映本地区能源供需的合理价格，而只能参照迪拜原油价格。对于地区原油进口国来说，他们不得不接受原油定价上的"亚洲溢价"；对于能源出口国的俄罗斯来说，自身利益也无法得到稳定保障。对此加强构建东北亚地区能源期货市场，打造有影响力的能源合约产品对于提升地区能源定价权意义重大。

在期货市场建设方面，由于东北亚各国普遍重视国家金融安全，所以欧美各国的期货交易所所实行的跨国兼并方式在东北亚各国难以套用，因此交叉持股或许可以成为东北亚能源期货交易平台合作的方式之一。此外，也可以通过加强技术合作，推动不同国家网络交易平台的互联互通，使得各国投资者利用本国平台即可查看和交易各合作交易所的产品。此类合作不仅将丰富各方产品种类，更将有利于增大参与合作的能源期货市场的交易规模，增强在定价领域的话语权。(张健，2019)

（二）加强能源领域的融资支持,推进跨国能源金融合作

能源产业是资金密集型产业,东北亚能源合作的项目建设周期往往较长,因此需要提供较长期限的资金支持,而融资支持合作可以在一定程度上缓解资金压力,推动能源开发。首先,东北亚各国之间可以加强金融机构间的合作。一方面可以采用互设金融机构的方式,服务本国能源企业的海外经营,并以能源领域金融合作为出发点推动全方位金融合作开展;另一方面也可以采取金融服务对接合作,在各国银行间建立代理合作关系,满足本国的海外金融需求。其次,可以加强多边金融机构的合作。一方面可以利用已有的多边金融合作机构,在其框架下积极开展合作活动,满足各国金融需要;另一方面东北亚各国亦可共同成立新的多边金融合作机构,为能源合作提供资金支持。

（三）加强能源金融监管合作,维护良好的能源金融合作秩序

东北亚各国的金融发展程度不同,在金融监管层面也存在着较大差异。若要构建统一的能源金融市场,必须尽量使各国在金融监管的方向上保持一致,以遏制各类非法交易活动。首先是加强对市场交易的监管,防范不法交易者过度投机、操纵市场价格、扭曲市场运行机制;其次对非法跨境交易采取联合打击,各国之间加强合作,提高执法力度和成功率,不因犯罪分子身处国外就无法对其进行处罚,尽量在地区内不给犯罪分子容身之地。

（四）推进能源领域人民币结算,加强能源贸易结算效率

在东北亚地区,一直存在人民币、卢布和日元竞争的局面,由于俄罗斯强势的卖家身份使得中俄能源贸易中卢布结算远多于人民币结算,但是,近几年由于美欧对俄制裁的影响,人民币结算已经逐步超过卢布结算的数量。为此,东北亚各国一是应加强以本币结算的基础设施建设合作,适度放宽对东北亚国家金融机构的准入条件,以顺畅跨境人民币结算渠道;二是应确立东北亚本币结算的集中清算模式,降低能源领域跨境人民币结算的交易成本,提高能源贸易跨境人民币结算效率;三是应加强人民币结算政策宣传,

组织东北亚各国人民币结算业务银行向能源企业大力开展宣传活动,帮助企业充分认识到人民币结算的避险、融资、理财等优势。另外,还可以通过丝路基金、亚投行为东北亚能源合作项目提供人民币的融资服务,以及增加我国以人民币对东北亚各国能源领域的直接投资,以带动东北亚能源领域的人民币结算规模(张慧智、张健,2019)。

表7.1 中俄石油探明储量(单位:10亿桶)

	2000	2010	2019	2020	2020占总量比	2020储产比
中国	15.2	23.3	26.0	26.0	1.5%	18.2
俄罗斯	112.1	105.8	107.8	107.8	6.2%	27.6
全球总计	1300.9	1636.9	1734.8	1732.4	100.0%	53.5

数据来源:英国石油公司.BP世界能源统计年鉴[R].2021

表7.2 中俄石油产量(单位:千桶/天)

	2010	2012	2014	2016	2018	2020	2020增长率	2009—2019年均增长率	2020产量占全球总产量比重
中国	4077	4155	4246	3999	3798	3901	1.7%	0.1%	4.4%
俄罗斯	10379	10656	10927	11342	11562	10667	−8.7%	1.4%	12.1%
全球总计	83293	86255	88834	91989	94852	88391	−6.9%	1.5%	100%

数据来源:英国石油公司.BP世界能源统计年鉴[R].2021

表7.3 中俄石油产量(单位:百万吨)

	2010	2012	2014	2016	2018	2020	2020增长率	2009—2019年均增长率	2020占比
中国	203.0	207.5	211.4	199.7	189.1	194.8	1.7%	0.1%	4.7%
俄罗斯	512.3	526.7	537.4	558.5	567.9	524.4	−8.8%	1.4%	12.6%
全球总计	3978.6	4121.6	4227.2	4375.1	4484.2	4165.1	−7.2%	1.4%	100%

数据来源:英国石油公司.BP世界能源统计年鉴[R].2021

表7.4 东北亚四国石油消费量(单位:艾焦)

	2010	2012	2014	2016	2018	2020	2020增长率	2009—2019年均增长率	2020占比
中国	18.99	20.63	22.39	25.06	27.06	28.50	1.7%	5.3%	16.4%
俄罗斯	5.77	6.26	6.60	6.48	6.56	6.39	−5.1%	1.9%	3.7%
日本	8.78	9.37	8.50	7.94	7.58	6.49	−11.5%	−1.7%	3.7%
韩国	4.48	4.65	4.62	5.22	5.22	4.90	−5.3%	1.7%	2.8%
全球总计	172.53	176.64	179.65	186.87	191.33	173.73	−9.7%	1.4%	100%

数据来源:英国石油公司.BP世界能源统计年鉴[R].2021

表7.5 中俄天然气探明储量

	2000年底	2010年底	2019年底	2020年底		
	万亿立方米	万亿立方米	万亿立方米	万亿立方米	占总量比例	储产比
中国	1.4	2.7	8.4	8.4	4.5%	43.3
俄罗斯	33.2	34.1	37.6	37.4	19.9%	58.6
全球总计	138.0	179.9	190.3	188.1	100.0%	48.8

数据来源:英国石油公司.BP世界能源统计年鉴[R].2021

表7.6 中俄天然气产量(单位:十亿立方米)

	2010	2012	2014	2016	2018	2020	2020增长率	2009—2019年均增长率	2020占比
中国	96.5	111.5	131.2	137.9	161.4	194.0	9.0%	7.5%	5.0%
俄罗斯	598.4	601.9	591.2	589.3	669.1	638.5	−6.2%	2.4%	16.6%
全球总计	3150.8	3326.8	3437.9	3552.1	3852.9	3853.7	−3.3%	3.1%	100%

数据来源:英国石油公司.BP世界能源统计年鉴[R].2021

表7.7 东北亚各国天然气消费量(单位:十亿立方米)

	2010	2012	2014	2016	2018	2020	2020增长率	2009—2019年均增长率	2020占比
中国	108.9	150.9	188.4	209.4	283.9	330.6	6.9%	13.1%	8.6%
俄罗斯	423.9	428.6	422.2	420.6	454.5	411.4	−7.7%	1.1%	10.8%
独联体	529.8	543.7	538.4	537.1	580.6	538.2	−6.5%	1.4%	14.1%
日本	99.9	123.2	124.8	116.4	115.7	104.4	−3.7%	1.6%	2.7%
韩国	45.0	52.5	50.0	47.6	57.8	56.6	0.8%	4.7%	1.5%
亚太地区	575.6	662.0	706.0	733.3	829.7	861.6	0.1%	5.2%	22.5%
全球总计	3160.5	3320.5	3400.1	3558.6	3837.9	3822.8	−2.3%	2.9%	100%

数据来源:英国石油公司.BP世界能源统计年鉴[R].2021

表7.8 2020年中俄煤炭探明储量(百万吨)

百万吨	无烟煤和烟煤	次烟煤和褐煤	总计	占总量比例	储产比
中国	135069	8128	143197	13.3%	37
俄罗斯联邦	71719	90447	162166	15.1%	407
全球总计	753639	320469	1074108	100.0%	139

数据来源:英国石油公司.BP世界能源统计年鉴[R].2021

表7.9 中俄及亚太地区煤炭探明产量(单位:艾焦)

	2010	2012	2014	2016	2018	2020	2020增长率	2009—2019年均增长率	2020占比
中国	69.72	78.44	78.05	70.82	76.87	80.91	1.2%	2.2%	50.7%
俄罗斯	6.32	7.05	7.39	8.12	9.23	8.37	−9.6%	4.5%	5.2%
亚太地区	100.45	112.76	116.30	110.09	119.99	123.62	−1.2%	2.9%	77.5%
全球总计	150.84	163.71	166.07	153.33	165.17	159.61	−5.2%	1.6%	100%

数据来源:英国石油公司.BP世界能源统计年鉴[R].2021

表7.10　东北亚各国煤炭消费量(单位:艾焦)

	2010	2012	2014	2016	2018	2020	2020 增长率	2009—2019 年均增长率	2020 占比
中国	73.22	80.71	82.49	80.21	81.11	82.27	0.3%	1.5%	54.3%
日本	4.87	4.88	4.99	5.02	4.99	4.57	−7.0%	1.4%	3.0%
韩国	3.23	3.38	3.53	3.41	3.63	3.03	−12.2%	1.8%	2.0%
亚太地区	102.34	112.20	116.62	115.90	120.30	120.97	−1.4%	2.3%	79.9%
俄罗斯	3.79	4.12	3.67	3.74	3.63	3.27	−8.5%	−0.8%	2.2%
全球总计	151.21	159.08	162.50	156.61	159.26	151.42	−4.2%	0.9%	100%

数据来源:英国石油公司.BP世界能源统计年鉴[R].2021

表7.11　石油贸易流向(千桶/天)

千桶/天	2010	2012	2014	2016	2018	2020	2020 增长率	2009—2019 年均增长率	2020 占比
进口									
欧洲	12407	12721	12957	14354	14151	12611	−15.2%	1.5%	19.4%
中国	5886	6675	7398	9214	11028	12865	8.8%	8.8%	19.8%
日本	4567	4743	4383	4180	3940	3310	−12.4%	−1.2%	5.1%
全球总计	55346	56706	59328	66526	70111	65061	−7.6%	2.6%	100.0%
出口									
美国	2154	2682	4033	5078	7041	8117	0.3%	15.3%	12.5%
俄罗斯	7397	7457	7792	8814	8117	7433	−11.3%	1.4%	11.4%
沙特	7595	8468	7911	8606	8581	8027	−5.3%	1.5%	12.3%
中东 (除沙特外)	11976	11742	12699	15321	16154	13915	−6.7%	2.4%	21.4%
全球总计	55346	56706	59328	66526	70111	65061	−7.6%	2.6%	100.0%

数据来源:英国石油公司.BP世界能源统计年鉴[R].2021

表7.12　2020年石油地区间贸易流向(百万吨)

原油	进口					
出口	美国	欧洲	俄罗斯联邦	中国	日本	总计
俄罗斯	3.7	138.2	–	83.4	5.1	260.0
中国	–	†	–	–	0.1	1.1
日本	–	–		–	–	†
进口总计	293.7	475.9	†	557.2	123.5	2108.6
成品油	进口					
出口	美国	欧洲	俄罗斯联邦	中国	日本	总计
俄罗斯	22.3	57.5	–	3.0	1.1	106.8
中国	0.2	3.4	†	–	0.8	65.2
日本	1.1	0.3	†	1.8	–	14.2
进口总计	95.0	147.7	0.7	81.9	40.1	1095.2

数据来源:英国石油公司.BP世界能源统计年鉴[R].2021

表7.13　2019年和2020年石油贸易(百万吨)

百万吨	2019年				2020年			
	原油进口量	成品油进口量	原油出口量	成品油出口量	原油进口量	成品油进口量	原油出口量	成品油出口量
俄罗斯	†	0.6	289.0	123.3	†	0.7	260.0	106.8
中国	507.3	78.4	0.4	72.5	557.2	81.9	1.1	65.2
日本	146.9	39.7	†	18.7	123.5	40.1	†	14.2
全球总计	2265.6	1191.5	2265.6	1191.5	2108.6	1095.2	2108.6	1095.2

数据来源:英国石油公司.BP世界能源统计年鉴[R].2021[1]

①注:表7.12、13、18中的符号+在BP世界能源统一年鉴中表示绝对数量小于0.05,或者可以忽略不计。

表7.14 天然气地区间贸易(十亿立方米)

	2010	2012	2014	2016	2018	2020	2020增长率	2009—2019年均增长率	2020占比
俄罗斯									
管道天然气进口	33.4	39.7	33.1	24.3	24.6	11.0	−64.2%	−2.3%	1.2%
进口总计	33.4	39.7	33.1	24.3	24.6	11.0	−64.2%	−2.3%	1.2%
管道天然气出口	194.0	201.5	189.6	202.0	222.4	197.7	−10.8%	1.5%	21.0%
液化天然气出口	13.5	14.3	13.6	14.6	24.9	40.4	3.1%	19.0%	4.3%
出口总计	207.5	215.8	203.2	216.7	247.3	238.1	−8.7%	2.8%	25.3%
中国									
管道天然气进口	3.4	20.8	30.3	36.8	47.9	45.1	−5.8%	n/a	4.8%
液化天然气进口	13.0	20.1	27.3	36.8	73.5	94.0	10.6%	26.6%	10.0%
进口总计	16.4	40.8	57.5	73.5	121.3	139.1	4.7%	32.4%	14.8%
全球									
地区间管道天然气贸易	435.3	460.0	435.4	478.7	509.3	452.2	−10.9%	1.8%	48.1%
液化天然气贸易	302.4	324.9	333.6	358.3	430.6	487.9	0.6%	6.8%	51.9%
贸易总计	737.7	784.9	769.1	836.9	939.9	940.1	−5.3%	4.0%	100%

数据来源:英国石油公司.BP世界能源统计年鉴[R].2021

表7.15 2020年液化天然气贸易流向(十亿立方米)

进口国	出口国											总计进口
	美国	秘鲁	其他欧洲	俄罗斯	阿曼	卡塔尔	阿联酋	澳大利亚	马来西亚	巴布亚新几内亚	亚太其他国家和地区	
中国	4.4	1.5	0.6	6.9	1.4	11.2	0.4	40.6	8.3	4.1	1.1	94.0
日本	6.4	0.9	–	8.4	3.3	11.9	1.4	39.7	14.8	4.7	0.2	102.0
韩国	8.0	2.2	–	2.8	5.4	13.0	0.3	10.9	6.7	0.4	0.1	55.3
亚太地区总计	26.4	4.6	0.7	22.5	12.7	71.8	7.6	106.0	32.8	11.5	1.4	345.4
出口总计	61.4	5.0	1.3	40.4	13.2	106.1	7.6	106.2	32.8	11.5	1.4	487.9

数据来源:英国石油公司.BP世界能源统计年鉴[R].2021

表7.16　2020年管道天然气贸易流向（十亿立方米）

到	从										
	荷兰	挪威	其他欧洲国家	阿塞拜疆	哈萨克斯坦纳	俄罗斯联邦	土库曼斯坦	乌兹别克斯坦	缅甸	亚太其他国家和地区	总计进口
欧洲	28.1	106.9	100.7	13.4	–	167.7	–	–			447.1
俄罗斯	–	–	–	–	7.1	–	3.8	0.1	–		11.0
中国	–	–	–	–	6.8	3.9	27.2	3.3	3.9	–	45.1
出口总计	28.1	106.9	100.7	13.6	14.0	197.7	31.6	4.6	10.8	5.9	755.8

数据来源：英国石油公司.BP世界能源统计年鉴[R].2021

表7.17　煤炭贸易情况（单位：艾焦）

	2010	2012	2014	2016	2018	2020	2020增长率	2009—2019年均增长率	2020占比
进口									
独联体	0.37	0.53	0.56	0.48	0.61	0.58	−11.0%	2.3%	1.8%
中国	4.45	6.71	6.62	5.65	6.13	6.61	3.1%	6.9%	20.8%
日本	4.84	4.87	5.00	5.01	5.01	4.56	−7.2%	1.5%	14.3%
韩国	3.11	3.30	3.43	3.53	3.92	3.26	−12.8%	3.3%	10.3%
全球总计	25.39	30.61	31.76	33.69	36.42	31.78	−6.2%	4.0%	100.0%
出口									
俄罗斯	2.50	3.23	3.78	4.47	5.78	5.66	−2.4%	9.0%	17.8%
中国	0.59	0.28	0.36	0.51	0.42	0.18	−47.7%	−5.3%	0.6%
全球总计	25.39	30.61	31.76	33.69	36.42	31.78	−6.2%	4.0%	100%

数据来源：英国石油公司.BP世界能源统计年鉴[R].2021

表7.18 2020年东北亚各国煤炭贸易流向(艾焦)

流出	流入								
	美国	欧洲	独联体	中国	印度	日本	韩国	亚太	总计
美国	–	0.60	†	0.03	0.14	0.25	0.10	0.02	1.62
俄罗斯	0.01	1.96	0.10	1.00	0.16	0.58	0.71	0.73	5.66
中国	†	†	†	–	0.01	0.03	0.04	0.08	0.18
澳大利亚	–	0.33	†	2.10	0.87	2.73	1.24	1.79	9.25
印度尼西亚	0.01	0.01	–	2.34	2.04	0.69	0.64	2.78	8.51
进口总计	0.14	3.90	0.58	6.61	4.22	4.56	3.26	6.45	31.78

数据来源：英国石油公司.BP世界能源统计年鉴[R].2021

表7.19 2011—2020年中国能源消耗量及增长率

指标	2011	2012	2013	2014	2015	2016	2017	2018	2019	2020
能源消费量（亿吨标准煤）	38.70	40.21	41.69	42.83	43.41	44.15	45.58	471925	48.75	49.88
增长率(%)	7.32	3.90	3.67	2.74	1.35	1.70	3.25	3.53	3.30	2.16

数据来源：中国国家统计局

表7.20 2011—2020年中国各类能源消费比重

	2011	2012	2013	2014	2015	2016	2017	2018	2019	2020
煤炭占能源消费总量的比重(%)	70.2	68.5	67.4	65.8	63.8	62.2	60.6	59	57.7	56.8
石油占能源消费总量的比重(%)	16.8	17	17.1	17.3	18.4	18.7	18.9	18.9	19	18.9
天然气占能源消费总量的比重(%)	4.6	4.8	5.3	5.6	5.8	6.1	6.9	7.6	8	8.4
一次电力及其他能源占能源总量的比重(%)	8.4	9.7	10.2	11.3	12	13	13.6	14.5	15.3	15.9

数据来源：中国国家统计局

表 7.21 三北地区部分省份弃风率

省 （区） 年份	2013	2014	2015	2016	2017	2018	2019
新疆	5%	15%	32%	38%	29%	23%	14%
甘肃	21%	11%	39%	43%	33%	19%	8%
宁夏	1%	0%	13%	13%	5%	2%	2%
吉林	22%	15%	32%	30%	21%	7%	3%
黑龙江	15%	12%	21%	19%	14%	4%	1%
内蒙古	32%	9%	18%	21%	15%	10%	7%
青海	0	0	0	0	0	1.62%	2.5%

数据来源：中国国家统计局

▶ 第八章

中日韩的绿色金融合作：未来十年的预期

第一节　韩国绿色发展道路的战略与规划

一、韩国近年在绿色领域的进程与工作重点

　　碳中和事关下一代的生存,韩国政府把碳中和当作社会新价值的里程碑,认真推进相关政策的出台和实施。2020年10月,韩国时任总统文在寅正式宣布"2050碳中和目标",12月相关部门联合制定碳中和推进战略,推进减少发电厂和扩大可再生能源等能源转换,推进绿色新政项目。现在,韩国政府正在将实现2050年碳中和愿景作为其工作的一项重点。

　　在2021年5月,韩国召开2021 P4G首尔绿色未来峰会,通过《首尔宣言》,强调发达国家和发展中国家的合作、市民社会和企业的合作等。同年8月31日,韩国国会通过了《碳中和与绿色增长法》,成为第14个承诺到2050年实现碳中和的国家。同时,还构建2050碳中和委员会等治理体系,引进气候变化影响评估、温室气体减排认知预算制等新制度,为了向碳中和政策提

供财政支持,新增气候应对基金。

为实现2050碳中和目标,除了制定政策外,韩国也在普及新能源和可再生能源,这是世界性的趋势。据数据显示,韩国新能源和可再生能源的发电比率从2010年的1.7%增加到2019年的6.5%,同时正在制定扩大普及计划,打算到2030年将新能源和可再生能源的发电比率提高到20%以上,目前的目标为20%,韩国称其会超额达成目标。

由于受到减少发电厂、稳定推进碳排放交易以及新冠肺炎疫情的影响,2020年,韩国温室气体估算排放量为6.4860亿吨,与2018年相比减少10.9%,与2019年的估算排放量相比减少7.3%。然而,随着经济活动的恢复,在工业、发电等产业的温室气体减排趋势将会逐渐变缓。韩国方面表示将通过技术革新,在不破坏环境的范围内继续推进相关政策,坚定地推进碳中和。

2021年10月,在韩国水原召开为期3天的第四届亚太环境部长论坛,谋求在新冠肺炎疫情以后实施"亚太地区的包容性绿色复苏和可持续发展的连带和合作方案",同时还讨论了在实现可持续发展的经济、保健、气候、粮食等领域采取基于自然的解决方案(NbS)的自然行动加强方案。在环境保护国际合作的未来计划方面,2021年11月,时任韩国总统的文在寅在英国格拉斯哥召开的《联合国气候变化框架公约》第二十六次缔约方大会(COP26)上,公布了经上调后的韩国政府"2030国家温室气体减排国家自主贡献(NDC)目标"的最终方案,积极推动构建一个公平合理、合作共赢的全球气候治理体系。

二、近年韩国碳排放减排目标的变化趋势

韩国政府将推进到2030年将国内温室气体排放量减少40%(与2018年相比)的方案。2015年设定的现有目标是减少26.3%。因此,温室气体排放量必然会大幅减少。韩国产业界担心这是"不现实的计划"。相反,环境团体谴责说："要想应对气候危机,这一目标远远不够。"

2021年8月,韩国总统所属的2050碳中和委员会和相关部门公布了新的国家自主贡献减排目标,其内容是将温室气体排放量从2018年的7.2760亿吨减少到2030年的4.3660亿吨,减少40%。要想实现这一目标,韩国必须到2030年为止,每年将温室气体排放量比前一年减少4.17%。这高于美国和英国的年减排目标(2.81%)。碳中和委员会表示："温室气体减排40%的目标具有挑战性。这反映了政府强烈的政策意志。"

三、法律约束

2021年8月,韩国国会通过《碳中和与绿色增长框架法案》,自此韩国成为全球第14个将2050年碳中和愿景及实施体系纳入法律的国家。法案提出到2030年排放量较2018年下降35%或更多的目标,并规定实施2050年碳中和愿景的程序,成立碳中和委员会并设计碳中和实施框架。该法案还包括对气候变化的评估、气候应对基金和能源公正过渡等各种政策的制定。具体内容如下：

1.法案明确规定,2050年实现碳中和是韩国的国家愿景,并在法律上规定了实现这一愿景所需的程序。这些程序主要涉及国家战略、中长期温室气体减排目标、框架计划以及审查执行情况等各种细节的制定。

2.法案规定了实现2050年碳中和愿景的中期目标,即到2030年温室气体排放量在2018年的基础上减少35%或更多。

3.法案实行参与式治理,鼓励青年、工人和当地居民等更广泛社会成员参与,而以前减排措施实施范围仅限于相关专家和企业。2020年5月成立的2050碳中和委员会被赋予具有法律地位的机构。

4.法案采用气候影响评估模型,评估国家重大计划和实施项目对气候的影响;引入气候响应预算,在起草国家预算时设定减排目标;设立新的气候应对基金,以支持工业部门清洁低碳转型。

5.法案包括了实现能源公正过渡所需的政策措施,旨在保护在能源清洁转型过程中受影响的地区和公民。在特殊地区设立支援中心,以保护目前从事煤炭、内燃机汽车等产业的劳动者改善其未来生活环境。

6.法案建议从中央集权制过渡为地区分权制,将中央和地方计划以及地方委员会共同列为执行机构的组成部门;发展中央和地方政府之间的互动和协作体系,以便今后信息交流和反馈;建立碳中和城市联盟等地方政府合作机制。

四、韩国具体的减排措施

韩国2050碳中和委员会和有关部门表示,政府决定大幅上调2030国家自主贡献(NDC)目标,力争在2030年前将温室气体排放量较2018年缩减40%,此前的目标是26.3%。这是2050碳中和宣言的后续措施。政府为此制定了转型、产业、建筑物、运输、农畜水产业、废弃物等各领域减排目标。

具体来看:政府将排放比重最高的领域转型,使相关产业领域减少煤炭发电,扩大可再生能源,通过技术开发及创新提高能源效率,进行燃料和原料转型;在建筑物领域提高能源效率,多利用清洁能源;在运输领域推广零排放汽车,加强交通需求监管;在农畜水产领域发展低碳产业;在废弃物领域,减少废弃物,增加回收利用量,以生物塑料代替普通塑料;通过森林可持续发展和新增碳吸收来源等实现碳汇,积极利用碳捕集、利用与封存(CCUS)技术。

五、中韩在绿色发展道路上的合作

2022年是中韩建交30周年,两国自1992年建交以来,在各领域坚持合作,包括且不限于环境合作。

首先是中韩日环境部长会议。为增进包括中韩在内的东北亚环境合作,韩方倡议从1999年起召开韩中日环境部长会议(TEMM)。20多年来在落实三国首脑会议共识,探讨和解决共同面临的区域环境问题,促进本地区可持续发展等方面取得重要成果。

其次是大气污染合作。中韩两国为共同应对雾霾等环境问题加强合作,从2019年起每年召开中韩环境部长年度工作会晤,同时将"晴天计划"作为两国的主要合作项目,还将其打造成为两国环境合作的品牌项目,双方认真推进并圆满完成了2021年的工作计划。

在应对气候变化方面,中国已宣布2060碳中和目标,韩国也宣布了2050碳中和目标,在克服亚太地区的气候危机方面,两国具有相互合作的意愿和潜力,两国为此努力保持良好的政策和信息交流,以共同实现《巴黎协定》的目标。

六、韩国的碳排放交易市场状况

2015年,韩国成为东亚第一个启动国家级碳市场的国家。据中央财经大学绿色金融国际研究院的资料显示,目前韩国碳市场(KETS)的体量在世界国家级碳市场中位居第二,仅次于欧盟碳市场(EU-ETS)。2019年,韩国碳市场正式接受国际减排项目,成为第一个接受海外减排项目的国家级碳市场。

韩国碳市场交易分为三个阶段进行,2015—2017年为第一阶段,配额分配方式为100%免费分配;2018—2020年为第二阶段,97%免费分配及3%有偿拍卖;2021—2025年为第三阶段,过渡成大于10%的配额用于拍卖。目前,共有三个碳交易品种可在韩国交易所(KRX)进行交易,分别是韩国碳排放配额(KAU)、韩国核证抵消排放权(KCU)和韩国核证抵消减排量(KOC)。

在第一和第二阶段,韩国碳市场允许控排企业使用由韩国知识经济部签发的KCU来抵消碳排放量,企业除了自身采取减排措施来降低排放之外,还可以通过购买KCU来实现减排目的。该减排量必须来自碳市场未涵盖部门产生的经过核证的减排量,控排企业每次提交的KCU数量不能超过总排放量的10%。

从第二阶段开始,韩国碳市场允许使用KOC进行交易。KOC相当于减排项目获得的减排量,作为配额市场的补充,允许使用量为总配额量的10%。KAU和KCU有使用期限的限制,KOC则没有,而且根据交易规则,KOC可在场外进行交易。KOC不能直接用于履约,需转化为对应年份的KCU之后方可进行履约。

2019年,随着韩国碳市场向国际减排项目开放,国际KCU(i-KCU)、国际KOC(i-KOC)正式被允许进入市场。

符合海外减排项目的项目类型包括:韩方实际运营海外项目并且拥有20%以上运营决定权;韩方直接投资占股20%以上的海外项目;韩方对不特定多数个体进行产品赠予或者售卖并且投资额占总投资20%以上的项目;韩方通过国际资金对他国援助的项目。这四类项目所占股权对应比例的核证减排量(CERs)可参与韩国碳市场交易。(Kim Seonjin,2021)

允许海外减排项目参与韩国碳市场,这对于国际投资者是一个新的机会。如果中国机构想要参与韩国碳市场,可以有三种途径:一是资本出境,投资韩国海外清洁发展机制(CDM)项目公司;二是与韩国企业合作成立项目公司,一同开发CDM项目;三是到韩国注册法人,开发全球CDM项目。

据《釜山日报》报道,位于釜山的韩国交易所在2020年1—9月的碳排放权交易金额高达5300亿韩元,位列全球第二,比2015年开业时猛增48.8倍;日均交易量达到9.14万吨,比开业时猛增16.9倍。2021年以来,韩国交易所出台了有偿分配制度和做市商制度,将原来无偿分配给参与交易的污染源企业的排放权的一部分进行有偿拍卖,引进了产业银行等政策性银行参与"做市",进一步提高了市场交易活跃度。韩国是世界第七大温室气体排放国家,也是经合组织中唯一一个温室气体排放不减的国家。为助力2050年碳中和目标的实现,韩国交易所与韩国环境部协商,在碳排放权交易中引进证券公司,并逐渐向个人投资者和投资公司开放市场,以更为多样化的市场主体解决交易主体少、交易时间不充分造成价格波动大等问题，并引进反映排放权未来价值的衍生金融产品，鼓励企业减排二氧化碳。

专家认为，受到国土面积小的限制，韩国国内减排项目少，加上风电和光伏等资源不足，才会采取目前的碳市场交易模式。而中国减排项目数量多，又具有丰富的风光资源，因此基本没有让海外投资的减排项目回国参与碳市场的动力，因此，国内碳市场难以借鉴韩国模式以达到鼓励中国资本和企业在海外投资清洁项目的目的。(Sang-Hyup Kim，2019)

第二节　日本绿色发展道路的战略与规划

一、日本的绿色发展战略

（一）碳中和与绿色增长战略

2020年10月，日本宣布"2050年实现碳中和"目标，认为应对全球变暖会制约经济增长和造成经济成本的时代已经结束，开始进入一个将其视为国际经济增长机遇的时代。改变传统思维方式，主动采取措施，将带来产业结构和社会经济的变化，引领下一个大增长。创造这种"经济与环境良性循环"的产业政策就是绿色增长战略。

日本政府尽可能地展示了具体的前景，努力创造一个私营企业可以轻松应对挑战的环境。对于2050年碳中和目标的实现，占温室气体排放量80%以上的能源部门的努力将显得尤为重要。因此，为了从产业政策的角度寻找有望增长的领域和行业，首先将深入讨论能源政策和能源供需，并以此作为目标实现的参考值。日本政府由此确定了能源相关产业、运输与制造相关产业、家庭与办公相关产业3个大类中的14个重点发展的产业领域，以能源生产与供应、能源消费以及二氧化碳封存——回收与再利用3条主线规划构筑绿色发展产业体系架构，并拟定了以财政扶持、税收优惠、金融支持为主的产业政策(刘平、刘亮,2021)。

2020年1月,日本政府制定了"环境创新战略",旨在发展从零到一的创新技术,减少工业革命以来的二氧化碳累积量。除了发展这些创新技术,更进一步的问题是通过大规模生产投资实现社会化和降低成本。基于这一战略,要调动预算、税收、金融、监管改革、国际合作等一系列政策,引导民营企业持有的240万亿日元现金和存款进行积极投资。根据计算,这一战略预计在2030年产生每年90万亿日元的经济效应,到2050年产生每年190万亿日元的经济效应。

基于工业、交通和家庭部门的电气化,预计2050年电力需求将比目前水平增加30%~50%。对于热量需求,还将利用脱碳燃料,如氢气以及从化石燃料中回收和再利用二氧化碳,最大限度地引进可再生能源。

但是,由于在保障调节力、保障输电能力、应对自然条件和社会约束、降低成本等方面存在的困难,即使所有政策都动员起来,可再生能源覆盖100%的电力需求也将是很难实现的。预计2050年太阳能、风电、水电、地热、生物质能等可再生能源将覆盖约50%~60%的发电量。

此外,以二氧化碳回收再利用为前提的火力发电、氢和氨发电仍属于开发试验阶段,新战略取决于未来技术产业的建设状况。假设该战略实施顺利,预计氢和氨发电约占总发电量10%,基于核电和二氧化碳回收的火力发电约占总发电量30%~40%。

(二)绿色增长战略框架的实施

战略框架的实施将分以下阶段开展:由政府创设的基金和民间研发投资推动的研发阶段;在引入民间投资的前提下,通过公私合营方式进行的示范阶段;通过建立公共采购、监管、标准化等制度扩大需求,通过批量生产降低成本的引进扩大阶段;最后是独立商业化阶段,即商业化在没有公众支持的情况下,在法规、标准等前提下独立进行。

日本在加强国际竞争力的同时,还将提出具体措施,以实现独立的市场扩张。需要注意的是，每个阶段的进展速度因领域而异，在某些情况下，"研发阶段"可能会跳过"示范阶段"，直接进入"引进扩张阶段"。

（三）主要的跨领域政策工具

通过预算安排建立绿色创新基金。新能源和产业技术开发组织（NEDO）将设立一个2万亿日元的基金，用以支持设定2030年目标（性能、引入量、价格、二氧化碳减排率等）的公司的研发，未来10年持续赞助其战略承诺的相关研究，并定期参与项目成果的讨论。通过建立管理者承诺机制，政府2万亿日元的预算将作为抛砖引玉，诱导约15万亿日元的私营企业进行研发和资本投资，从而实现雄心勃勃的战略创新。它还将吸引来自世界各地的约3000万亿日元的责任投资（ESG）资金，支持日本未来的收入和就业的创造。

在税收方面，日本政府计划通过创新税制，包括创设碳中和投资促进税制、创设对亏损企业结转亏损金实行应纳税所得抵扣上限的特别规定以及充实研发税制等办法，大力支持企业所进行的所有短期及中长期脱碳化投资。这些税收制度，通过鼓励早期推出具有高温室气体减排效果的产品来培育新需求，促进现有生产过程的脱碳。此外，在新冠肺炎疫情严峻的经济环境下，还需采取特别措施，为投资实现碳中和的企业提高亏损结转抵扣限额，以实现即使在亏损的情况下也能坚持绿色增长战略。在研发税收制度方面，加强对投资研发的激励，包括在新型冠状病毒疫情之中也坚持支持这些中长期投资的意愿。这些举措大力推动了企业对所有短期和中长期脱碳产业的投资，预计将在10年内产生约1.7万亿日元的民间投资创造效应。

在金融支持方面，日本将通过建立信息披露和评估基础等金融市场规则，为低碳化和脱碳创新技术寻求融资。

为实现2050年碳中和，日本将通过用政府资金来刺激和吸引私人投资。中国生态环境部气候变化事务特别顾问、清华大学气候变化与可持续发展研究院院长解振华在2020年11月曾表示，根据联合国有关机构测算，实现

《巴黎协定》确定的全球温升控制目标，全球预计需要投资90多万亿美元。除了可再生能源之外，还有节能和脱碳创新等稳定的低碳化过渡也需要提供资金。根据《气候创新金融战略2020》显示，日本将出台政策，吸引民间投资投向绿色、转型和创新举措。

由于"绿色"或"非绿色"活动的二元论可能无法判断公司向低碳转型的努力程度，日本建立过渡金融采取在低碳化过渡阶段向所需技术公司提供稳定的资金的安排。未来，日本将根据2020年12月宣布的转型金融国际原则，为无法一步一步脱碳的高排放行业制定基本指导方针和路线图。此外，对于已获得10年或10年以上长期经营计划认证的企业，为其建立实现该战略的长期资金供应系统和与绩效挂钩的利息供应系统，来推动企业长期转型。

日本将通过利用对资本投资产生巨大影响的经营性租赁来推动先进的低碳资本投资，旨在吸引1500亿日元以上的投资。关于创新金融，日本正在致力于脱碳创新公司的投资可视化。未来，将拓展目标领域，打造投资者、企业、决策者等之间对话的论坛，致力于为脱碳创新的企业吸引资金。此外，企业主动披露信息是鼓励企业脱碳努力融资的共同基础。日本拥有全球最多的TCFD（气候相关财务信息披露工作组）支持组织，并从2019年开始举办TCFD峰会，一直对TCFD的发展起着引领作用。

截至2021年，全球ESG基金规模增至2.74万亿美元，日本约占十分之一。日本将把这些ESG资金纳入推进碳中和的努力中，包括为三菱UFJ银行、瑞穗银行和三井住友银行这三家大型银行提供约30万亿日元的环境融资。日本认为，金融机构和金融资本需要具备恰当发挥功能的市场环境，进而可以将面向碳中和的融资资金，即国内外的成长资金，有效地投入到能够为实现碳中和产生贡献的具有高技术和潜力的日本企业中。同时需要考虑建立支持绿色增长战略实施的金融机构合作体系，包括加强与政策性金融的合作。此外，为了使金融和资本市场能够为碳中和社会做出贡献的企业和个人提供良好的投资机会和利润,也有必要采取措施去振兴公司债券市场以促进 ESG 投资的进步。并且认为,在七国集团和二十国集团的会议上,日本也应该引领关于碳中和的过渡、转型金融等的国际性讨论。

在监管改革和促进标准化方面,日本改革了对加氢站相关的监管要求,优先对可再生能源的系统运行规则进行审查,同时还利用燃油效率法规促进汽车电气化等。这些对创造需求并引导相关价格下降产生了作用。对于具有成长性的关键革新性技术,在经历以引发民间投资为前提的公私合作投资推进的"实证阶段"之后,开始强化对创造新技术需求的限制。同时对未预见到的新技术的产生进行合理规划。此外,还通过建立国际标准,使得新技术在世界范围内得到顺利应用,扩大相关需求和促进投资,实现产能的扩大,达到降低价格的目的。

宏观上,日本还注重对价格等(如碳价格)市场手段的应用,充分发挥市场机制的作用。通过市场机制,加强产业竞争力和创新能力并促进投资。同时,在产业政策引导方面,根据国际发展趋势及本国的实际情况,日本的环境部和经济产业部共同对相关产业的国际竞争力进行专业化评估,以检验现有制度对于是否达到促进长期成长的战略要求。

日本还非常注重国际合作的多方面开展。日本通过加强国际合作,推进信息披露、评价标准等金融市场规则建设,来强化对相关私募基金的引导。日本认为,为达到推动创新技术发展及其在 2050 年实现碳中和的目标,必须注重国内外产业政策的一体化协调。在开拓国内市场的同时,还要拓展新兴国家等海外市场,建立规模优势和降低成本,实现增强本国国内产业竞争力。日本还通过吸引海外对日的直接投资、国际合作与并购等多种方式,实现对海外技术、销售渠道和管理的整合。

二、日本的绿色发展主要领域

日本将海上风电行业、燃料氨工业、制氢行业、核工业、汽车/电池行业、半导体/信息通信行业、船舶工业、物流/交通/土木基础设施行业、食品农业林业和渔业、飞机工业、碳回收行业、住宅/建筑业/下一代太阳能产业、资源回收相关产业、生活相关行业设定为开展绿色发展规划的具体领域。并注重以下几方面的努力：

一是日本在进行绿色发展领域规划时，强调树立新常态生活的增长战略概念。包括提高劳动生产率和劳动参与度，提高工资水平，实现增长和分配的良性循环；通过创造高附加值的新产品和服务来提高日本企业的加成率；建立实现提高国民幸福感的社会；帮助受新冠疫情影响地区的业务保持连续性并开展业务重组；在潜在可能领域加强积极的增长战略等。

二是将对数字化的集中投资和促进数字化发展，作为实现新增长和环境改善的动力。日本以数字机构为中心推进数字化，包括：从国家角度推进数字政府，发展数字社会的共同基础，推进综合数据战略，建立准公共领域的通用基础设施，加强数字化人力资源开发；促进5G技术的全国性早中后期推广，超前布局6G技术，降低手机使用费用；稳步执行《数字平台交易透明度法》，建立数字广告市场透明度和公平性规则；对基于数字技术的移动领域、金融业、建筑领域的法规开展复审；加强利用区块链等新数字技术的使用能力；加强推进智慧农林渔业。

三是为实现绿色增长战略而开展新的投资。这些投资将促进碳中和从而带来产业结构上的调整，实现对与碳中和相关的电气化和数字技术的利用，实现加氢站维护，电动汽车快速充电设备的维护以及燃煤家用发电的燃气转换，发展可再生能源传送的输电线路网络。

四是加强在人力资源方面的投入。建立自由职业者保护制度，全面落实社会保障改革政策；实现取消兼职、促进引进短期正式员工等工作新模式；促进职业发展多元化，如晋升女性、外国人和职业中期雇员；通过检讨人事评估制度等措施，来稳定年轻一代的就业环境；通过推广千兆学校概念，丰富个人最佳学习和协作学习的手段；努力建立远程办公环境，促进劳动力转移平稳化。

五是为日本企业在新冠疫情环境中的复苏以及疫情后创建初创公司并扩大规模进行政策环境准备，包括对首次公开募股（IPO）定价流程的审查规定；强化审查SPAC（特殊目的收购公司）制度；营造振兴私募交易环境；促进竞争政策以优化初创公司与大公司之间的交易；全面支持创业生态圈的形成等。政府还努力在为业务重组和业务振兴创造环境。对于大中型企业，加强了资金供给，推进优先股承销以及私人安排等扩大便利的法律制度审查。在营造中小企业转型升级和振兴业务方面的环境方面，建立和完善了中小企业私人安排指引、个人破产的应对、企业盈利能力恢复等政策。

第三节　中国的绿色增长：经验和教训、问题与挑战

一、中国对环境问题的重视与关注

改革开放以来，中国一直对环境问题给予高度关注，并上升到党的执政方针和执政理念当中。在1982年制定的宪法中"保护生态环境"首次被提及。同年党的十二大报告中，在讨论促进农业时还提到了"与生态保持平衡"。1987年党的十三大报告中，加强了"人口控制、环境保护和生态平衡是关系到经济社会发展各个方面的重要问题"的表述。"生态文明建设"一词最早出现在2007年党的十七大报告中。近十年来，党中央更是高度强调和重视环境问题。习近平主席多次强调"绿水青山就是金山银山""要像保护眼睛一样保护生态环境"。

在这一系列努力中，特别值得关注的是"生态文明建设"被写入了《中国共产党章》和《宪法修正案》。2012年，在中国共产党第十八次全国代表大会上，将生态文明建设写入党章并做出阐述，认为这样将使中国特色社会主义事业总体布局更加完善，使生态文明建设的战略地位更加明确，有利于全面

推进中国特色社会主义事业发展。2018年3月,在十三届全国人大一次会议第三次全体会议上,"生态文明"被历史性地写入宪法修正案。这标志着,中国的生态文明建设探索出了符合国情的中国特色发展道路、中国特色法治模式和中国特色环保策略,步入了新时代中国生态文明建设和发展的新阶段。这样生态文明建设既写入党章,也写入了宪法,正式成为党和国家的共同愿景。此后,在"十四五"规划中,进一步要求"生态文明建设取得新进展",并提出了多项目标和政策。

目前,生态文明建设问题成为我国高质量发展的重要组成部分,在多个方面予以推进,具体工作包括加快引入可再生能源,强制生产新能源汽车,实施全国统一的碳排放交易体系(ETS)等。政府通过结构改革和中央专家组的地方检查等,提高了环境政策的可行性。在气候变化、海洋污染等无国界问题上我国也在持续加强努力。碳中和目标鼓励地方政府和企业(特别是国有企业)转变意识,相关行动正在转变为新常态。

如上所述,对于中国来说,环境问题是关系到党和国家安全和发展的关键,必须认真应对。对于环境建设,我国在理论和实际工作当中也曾有过认识不足的情况。过去有的观点曾认为"环境成本是增长的内在成本""环境响应是增长的限制因素",即曾认为增长与环境存在零和博弈的关系,如今这种想法被完全纠正。但在生态文明建设上也还存在很多现实问题,最重要的是资金的问题。对于绿色投资,清华大学研究团队的估算(138万亿元中),政府只能提供10%左右的资金,其余的必须从市场获得。当前,政府亟待需要改善绿色融资环境,进一步放松能源领域的监管,发展绿色金融体系,鼓励市场资金流入绿色领域。此外,还应利用我国的优势,使数字技术快速社会性实施,并在特区和示范城市实施大型低碳项目。

二、加快低碳转型,支持"十四五"绿色发展

作为世界上最大的发展中国家,中国制定了到2030年碳排放达峰、2060

年实现碳中和的目标。实现碳排放达峰和实现碳中和,需要进行广泛而重大的经济社会体制改革,有计划、有步骤、有发展、有减排,要兼顾整体与局部、短期与中长期的关系。我国"十四五"规划纲要中提出了全面应对碳排放峰值、实现碳中和、应对气候变化的政策。

为实现碳达峰和碳中和,必须加快"十四五"时期能源革命,提高能源供应保障能力,构建清洁、低碳、安全、高效的能源体系。从供给侧,要提高能源清洁生产能力,利用区域资源,建设多功能互补的清洁能源基地,提高非化石能源比重;从需求侧,要推进低碳能源替代,煤改电、油改电,能源利用效率显著提高。在具体实施上,要加强资源、网络、需求、存储的联动,提高特高压输电线路利用率,加快抽水蓄能电站建设和新能源规模化应用。在数字化建设方面,推进智慧能源领域的应用项目,实现需求的通用性、协作性、互补性和智能控制。(刘满平,2021)

在中国,随着能源消费的扩大,大气污染等环境问题日趋严重,已达到临界水平。过去,我国曾以牺牲环境为代价优先考虑经济增长。但是,随着收入水平的提高,人们的环保意识越来越强,政府也开始认真开展节能环保措施。为此,"十四五"纲要提出了以下措施,重点提高生态系统质量和稳定性,持续改善环境,实现绿色发展。提高生态系统质量和稳定性,在重点区域实施大型生态系统保护修复工程,同时建立以国家为核心的自然保护区体系。此外,在环境质量持续改善方面,推进污染物减排和脱碳,不断改善大气和水环境质量,有效控制土壤污染风险。特别是作为应对气候变化的措施,我们将努力实现"到2030年二氧化碳排放量达到峰值"的国际承诺。为此,计划在五年内累计实现单位GDP能耗和二氧化碳排放量分别下降13.5%和18%。目前,我国能源利用效率低于发达国家,能源结构以煤炭等化石能源为主。为促进二氧化碳减排,必须提高能源利用效率,调整能源结构。此外,在向绿色发展转变方面,除上述努力外,还要提高资源利用效率,构建资源循环利用体系,大力发展绿色经济。(胡鞍钢,2021)

三、中国绿色氢能发展战略

为遏制气候变化，世界主要国家纷纷制定碳中和目标。中国在 2020 年的联合国大会上宣布了到 2060 年实现碳中和的目标，但要实现这一目标还需要进行更现实的讨论。在各种讨论中，氢的开发利用备受关注。氢能有望在以可再生能源为能源和储能介质的能源结构转型中发挥重要作用。然而，目前中国大部分氢气是化石燃料产生的灰氢，需伴随二氧化碳的排放。由于使用灰氢与碳中和目标相冲突，因此需要建立以不排放二氧化碳的绿色氢为中心的发展战略。

（一）2020 年 12 月公布绿色氢认证体系

氢气虽然在利用阶段二氧化碳排放为零，但在氢气的生产、运输、充装等环节都需要消耗能源，存在二氧化碳排放。生产时的氢根据生产方法按"颜色"分类，如灰氢、蓝氢、绿氢。灰氢以煤炭和天然气等化石燃料为原料，在生产过程中向大气中排放二氧化碳；蓝氢是将碳捕获与封存（CCS）纳入灰氢生产过程的氢；绿色氢是利用风能、太阳能等自然能源，通过电解水产生的。由于可再生电力不排放二氧化碳，因此绿色氢的二氧化碳排放仅在与制氢相关的设备生产、建设和运营中产生。同时，蓝氢在生产过程中回收碳，但其回收率在 50%~90% 之间，因此比绿氢排放更多的二氧化碳。

中国 2020 年颁布的《能源法》将氢定义为能源，并要求根据更具体的数值标准对氢进行分类，以实现碳中和。2020 年 12 月，中国氢能联盟（CHA）公布了中国首个绿色氢能认证体系。在该系统下，氢气通过设置阈值进行分类，不仅针对氢气生产，还针对包括设备生产、建设和运营在内的二氧化碳排放设置阈值。

在该认证体系下，排放量低于 $4.9\,kg\text{-}CO_2/kg\text{-}H_2$ 的氢气统称为"清洁氢气"。如果蓝色氢的排放量小于 $4.9\,kg\text{-}CO_2/kg\text{-}H_2$，则可以认证为清洁氢。在"清洁氢"中，源自可再生能源动力的氢被定义为"可再生氢"，即绿色氢。

每个经过认证的氢气都可以贴上标签。该认证体系是将制氢过程转向低碳类型并鼓励新技术开发的标准。

中国2019年氢气产量约为3342万吨，成为全球第一大生产国。从类型来看，化石燃料衍生和工业副产品灰氢约占总量的98%。煤制氢占63.5%，焦炭、炼油等工业副产品和天然气制氢分别占21.2%和13.8%。年产水电解绿色氢约50万吨，仅占总量的1.5%。从区域分布看，制氢主要集中在产煤的西北和北部地区，以及发展炼油和化工行业的东部地区。

（二）中国适合碳捕获与封存（CCS）的场地不多，无法期待蓝氢的成本具有竞争力

绿色氢推广的最大问题是成本。根据氢能委员会（HC）发布的报告，目前可再生绿色氢的成本为4~6美元/公斤。相比之下，煤和天然气制取灰氢的成本在1~2.5美元/公斤之间。然而，考虑到未来的技术进步和产量增加，预计到2030年水电解设备的成本将比目前的水平降低70~80%。随着可再生能源发电成本的不断下降，预计2030年绿色氢的成本将下降到2~3美元，部分资源优化地区的成本将达到1~1.5美元/公斤。

此外，蓝氢需要碳捕获与封存（CCS）技术。CCS的成本决定了蓝氢的成本。由于蓝氢的生产需要回收大量的碳并地下储存，因此假设有一个适合地下储存的地点，例如枯竭气田。在中国，天然气田很少，因此被认为无法获得足够的适合进行CCS的土地。还有煤田、地质保护等其他储存方式，但成本高于天然气田储存，因此蓝氢成本很高。由于这些问题，在我国蓝氢的成本竞争优势低于绿氢。

（三）制定以交通运输部门为中心的绿色氢能推广政策

在中国，燃料电池和燃料电池汽车（FCV）的研究从1990年代开始就很活跃，2000年代，许多氢气生产和储存技术的研发作为国家项目开始启动。此外，2016年，中国政府将"制氢、储运、氢燃料电池、分布式氢能发电相关技术发展"作为国家战略技术发展方向，全面投资氢能发展。2017年至2018

年，中国氢能开发投资额超过2292亿元人民币。在2017年的一系列政策中，燃料电池汽车和氢基础设施建设（加氢站等）被纳入未来交通系统建设规划。一项针对碳中和情景的研究预测，到2060年中国的绿色氢产量将达到1亿吨，约为2019年的三倍。绿色氢有望作为零排放能源为交通、工业、建筑和发电行业的脱碳做出重大贡献。

在交通领域，截至2019年，全国32个城市运营以卡车、公交车等商用车为主的燃料电池汽车6552辆。其中，公交车约占22%，卡车和送货车约占78%。而后至2020年9月，建成80座加氢站，约80%投入运营。2020年10月27日，由中国工业和信息化部装备工业一司指导，中国汽车工程学会牵头组织编制的《节能与新能源汽车技术路线图2.0》（简称"路线图2.0"）正式发布。路线图2.0提出，预计至2035年，中国节能汽车与新能源汽车年销售量各占50%，汽车产业实现电动化转型。燃料电池保有量将达到100万辆左右，商用车实现氢动力转型。

在工业领域，氢气在氨和甲醇生产、石油炼制、钢铁等生产过程中被用作原料和还原剂。由于现在大多数是灰氢，因此转换为绿色氢对于未来工业部门的脱碳至关重要。在设备方面，需要以氢气混烧或纯氢气燃烧锅炉作为高温热源替代传统的化石燃料锅炉。中国工业部门中，钢铁部门的二氧化碳排放量最高，约占总排放量的15%，对碳中和影响较大。目前，国内多家钢铁企业正在开发氢冶金等低碳技术。其中，国内钢铁产量第二大的河钢集团正在实施年产120万吨的氢还原炼钢项目。该计划一期将实现在2021年底前建设60万吨炼铁装置的任务，开展利用富氢煤气（重整焦炉煤气）氢还原炼铁示范试验，作为还原剂进行。其后，再建设60万吨绿色氢炼钢设施，实现无化石燃料炼钢。

在建筑领域，就像在工业领域一样，化石燃料锅炉是主要的热源。因此，开发使用氢气混烧或氢气专用锅炉的集中供热供暖系统一直备受各界期待（尤其是在北方寒冷地区）。即使在农村地区和城市地区的分散供热中,使用燃料电池的小型热电联产(热电联产)系统也在不断发展。

在发电领域,当大量引入风电、太阳能等可再生能源时,为应对自然条件和电力系统供需调整引起的输出波动,使用以氢为燃料的脱碳电源来确保调节能力是非常好的选择。除氢火力发电外,通过改造现有的燃气轮机发电设备,采用与目前相同的方式调整输出,有助于系统运行的稳定化。以自然能源为主要动力来源时,不可避免会产生过剩电力。这时,氢可以作为储能介质来储存自然能源的多余电能。

虽然中国对绿色氢的使用寄予厚望,但其发展仍存在许多问题。氢能作为新能源使用所需的运输、储存、加注等基础设施设备不足。这些基础设施建设需要在巨额投资的基础上进行全国规划,政府政策支持必不可少。我国很早就启动了绿色氢认证体系,但为了更为广泛地推广使用,还急需发展出类似欧洲那样的绿色氢交易市场。此外,与氢利用相关的技术标准和体系的建立跟不上氢工业的快速发展,形成了制度迟滞。如从安全标准方面,氢气被归类为危险品,限制了其作为能源的发展。

第四节　中日韩俄(蒙朝)的绿色合作领域与合作空间

一、东北亚绿色发展合作的中国态度

国务院总理李克强于2021年10月27日晚在人民大会堂出席第16届东亚峰会。东盟国家领导人以及俄罗斯总统普京、韩国总统文在寅、美国总统拜登、日本首相岸田文雄、印度总理莫迪、澳大利亚总理莫里森、新西兰总理阿德恩等与会。文莱苏丹哈桑纳尔主持会议。

李克强指出,东亚峰会应始终坚持自身定位,把握区域合作正确方向,平衡推进政治安全合作与经济社会发展。相互尊重主权和领土完整是国际关系的基本准则,也是东亚峰会的重要指导原则。各方要坚持相互尊重,团

结协作,加大抗疫复苏投入,维护地区和平稳定,促进发展繁荣。同时,中方就绿色发展道路提出以下建议:推动绿色发展。遵循共同但有区别的责任原则应对气候变化挑战,全面有效实施《巴黎协定》。均衡有序推进低碳转型,在保障能源稳定安全供给的同时,实现与经济发展、民生保障协同增效。中方倡议此次会议发表《关于可持续复苏的声明》。(李克强,2021)

2021年4月20日,中国人民银行行长易纲出席博鳌亚洲论坛2021年年会"金融支持碳中和"圆桌会议并展开演讲,就如何更好地动员资金支持低碳转型、如何管理好因气候变化引起的金融风险、国际协调与合作特别是G20等平台可发挥重要作用进行详述。易纲指出,在党中央、国务院的正确领导下,中国人民银行联合相关部门不断完善绿色金融顶层设计,主要开展了以下几方面的工作:

第一,促进资金流入绿色行业和领域。首先是完善绿色金融标准体系。人民银行在2015年、2018年分别制定了针对绿色债券和绿色信贷的标准,即将完成修订《绿色债券支持项目目录》,删除化石能源相关内容。其次是强化信息报告和披露。金融机构目前需要披露银行间市场绿色金融债、报告绿色信贷的资金使用情况和投向,未来还将分步建立强制的信息披露制度,覆盖各类金融机构和融资主体,统一披露标准。最后是构建激励机制。目前已将绿色债券和绿色贷款纳入央行贷款便利的合格抵押品范围,并将创设碳减排支持工具,激励金融机构为碳减排提供资金支持。人民银行还将通过商业银行评级、存款保险费率、宏观审慎评估等渠道加大对绿色金融和碳减排的支持力度。

第二,促进跨境绿色资金流动。一方面,央行将尽快制定绿色金融共同分类标准。目前,正与欧盟共同推动绿色分类标准的国际趋同,争取年内出台一套共同的分类标准,供国际投资者参考,促进国际绿色金融协同发展。另一方面,将继续扩大金融业开放,便利国际投资者参与中国绿色金融市场。将在全面实施准入前国民待遇加负面清单管理制度的基础上,不断扩大外资金融机构业务范围，扩大资本市场双向开放，增强中国绿色金融市场对国际投资者的吸引力。

在管理气候相关的金融风险方面，易纲表示，与发达国家相比，中国等亚洲发展中国家仍处于工业化、城镇化进程中。目前，中国宣布的从碳达峰到碳中和的时间较欧美发达地区要短得多，碳中和曲线斜率更陡峭，"因此我们要付出更加艰苦的努力、提前做好应对，也要督促金融机构尽早转型。"在央行层面，将及时评估气候变化对金融稳定和货币政策的影响，"研究在对金融机构的压力测试中，系统性地考虑气候变化因素。还将在外汇储备中继续增加对绿色债券的配置，控制投资高碳资产，在投资风险管理框架中纳入气候因素。"另外，在金融机构层面，鼓励金融机构早做准备，积极应对气候挑战。中国人民银行已经指导试点金融机构测算项目的碳排放量，评估项目的气候、环境风险，探索建立全国性的碳核算体系，按季评价银行绿色信贷情况，研究对金融机构开展绿色信贷、绿色债券等的业绩评价体系。

易纲还认为，目前的绿色金融发展还存在一些问题。例如部分资产的价格未充分体现环境的负外部性，这一方面是由于一些企业的环境信息还没有有效披露，另一方面是许多行业还没有纳入碳定价。我们将要求金融机构做好有序、渐进绿色转轨。在转型过程中，安全第一，节能优先，在充分考虑现有基础设施设计使用寿命和折旧的前提下，加快绿色转型。

中国央行对通过国际合作与协调实现绿色金融发展持肯定和积极态度，行长易纲表示，"加强国际合作，有助于共促亚洲绿色金融发展。"亚洲区内对经济绿色转型有广泛共识。主要经济体已积极行动，区域层面的合作也在有序推进。在东亚及太平洋中央银行行长会议组织下，各方正探讨通过亚洲债券基金投资本地区绿色债券。在东盟与中日韩财金合作机制下，各方正研究绿色和可持续基础设施投资。近期，东盟财长和央行行长决定设立绿色分类标准委员会，制定符合本地区需求的多层次绿色金融分类体系。可见，亚洲经济体迫切需要进行绿色转型，区域内合作潜力巨大。

易纲表示，从人民银行的角度，一是继续落实绿色投资原则。2018年底提出的《"一带一路"绿色投资原则》，鼓励金融机构在参与"一带一路"建设中充分了解环境、社会和治理（ESG）风险，做好环境信息披露、运用绿色金融工具等。继续鼓励金融机构在"一带一路"投融资中深化落实，特别是要评估环境和气候风险，加强信息披露。二是多渠道加强绿色发展能力建设。中国人民银行将继续帮助发展中国家加强绿色金融能力建设，增强他们支持自身绿色转型、应对气候变化的能力。支持多边开发机构发挥专长，为有需要的发展中国家提供绿色金融相关能力建设。金融体系可以在支持绿色转型、管理气候相关风险上发挥积极作用。亚洲国家普遍重视绿色金融与经济转型，中国可以一道积极作为，同世界各国加强绿色金融方面的交流合作，共同实现碳达峰、碳中和目标。（易纲，2021）

二、东北亚碳交易市场的构想

（一）中国的实践

注重发展碳市场，借助绿色金融加快重点行业减排。碳排放交易体系是运用市场化手段，低成本减少碳排放的最有效工具之一。2021年初，北京绿色交易所开始参与起草环境权益融资工具和碳金融产品两项绿色金融标准。2021年10月，中国人民银行发布了《金融机构环境信息披露指南》和《环境权益融资工具》两项绿色金融标准。这些标准的研制和使用，将极大地促进绿色金融的市场化发展，有助于实体经济企业通过市场化努力参与绿色活动，实现自身的产业升级。此外，由于固定资产投资的锁定效应，重点行业减排的机遇是下一个朱格拉周期。随着老设备的逐步淘汰更新，重点行业领域的减排将会逐步完成，碳市场和绿色金融等政策手段可以助力加快这一替代进程。

市场化节能减排初见成效。2011年，北京、上海、深圳等七地启动地方碳排放权交易试点工作，其中北京的碳市场建设走在全国的前列。北京绿

色交易所作为北京市政府指定交易平台,负责建设和运营北京碳交易市场,
2013年11月开市至今,已完成7个履约年度,涵盖重点排放单位900家左右。
截至2020年底,北京市碳配额(BEA)、核证自愿减排量(CCER)及林业碳汇
累计成交6800万吨,成交额超过19亿元。成交量、成交额和年度成交均价
均居全国前列。2016—2019年,北京市重点排放单位碳强度累计下降了
16.5%,全市能源利用效率位居全国首位,利用市场机制推动节能减排初见
成效。在此期间,北京绿色交易所还开发完成竹子造林碳汇项目等中国核
证自愿减排量(CCER)方法学并在国家发改委备案,为中国邮政、中石化、亚
投行等机构提供碳核算方法指南编制、减排算法开发、碳足迹测算等绿色量
化服务,与蚂蚁金服合作推出"蚂蚁森林",开发了近30种场景的减排算法,
成为国内外最成功的碳普惠案例之一。在企业运营管理和大型活动碳中和
方面,绿色交易所为联合国环境署、亚投行、兴业银行、光大银行、中国国航、
中国金茂等机构、企业,以及博鳌亚洲论坛、百度世界大会等活动以及APEC
场馆建设提供了碳中和相关服务。

目前北京绿色交易所已经初步建成国家级绿色项目库,可以服务支撑
国家自主减排行动。同时交易所还在参与起草环境权益融资工具和碳金融
产品两项绿色金融标准。在国家提出"双碳"目标后,绿色交易所正在积极
联合国内的投资机构、低碳技术企业和地方政府等发起碳中和投资基金,培
育和推广碳中和商业模式和适用技术,服务地方和国家碳中和远期目标。
2020年9月,国务院批复的《中国(北京)自由贸易试验区总体方案》中明确提
出,在北京城市副中心探索设立全国自愿减排等碳交易中心。北京绿色交
易所未来会对标国际领先的碳市场标准,积极发展自愿减排交易、探索绿色
资产跨境转让,同时借鉴国际碳市场中碳期货、碳期权等成熟的经验,积极
开展新型的碳金融工具。积极服务支撑北京建设全球绿色金融和可持续金
融中心,逐步发展成为中国绿色金融市场重要的基础设施之一。

（二）东北亚其他国家的碳交易市场建设实践

在韩国方面，作为东亚第一个启动国家级碳市场的国家，目前韩国碳市场（KETS）的体量在世界国家级碳市场中位居第二，仅次于欧盟碳市场（EU ETS）。2019年，韩国碳市场正式接受国际减排项目，成为第一个接受海外减排项目的国家级碳市场。（关于韩国碳交易市场的具体情况详见本章第一节《韩国绿色发展道路：战略与规划》）

在日本方面，日本经济产业省表示，作为到2050年实现碳中和目标的一部分，计划在2022年4月至2023年3月期间，启动全国示范性碳信用额度交易市场，以大力推动碳减排货币化，鼓励更多本土企业自主减排，同时也向跨国公司开放，预计将有400~500家公司参与其中。这个碳信用额度交易市场，还将向东盟国家开放，同时也欢迎欧洲和美国等其他国家的企业参加。参与者可以通过购买碳信用额度来完成自己的减排任务，同时也可以将未使用的额度进行出售。不过，参与企业必须披露自己的排放情况，并允许政府每年对其进行审查。日本计划在这个碳信用额度交易市场的框架下，设计碳信用交易系统并开发碳足迹监测基础设施，以更好地管理和处理碳信用额度交易。

可以推想，日本酝酿碳信用交易市场，将能够实现通过适当的国内碳定价机制减少温室气体排放，同时推动日本成为亚洲一个重要的碳排放交易中心。对于这个建设中的国家示范性碳信用额度交易市场应该还存在一些常见的困难，比如如何实现充分的交易量和流动性。日本一直在实践探索，目前实施了全国范围的碳税措施，并在国家层面实验了多种机构牵头的碳排放交易和碳抵消项目体系，但效果参差不齐。这些实践包括日本自愿排放交易体系（JVETS）、碳排放信用体系（J-Credit）、联合信用机制等。JVETS诞生于2005年，该体系基于总量控制交易原则，覆盖了所有二氧化碳直接排放和来自电力企业的间接排放，但由于参与度不高、交易数量和频次较低，交易价格也逐年走低，于2012结束运营。

另外，日本于2012年开始向油气行业征收碳税，其中原油和石油产品每吨征税2800日元(约合25美元)，液化天然气和液化石油气每吨征税1370日元(约合12美元)。有日本税收和能源专家指出，日本需要大幅提高碳定价，否则难以完成中期减排目标，仅碳税水平就至少还需要提高30倍以上。同时值得关注的是，日本经济团体联合会、日本石油协会等行业团体，普遍质疑碳机制的有效性，他们将排放交易或碳税视为单一的缓解工具，称两者都基于污染者付费原则，将污染成本转嫁给污染生产者，增加了企业负担，间接拉低了日本工业制造业的全球竞争力。因此，日本是否能按时按计划建立其碳排放交易市场，仍有待观察。

俄罗斯也开始了建立碳交易系统的工作。2021年10月，俄罗斯总统普京在"俄罗斯能源周"国际论坛开幕式致辞中宣布，俄拟于2060年前实现碳中和，计划未来十年温室气体排放总量低于欧盟。此前，俄罗斯已批准关于在萨哈林岛进行碳排放配额交易试点的文件，该文件由俄经发部与萨哈林州政府共同制定。俄副总理阿布拉姆琴科称，将以萨哈林岛为样本进行碳排放和碳吸收摸底，建立必要的基础设施支持气候项目，形成区域碳排放交易机制并与国际贸易体系接轨，下一步可推动碳配额出口。若试点成功，将推行至其他地区。

(三)建立东北亚碳交易市场的基本认识

中国、日本和韩国有着不同的经济和能源背景，各国在过去和现在对于碳市场的设计和运营方法有所差异，对于在东北亚地区建立区域碳市场连接的积极程度也不尽相同。然而，这些差异也体现了不同碳市场之间的互补性，使得区域市场合作和选择性连接具有共生优势。中国的全国体系之规模无须依赖市场连接，但市场连接可以让中国促进外国购买其减排信用，提高自身监测、报告与评估认证(MRV)和运作的有效性，开发新的投资来源以满足其扩大经济和能源转型的目标。日本目前国内缺少显著、低成本且可迅速开展的减排路径可供其选择。有针对性的市场连接将使日本获得更多比国内更便宜的减排路径选择,并且比其目前所强调的国际碳抵消机制效率更高、影响力更大。韩国正致力于通过国际市场连接实现其应对气候变化的目标。与日本所面临的情况一样,对于韩国而言,中国市场也是相对便宜减排路径选择的理想来源。随着减排成本的下降,各国应对气候变化的意向就会增强。

亚洲协会政策研究所(ASPI)就曾建议建立包括中国、日本和韩国在内的东北亚碳交易市场。中国、日本和韩国占据世界经济总量的1/5以上,碳排放总量占世界的1/4以上,并且均提出了碳减排承诺,有一定的碳交易市场基础,目前是连接三国碳市场的最佳时机。中国、日本和韩国的国内碳市场在排放总量、履约期、温室气体种类、行业、纳入门槛、配额、抵消机制和银行业务等方面均有各自的规则和特点,基于此,亚洲协会政策研究所建议:东北亚碳市场并不需要制定统一的规则、排放总量或碳排放权价格,而是要避免封闭国内碳市场向外连接的可能性,为连接东北亚碳市场创造机会和条件;应当建立在自愿的基础上,逐步连接碳市场,通过开展互惠的碳交易,打通短期内市场连接的障碍,在近期不需要具有法律约束力的协议;定期开展国际间正式或非正式的研讨交流,组成国际间专家联盟,促进国际合作;可先通过尝试连接各国城市或区域碳市场,如中国七个试点省市[①]与日本的东京和埼玉县碳市场的连接,初步探索国际碳市场连接经验;虽然三个国家的国内碳市场仍然会保持各自的特点,但一些通用的国际条约、制度经验对于东北亚碳市场在原则、条款和规则方面的建设会有非常大的帮助。

综上,东北亚各国应尽可能发挥自身特点和优势,加快区域性碳交易市场的建设进程。

---

① 2011年10月以来,中国在北京、天津、上海、重庆、湖北、广东、深圳两省五市开展了碳排放权交易地方试点。地方试点于2013年6月先后启动了交易。几个试点市场覆盖了电力、钢铁、水泥等20多个行业近3000家重点排放单位。到2021年6月,试点省市碳市场累计配额成交量4.8亿吨二氧化碳当量,成交额约114亿元。

▋▶ 第九章
东北亚的贸易合作

第一节　区域贸易合作与金融支持——经典案例

二战以后,经过多轮艰苦卓绝的谈判,全球贸易体系合作不断进步,并于1990年代中期正式成立了WTO。但是从这时开始,世界经济和全球贸易体系中存在的矛盾与现实问题,让世界多边贸易的进一步谈判陷入了僵局。多哈回合贸易谈判自2001年发起就举步维艰,最后在2006年全面终止,虽然此后在2007年谈判恢复,但是依旧矛盾重重,时谈时停。一直到2021年正式通过了服务贸易协议,取得了阶段性的成果,但是全球贸易体系的现状却仍叫人十分担忧。

总体来看,世贸组织多边贸易谈判、争端解决和贸易政策监督三大职能发展失衡,且目前均面临困境。究其原因,多边谈判涉及相关利益方过多,很难达成一致性意见。因此各贸易大国的对外贸易政策纷纷从"多边合作为重心"转向以"双边合作为重心",进而引发了区域贸易协定爆发式增长的多米诺骨牌效应。从WTO开始,区域经济一体化就已经进入第三次高潮,涌现了大量的区域贸易协定。根据官方统计数据显示,截至2022年3月,按货物贸易协定和服务贸易协定分别统计上报至WTO的区域贸易协定(RTA)达577个,目前仍生效的有354个,其中自由贸易区占80%以上,区域贸易协定的数量还在稳定增长,且还有大量的区域贸易协定正在谈判进程中。当前全球贸易有一半以上发生在各种区域经济集团内部,以优于最惠国待遇的条件进行。在多边谈判由于议题和成员的增加进展缓慢的背景下,越来越多的国家趋向于通过区域贸易协定框架将很多在多边谈判很难达成共识的贸易条款进行区域内部协调解决,从而进一步获得贸易自由化带来的利益。成立自由贸易区是加强区域经济一体化的重要形式。自由贸易区通过消除成员国相互之间的关税和非关税贸易壁垒,推动区域内商品、人员和资本流动,给区域内进出口双方带来更多贸易机会和经济利益。

其中,区域金融合作是区域经贸合作的关键一环,也是促进贸易合作最重要的组成部分。金融对贸易的支持,会出现"马太效应",金融体系发展越先进的国家或地区,与其匹配的技术密集型产品的生产能力就越完善,因此金融体系的发展能够推动贸易结构升级。一个良好的区域贸易合作体系一般需要构建区域金融合作机制。该机制具有更加自由化的金融服务、资本账户制度和相互关联的资本市场,为经济合作提供良好的金融市场环境,以促进区域内的贸易和投资。

一、北美自由贸易区的贸易合作与金融支持

1992年,美国、墨西哥和加拿大共同签署了《北美自由贸易协定》。1994年1月1日,该协定正式生效,目的是通过在北美建立自由贸易区加强美、加、墨三国的合作,进一步促进经济增长,增强该区域在全世界的经济竞争力。北美自由贸易协定在生效之初即取消了三国生产的大多数商品的关税,当时的协定还呼吁在15年内逐步消除三国间大多数剩余的跨境投资和服务的流动障碍。

北美自由贸易区是世界上第一个由发展差距悬殊的国家组成的区域经济一体化组织，多年来已经成为发达国家与发展中国家区域经济合作的范例。由于取消贸易壁垒和开放市场，美、加、墨三国都获得了巨大的经济效益，发达国家持续保持经济强势地位，发展中国家受益更加明显。墨西哥与美、加两国的贸易迅速增长，常年跻身美国前三大贸易伙伴之列。

作为自贸区典范，《北美自由贸易协定》中一个极为重要的方面就是金融业合作。协定有比较详细的金融合作规定，包括允许协议国的投资者在另一协议国设立金融机构；允许协议国的投资者在另一协议国拥有金融机构且不受该国对外国金融机构所有权的要求约束；在金融机构的设立、经营、管理、境内金融机构投资等方面，另一协议国投资者的待遇不得低于本协议国投资者获得的优惠待遇；允许协议国国民从另一协议国的跨境金融机构购买金融服务，且该协议国不得采取任何措施限制另一协议国的跨境金融服务；设立金融服务争端解决机制；设立金融服务委员会，评议金融合作的运作情况，参与争端解决程序等。

北美金融合作具体效应在1994年至1995年墨西哥金融危机期间体现出来。1994年12月19日，墨西哥政府突然宣布比索贬值15%。这一决定引起了市场的巨大恐慌。短短三天时间，墨西哥比索兑换美元的汇率暴跌42.17%。为了帮助墨西哥平息金融动荡，在北美自由贸易协定的金融合作框架下，美国向墨西哥提供了巨额贷款，国际货币基金组织也提供500亿美元的紧急贷款。因为应对及时，1995年上半年，墨西哥的金融和经济就得以复苏，这在一定程度上归功于北美金融合作下美国的贷款救助。

《北美自由贸易协定》在特朗普当政时代面临了比较明显的转变，最终于2020年7月1日被《美国-墨西哥-加拿大协定》（USMCA）正式取代。但是所有《北美自由贸易协定》中规定的零关税产品在《美国-墨西哥-加拿大协定》下继续保持零关税。在金融安排方面，也更加开放包容。承诺金融服务市场自由化；扩大跨境金融服务贸易；确保协议国金融机构的国民待遇；实行市场准入条款,禁止对协议国金融服务供应商进行数量限制;实行最惠国承诺等。

二、欧盟的贸易合作与金融支持

1991年12月11日,欧共体马斯特里赫特首脑会议通过了建立欧洲经济货币联盟和欧洲政治联盟的《欧洲联盟条约》。该条约于1993年11月1日正式生效,欧共体开始向欧盟过渡。欧洲各国的合作也从单一的经济联盟向现在的经济和政治联盟过渡。

作为实现单一市场、贸易政策和政治合作利益最大化的关键金融机制,欧盟各国积极开展货币合作。早在1991年,《欧洲联盟条约》就载有实施货币联盟所需的条款。经过近十年的准备,欧元于1999年1月1日推出。前三年欧元是一种"无形"货币,仅用于会计目的和电子支付。欧元硬币和纸币于2002年1月1日发行。目前,欧元是27个欧盟成员国中19个国家的官方货币,由欧洲央行和欧盟委员会负责维持其价值和稳定,并制定欧盟国家进入欧元区所需的标准。

实行单一货币提供了许多优势:第一,欧元消除了欧元区内汇率波动的成本。货币市场大幅波动可能产生破坏信心、阻碍投资和造成经济不稳定等恶劣影响。在欧元诞生之前,货币兑换的需要意味着额外的成本、风险。使用单一货币保护了欧元区内的个人消费者和企业免受货币波动的影响,使个人消费者和企业在欧元区内贸易和投资更容易、更便宜、风险更低。第二,单一欧元货币便于价格比较。这促进了欧元区各国企业之间的竞争,帮助个人消费者和企业获得最佳价格。第三,欧元区作为一个整体受益。单一货币使欧元区成为一个更具吸引力的地区,从而促进欧元区与非欧元区之间的贸易和投资。依靠审慎的经济管理,欧元在非欧盟国家成为一种具有吸引力的储备货币,并使欧元区在全球经济中拥有更强大的发言权。目前欧元已成为世界上仅次于美元的第二大储备货币。欧元的稳定性也使得与欧洲进行贸易的企业更容易接受欧元报价。这使欧洲企业免于承担汇率变动带来的成本以及将欧元兑换成其他货币的成本。目前，欧元是全球近40%跨境支付和近一半欧盟出口的首选货币。审慎的管理也为欧元区带来了经济稳定，使其更能抵御外部经济的冲击。欧元区的规模和实力使其能够更好地吸收此类外部冲击，化解失业和增长放缓的危险。

为了应对2008年全球性金融危机和2010年的欧元区债务危机，欧盟进一步深入地整合银行体系，加快为单一市场建立一个更安全的金融市场。2012年6月，欧盟各国领导同意建立一个银行联盟，进一步完善经济和货币联盟。银行联盟适用于欧元区国家，并允许希望加入的非欧元区成员国加入。

单一监督机制（SSM）和单一决议机制（SRM）是欧洲银行联盟的两大支柱。首先，欧洲央行（ECB）将在单一监管机制框架内担任欧元区所有6000家银行的监管者。统一监管将确保更严格的审慎要求有效执行，使欧盟银行更加稳固。其次，在银行倒闭情况下，单一决议委员会（SRB）和单一决议基金（SRF）会更有效地管理银行破产程序。单一决议机制将有效限制银行破产对政府财政状况的负面影响。总的来说，银行联盟是欧盟经济和货币一体化的重要步骤，有助于恢复对银行业的信心，加强欧洲货币联盟的金融稳定。这反过来又为金融部门向实体经济提供贷款创造了良好的条件，进而促进就业并刺激了经济复苏。2015年11月，欧盟委员会提出了银行联盟的第三大支柱，为欧元区银行存款设立欧洲存款保险计划（EDIS）。EDIS将为欧元区提供更强、更统一的保险范围。这将确保储户对银行的信心水平不依赖于银行的位置，并削弱银行与其主权国家之间的联系。

当然，值得指出的是，因为英国的"脱欧"、俄乌冲突和通货膨胀的影响，欧元区近年来受到了较大的冲击，也出现了一定的币值波动。但是从总体上看，欧元区的存在仍将能够抵御潜在的负面冲击。

三、东南亚的贸易合作与金融支持

在世界各国与各区域积极寻求共同发展的大背景下,亚洲国家也探索着国家间密切合作的途径。东南亚国家本着平等的伙伴关系,以加快该区域的经济增长、社会进步和文化发展,促进地区构建和平与繁荣的共同体为目标,于1967年8月8日成立了东南亚国家联盟(简称"东盟"或"ASEAN")。目前,该联盟已经成为发展中国家最成功的政府间组织之一。

目前,东盟共有十个成员国,除创始国外,文莱于1984年1月7日加入,越南于1995年7月28日加入,老挝和缅甸于1997年7月23日加入,柬埔寨于1999年4月30日加入。在1992年新加坡举行的第四次东盟首脑会议上,时任东盟领导人授权建立东盟自由贸易区(AFTA)。会议计划从1993年1月1日起的15年内建成东盟自由贸易区。自那时开始,东盟持续为扩大该地区的经济潜力做出努力。

1997年12月15日在吉隆坡举行的第二届东盟非正式峰会上,东盟各国领导人通过了《东盟愿景2020》(ASEAN VISION 2020)。《东盟愿景2020》规划了东盟2020年前的发展方向与思路,致力于实现更紧密的经济一体化,缩小成员国之间的发展水平差距,确保多边贸易体系公平和开放,并提高全球竞争力,将东盟打造成一个稳定、繁荣、高度竞争的东盟经济区。

1998年,东盟领导人通过了《河内行动计划》(Hanoi Plan of Action 或HPA)。该计划制定了一系列经济一体化倡议,以实现《东盟愿景2020》。《河内行动计划》规划了1999年至2004年东盟各国实现经济一体化的措施与方针。其中,加快建设东盟自由贸易区的具体措施如下:①2000年前最大限度地增加共同有效优惠关税(CEPT)税率降至0~5%的税目种类(越南为2003年,老挝和缅甸为2005年);②2003年前最大限度地增加CEPT税率降为0%的税目种类(越南为2006年,老挝和缅甸为2008年);③扩大CEPT的适用范围。除了实行共同优惠关税方面的措施之外,《河内行动计划》还倡议加强海关协调，鼓励使用区域货币等。

2003 年，东盟发表《东盟协约宣言 II》(Declaration of ASEAN Concord II)，宣布建立东盟经济共同体，最终于 2015 年该经济共同体正式成立。东盟正通过深化经济一体化，作为一个共同体向前迈进。为确定东盟经济一体化下一阶段的战略方向，东盟制订了《东盟经济共同体 2025 年蓝图》(AEC Blueprint 2025)。《东盟经济共同体 2025 年蓝图》在《东盟经济共同体 2015 年蓝图》的基础上制定，将继续减少或消除贸易障碍，以实现区域内商品的高度竞争、高效流动；进一步扩大和深化东盟内部的服务一体化，减少对市场准入和国民待遇的限制，将东盟融入全球商品和服务供应链，并提高东盟成员国在服务方面的竞争力；执行《东盟全面投资协定》(ACIA)，规定逐步放开制造业、农业、渔业、林业和矿业等行业现有的投资限制，加强投资保护，确保投资法律、法规的透明度；促进东盟技术劳工流动的 MRAs 等。(《东盟经济共同体 2025 蓝图》，2015)

在东盟区域经济一体化进程中，其关键目标之一就是确保金融行业的包容性和稳定性。《东盟经济共同体 2025 年蓝图》包括金融行业合作的三大战略目标，即金融一体化、普惠金融和金融稳定。

在金融一体化方面，提高东盟本土银行的作用，建设更具一体化的保险市场和更紧密的资本市场，建设更加健全、更加安全、联系更加紧密的金融市场基础设施，促进东盟内部贸易和投资。具体措施如下：①通过《东盟服务贸易协定》(ATISA)实现金融服务业自由化；②在东盟银行一体化框架 (ABIF)下，为合格的东盟银行(QABs)提供市场准入和运营灵活性，从而缩小东盟各国在市场准入和运营灵活性方面的差距；③在东盟保险一体化框架(AIIF)下，加大风险分散，增强承保能力，完善和加强保险行业监管框架；④进一步深化和联通资本市场，推进结算和托管互联互通，并允许投资者和发行人有效利用东盟跨境资本市场，确保所有东盟成员国共享互联互通的好处；⑤促进主权债券市场和企业债券发行的发展，以分散银行系统的风险,为储户提供更多的投资机会。

在普惠金融方面,向中小微企业等难以获取金融服务的群体提供金融产品和服务。具体措施如下:①加强区域内的融资生态,使中小微企业受益,包括建立信用报告机构,拓宽中小微企业的融资渠道。建立信用担保机构,为没有抵押品的中小微企业提供信用增级。建立债务解决机构,帮助陷入困境但仍有生存能力的中小微企业;②扩大金融准入并普及金融知识。例如推广数字支付服务,以降低中小微企业和低收入群体获得金融服务的技术成本;③推进金融教育计划和消费者保护机制的实施,增强金融管理能力,鼓励公民从事金融服务。具体包括加强公民对欺诈行为的个人保障措施的了解,以及加强针对数字欺诈威胁的技术手段;④拓展金融服务的销售渠道,降低金融服务的获取难度,降低金融服务的成本。

在金融稳定方面,持续加强风险识别和监管。主要措施如下:①加强金融系统性风险和脆弱性的识别,加强货币和财政当局之间关键宏观经济信息的交流,加强宏观经济和金融的监管;②在危机期间,进一步加强东盟银行一体化框架下的跨境合作,进一步发挥现有的双边和多边宏观监管合作的作用;③使区域内的审慎监管措施与国际最佳做法和监管标准保持一致。

为实现三大战略目标,东盟鼓励区域内资本账户自由化,促进资本在东盟成员国之间流动;鼓励建设完善的支付清算系统,为跨境贸易提供安全、高效和有竞争力的基础设施;鼓励成员国之间交流金融一体化相关领域的经验,缩小区域内的金融发展差距。

第二节　东北亚金融发展

相对于其他区域或次区域而言,东北亚区域内的贸易合作与金融合作相对仍旧比较落后。包含东北亚区域内所有国家的区域自由贸易协定从1980年代的大图们江合作框架开始,是由联合国计划开发署主导启动,由相关各国政府自主推动的多国区域合作开发机制。经过 30 年的努力，中、俄、蒙、朝、韩、日六国在诸多领域的合作不断取得进展，逐步克服了独特的国际合作模式造成的制度选择困难、成员国多样性造成的融合困难以及错综复杂的国际形势带来的阻碍，在各合作领域取得了一定的成果，但远未达到理想目标，距离实现区域自由贸易协定仍旧遥不可及。尽管如此，各国促进区域贸易合作和跨境合作的努力从未停止，通过 RCEP 框架和中日韩等国的双多边合作，东北亚区域的贸易与金融合作均在努力地向前推行。

一、东北亚金融合作现状

（一）"10+3"框架下的金融合作

2000 年 5 月，中日韩三国通过"10+3"（东盟与中日韩）协商机制，签署了《清迈协议》（CMI）。基于"10+3"框架下的东北亚金融合作重点聚焦在区域金融风险防范上，积极探索、完善地区危机防范和救援机制。在该协议的政策框架下，中日韩三国通过了数量不等的货币互换协定，以防范和减轻金融风险。经过多年的协商与发展，东盟与中日韩等 13 国将 CMI 多边化，形成一个多边救助的渠道，并通过东盟和中日韩宏观经济研究办公室（AMRO）行使区域经济监控职能，在应对国际金融问题时对话机制成效显著。

亚洲金融危机之后，东亚开始探索发展区债券市场。2003 年亚洲债券市场（ABMI）和亚洲债券基金（ABF）的创建，不仅在一定程度上解决了贷款期限与货币的双重错配问题，而且还加强了各区域对世界国际资本流动所带来的外部冲击的适应能力。有助于各国解决对外债务中存在的期限错配和币种错配难题。

（二）企业主体微观金融合作

东北亚各国尤其是以中日韩为代表的三个国家，商业银行机构之间往来较多，商业银行间互设代表处、开设法人银行和分行的起步较早。到目前为止，各国商业银行之间的合作范围包括：相互间进行贸易结算和信用担保,支付清算系统的对接;进行银行间的资金拆借;进行信息交换和资信调查;共同组建银团,提供对外贷款;进行银行间人员、技术等方面的培训等。此外,东北亚各国非银行金融机构之间也在积极开展合作,进行跨国投融资等业务。

(三)非官方金融机构统筹协作

东北亚地区存在的主要非官方金融机构包括东盟和中日韩宏观经济研究办公室(AMRO)、亚洲开发银行以及正在积极筹备的东北亚开发银行。这些非官方金融机构可以在一定程度上降低各国间的政治敏感度,通过建立门槛较低的金融沟通协调平台,规范区域内金融发展,维护区域间金融市场稳定,进一步弥补政府主导下机动性不足等缺陷。(马兴超,2013)

(四)"一带一路"倡议以来的东北亚金融合作现状

自"一带一路"倡议提出以来,中国进一步加快融入国际经济建设,在加强对外贸易的同时也加强了对外金融合作,尽管受到地缘政治的影响,与东北亚各区域间金融合作进展缓慢,但是中国已经开始着手努力同东北亚区域内各国建立金融合作关系。中国与韩国金融合作相对比较密切,合作也更加频繁,涉及面从简单的货币互换协议逐渐涉及保险、银行、特色服务、结算、外汇直接交易等方面,且涉及金额逐渐增大。其中货币互换规模在2020年由原来的3600亿元扩大至4000亿元人民币,时间从3年延长至5年。这为持续推进中韩、中日韩自贸区打下坚实的金融基础,更从侧面反映出加强两国金融合作,对促进经济发展和贸易往来具有正面影响。中日之间的金融合作也在稳步推进。2021年10月,中国人民银行与日本银行续签了《中日双边本币互换协议》,规模为2000亿元人民币/34000亿日元,协议有效期3年,经双方同意可以展期。这有助于维护两国金融稳定,支持双边经济和金融活动发展。RCEP协议签订后中日间的金融合作具有较大的潜力。中俄的金融合作则更加广泛,除了1500亿元人民币/8150亿卢布的货币互换之外,中俄经贸合作发展带动了结算支付业务增长,2020年跨境支付业务33万笔,增长19.6%,清算金额1069.86亿美元,增长33.67%;结算货币以人民币和欧元为主,占93.9%;大幅减少了美元使用,2015年中俄贸易结算90%用美元,到2020年减少为46%。两国本币结算份额占总结算额的24%,俄罗斯外贸中人民币结算比为17%,欧元占30%,卢布为7%;发挥中俄金融联盟,促进商业银行合作,在重大项目投融资更多使用人民币。在俄乌冲突爆发后,俄罗斯被剔出SWIFT系统,也为中俄结算支付体系和金融清算转移支付合作扩宽了空间。

二、东北亚金融合作存在的不足

东北亚国家金融发展水平差异较大,很多金融合作仅停留在简单的协商对话和政策框架性协议签署层面,多为日常合作,合作等级还处于初级阶段,区域金融合作的实际落地和执行水平不足。同时,东北亚国家之间的融资方式较为单一,限制了融资规模和效率。东北亚国家金融基础设施建设仍较为薄弱。这些国家在支付清算体系、货币互换、国家间金融监管和合作网络、反洗钱监管网络等基础设施领域较薄弱,且存在着巨大的资金缺口,阻碍金融在东北亚经贸合作中发挥推动作用。跨境金融资本流动还存在较大阻碍。例如,中国还在稳步推进有序实现人民币资本项目可兑换的进程中,人民币尚未实现安全自由兑换,导致跨境离岸人民币存量不足,人民币境外使用环境仍有改善空间(高海红,2017)。东北亚受到地缘政治、政治安全和历史遗留问题等因素影响,投资面临着各种各样的风险。

三、东北亚金融合作的新机遇

进入二十一世纪以来,变革成为现有国际经济金融格局调整的主旋律。围绕全球经济新秩序的建立,世界各国都开始了激烈的争夺。以中国为代表的新兴经济体担当了世界经济增长引擎的角色,也成为推动改革的最主要的力量,为推动全球贸易、投资的有序发展和世界经济的稳定复苏发挥了举足轻重的作用。在国际金融秩序的调整变革进程中,中国的核心利益是争取国际金融体系包容自身经济增长,同时增强自身履行更大责任的能力,实现国家形象和国家实力的双重提升。从实践中看,这需要中国系统从外交、政治、经济等各方面综合参与构建新型国际金融体系。

从中国目前的努力上看,建立亚洲基础设施投资银行、金砖国家银行和上合组织银行都符合中国国家自身的利益。此外,中国还主导设立了丝绸之路基金和中国-东盟投资合作基金,分别为"一带一路"倡议和中国东盟合作服务。这些金融机构或基金大大促进了中国更深层次的参与国际金融事务,也必将有利于中国自身经济战略的实施。

但是,值得注意的是,由于长期以来东北亚的历史和地缘政治等方面的问题,东北亚区域金融合作目前并没有在中国的国际金融布局中取得应有的重视。事实上,随着全球政治经济甚至军事格局的变化,东北亚区域变得越来越重要。东北亚金融合作可以成为中国"一带一路"倡议,自由贸易试验区战略和京津冀协同发展战略这三大战略的整体抓手。"一带一路"是我国新时期对外开放布局的总体战略。"一带一路"倡议实施的重要起始支点在于以中日韩三国为核心的东北亚经济一体化。不仅如此,在首都经济圈的京津冀地区,北京是中国金融中心,天津承担建设金融创新运营示范区的重大使命且拥有自由贸易试验区的载体平台,京津冀拥有进行国际金融合作的资源禀赋和制度优势。因此,东北亚金融合作是推动首都经济圈融合发展乃至东北亚经济一体化的可行路径,也将为我国"一带一路"倡议的推进与实施提供有力支撑。更重要的是,东北亚金融合作能够有效帮助中国东北经济发展打破现有困局。中国改革开放以来,东北的经济发展在全国经济中的重要性在逐渐下降。20世纪90年代末期开始,中国开始了振兴东北老工业基地的战略,但并未起到根本性扭转作用。究其原因,内在因素固然很多,外在的东北亚区域经济对东北经济的辐射不够也是重要的原因之一。大图们江合作倡议,作为最有可能推动东北经济外向型转型的项目,由于东北亚区域金融合作的欠缺，尚未起到应有的作用。因此，全面的东北亚金融合作，对促进东北的经济结构调整和重新焕发活力，并进而促进中俄蒙北方经济圈的发展至关重要。

而且，东北亚金融合作也是我国面向太平洋发展最重要的手段。中国近期经济发展迅速，并且从国际战略的角度已经开始强调争夺国际金融话语权。这样的大国崛起对全球治理体系和经济金融格局都将产生深远影响，也会从根本上冲击原来由美国主导的国际秩序。在从今以后中美之间竞争中合作或者合作中竞争将是两国关系的主体趋势。而位于中美大国之间的日本、韩国，无论从历史角度、地缘政治角度，还是从经贸关系角度来说，都是中国最重要的潜在的战略伙伴。以中日韩关系为主体的东北亚区域，不仅从战略上可以成为中美战略关系交流平台的作用，也可以成为中美大国互信的桥梁。东北亚地区在经济领域是世界上最大的次区域经济体，从在亚洲的影响力角度、从经济规模、发达水平和国际影响力的角度来看，亚洲其他国家均远无法与中日韩相提并论。尽管东北亚地区历史政治等各方面错综复杂，但其战略重要性也始终应该放在中国对外关系的最前列，是我国"一带一路倡议"对外布局的基础和核心。

最后，东北亚金融合作对我国实体经济的促进作用将非常关键。疫情之后，中国面临更为严峻的挑战，特别是在科技进步和经济结构调整方面。当前，日韩两国在科技发展的程度和经济结构方面仍然具有优势。与这两个国家的合作与交流将对我国经济稳定和技术进步起到重要作用。在一些关键领域，如节能环保等方面，中日韩三国可以说是真正的"同呼吸、共命运"，有着充分合作的意愿，但缺乏必要的合作手段。东北亚金融合作可以将业务重点放到这些重要且东北亚各国共同关心的项目上，实现区域经济共赢。

现阶段，中国应提升对东北亚区域合作的重视程度，重构地缘政治和经济生态。从"一带一路"的进程方面来看，根据与中国的经济合作紧密度和与中国合作意愿的角度出发,中国对外区域合作的重心应该对以中日关系、中韩关系为核心的东北亚区域合作进行适度倾斜。一方面,中国与日韩的贸易、科技等领域的深入合作是中国面对美国外部压力的最直接也是最优选择;另一方面,因中国的经济和市场规模可以为日韩带来长远的利益,东北亚区域日韩对加强与中国合作具有很强的意愿。更重要的是,中日韩和同样处于东北亚经济圈的俄罗斯都是区域内成熟或新兴经济体,具备很强的合作空间。具体的合作路径:考虑到疫情冲击下各国均需要迅速制定施行刺激经济的政策,在基础设施建设方面的需求大增,而东北亚各国的跨境基础设施还处于相对落后阶段,提升跨境基础设施建设应成为工作重点,设立一个能够统一协调跨境国际化基础设施投资的区域政策性金融机构的重要性就更加突出。

第三节　中国参与的区域金融合作案例

中国参与区域金融合作已经有相当丰富的经验。在东北亚区域以外,我们所设立的中非发展基金、中国东盟投资基金和亚洲基础设施投资银行,都为我国参与区域金融合作积累了宝贵的经验,并奠定了良好的基础。

一、中非发展基金

2006年11月4日,中国政府在中非论坛北京峰会上宣布,为推动中非新型战略伙伴关系发展,促进中非在更大范围、更广领域、更高层次上的合作,中国政府将采取8个方面的政策措施。其中第3项是:"为鼓励和支持中国企业到非洲投资,设立中非发展基金,基金总额逐步达到50亿美元"。中非发展基金于2007年6月正式开业运营,由国家开发银行承办,按照商业化原则运作,旨在引导和鼓励中国企业对非投资,在不增加非洲债务负担的情况下,通过投入资本金,以市场化方式增加非洲自身发展能力。中非发展基金还受托管理中葡合作发展基金，规模10亿美元，目的是以投资促进中国与葡语国家经贸合作。2015年12月，习近平主席在中非合作论坛约堡峰会上宣布为基金再增资50亿美元，基金总规模达到100亿美元。中非发展基金是中国第一支专注于非洲投资的股权基金。

中非发展基金旨在刺激中国公司在非洲大陆的实体投资，它的主要投资模式包括：①股权投资；②准股权投资；③投资FOF；④为有意向在非洲投资的中国公司提供咨询业务。对非洲国家来说，中非发展基金所提供的股权投资并不会增加他们的债务负担，同时也不会影响他们通过其他渠道获取贷款。受相关政策影响，目前中非发展基金的主要合作伙伴是国有企业和一些上市公司。

中非发展基金目前已辐射到非洲大部分国家，投资的项目涵盖了多个行业。从投资流量来看，中非发展基金对矿业的投资远大于制造业。基金资助的矿业项目大都达数亿美元，制造项目投资通常在500万美元到5000万美元之间。

表9.1　中非发展资金投资额最大的部分项目

项目名称	部门	国家	合作伙伴
Gold mining Project	采矿	南非	白银有色集团股份有限公司
TF Copper& Cobalt Mine	采矿	刚果	洛钼集团股份有限公司
Zijing Mining Project	采矿	刚果	紫金矿业集团股份有限公司

从上表中可以看出，基金的投资重点集中在自然资源和能源方面。

二、中国-东盟投资基金

中国东盟投资基金成立于2013年，该基金的主要目标是增强中国与东盟之间的合作。它的主要投资领域包括：基础设施如公路、铁路和油气管道等；能源包括传统能源和可再生能源；自然资源包括金属矿产、珍稀金属和冶金工业等。

三、亚洲基础设施投资银行

亚洲基础设施投资银行(亚投行)是一个政府间性质的亚洲区域多边开发机构。亚投行重点支持基础设施建设,成立宗旨是为了促进亚洲区域的建设互联互通化和经济一体化的进程,并且加强中国及其他亚洲国家和地区的合作,是首个由中国倡议设立的多边金融机构,总部设在北京,截止到2021年10月,亚投行有104个成员国。

2020年亚投行投资项目超过四十个,其投资额达99.8亿美元,远超2019年。与其他多边开发银行不同的是,亚洲基础设施投资银行明确地表示了它对投资项目主题选择有优先级设置,具体表现为:可持续基础设施项目高于跨境基础设施建设,跨境基础设施建设高于私人资本流动。亚洲基础设施投资银行投资集中在能源和交通等基础设施建设领域。

亚洲基础设施投资银行也加大了对金融机构的投资力度,以期提高私人和其他投资者对新兴基础设施市场以及与基础设施相关和互补的其他生产部门的投资兴趣,从而将亚洲庞大的私人资本引导入基础设施投资市场。截至2020年,亚投行为促进私人资本流通投资于金融机构的项目已超过15个,投资额达30亿美元。(宋永辉,2021)。亚投行在新冠疫情下也发挥了重要的作用,其设立的"新冠疫情危机恢复基金"于2020年4月启动。此前基金期限为24个月,资金规模为130亿美元。截至目前,在此基金框架下,亚投行已批准了46个项目,累计批准融资总额超过115亿美元。

四、经验与启示

结合以上区域金融合作与投资案例,我们可以得到一些启发,并在未来将其应用到东北亚区域合作中。

(一)解决资金缺口,提高融资效率

在现有的多边开发银行中(如亚洲开发银行)设立东北亚专属基础设施

投资基金。目前东北亚国家中,仍有部分国家发展存在较大的资金缺口,填补这一资金缺口的最简单方法是通过现有的多边开发银行(如亚洲开发银行等)设立专属基金,专门用于东北亚的基础设施投资,实现与各国之间的跨境联通。在东北亚基础设施建设中使用专属信托基金有几点好处。第一,当东北亚国家中双边援助出现困难,需要填补多边援助体系的空白时,可以调动这些资金。第二,多边开发银行的现有分配制度通常是基于国家绩效进行分配,这种机制很容易阻碍多边开发银行资源的有效使用。设立专属基金可以将援助资源引导到因为绩效低下、无法在多边开发银行中获得正常投资的国家。第三,当捐助国政府缺乏财政资源或专业知识来扩大其双边计划,影响向受援国提供所需的援助时,专属基金允许捐助者国将其资源交给受托管的多边开发银行,多边开发银行可以在控制运营风险的同时管理这笔资金,同时在受援国需要时合理地将这笔资金进行分配。第四,通过专属基金,非多边开发银行成员国家也可以通过此基金获得相应的技术和财政支援。第五,捐助国政府可以提供指定用途的基金资源,以鼓励多边开发银行和更广泛的国际社会关注特定的新发展需求。捐助国可以将这些资金用作吸引优先领域援助的机制。

但专属基金也存在一些问题。首先,为了保证能够持续为基础设施项目提供资金,捐助的资金需要每隔几年补充一次,这对捐助国的财政预算是一项考验。其次,专属基金通常无法像多边开发银行那样产生信贷乘数效应,即通过发行债券从国际资本市场调动大量资金。

因此,更好的选择是设立一家次区域多边金融机构。东北亚合作与开发银行的设想从1991年提出至今已经有接近30年的历史。在这个进程中,东北亚的经济实力增长和对比发生了很大变化,各国研究机构在不同的时期分别做出了多份研究报告,包括中国在内各国政府也表现出了浓厚的兴趣。目前日本的态度非常积极。众多政经权威人士认为设立东北亚合作与开发银行将有利于东北亚的和平和稳定,也有利于提升中日友好合作关系。

韩国方面长期以来一直是设立东北亚合作与开发银行的坚定支持者,也对该银行能够促进半岛和平合作与发展更具期待。从中国的角度来看,设立东北亚合作与开发银行将在包括运输物流、能源、环境甚至服务贸易等多个领域促进区域合作,将大大有利于缓解地缘政治压力,缓解中美贸易和地缘政治问题带来的经贸压力,促进东北亚区域的贸易协议的签署,而且还特别有利于中国东北地区的经济振兴,疫情之后的经济恢复计划中的包括"新基建"在内的基础设施建设也会有了明确的抓手。设立东北亚合作与开发银行,其主要参与者在国际上都有很强的经济影响力而且熟悉国际规则,投资经验丰富,合作能力相对较强,所以可以帮助中国提升"一带一路"倡议的实施效果,与亚洲基础设施开发银行一起形成政治和政策的合力。

(二)完善监管和金融基础设施建设合作,减小资金流动阻碍

东北亚各国中央银行、银行监管机构和证券监管机构等应加强协调与沟通。在已有的合作基础上扩大相关国家监管机构的合作范围与合作深度,通过完善议事机制来建立顺畅的沟通和共享渠道,落实东北亚各国金融业监管的合作机制。同时各国还需建立完善的支付、清算体系,促进区域间贸易协调发展。

▶ 第十章

东北亚货币合作的路径选择

第一节　IMF对世界金融货币体系稳定的作用

国际货币基金组织(IMF)于1945年12月27日成立,主要职责是维持国际货币体系的稳定,并通过监管、贷款和技术支持来帮助成员国避免或解决货币、金融危机。

在布雷顿森林体系下,IMF的主要作用是维护成员国之间汇率的稳定,帮助成员国干预市场汇率波动。在目前的浮动汇率制条件下,IMF不再承担维护固定汇率制的义务,但仍然要对成员国的汇率政策进行全面估价。在牙买加体系下,IMF最主要的业务活动是向成员国提供贷款救助、技术援助与实行经济监督。在贷款救护方面,IMF首先对成员资格和债务持续性进行评估,在执董会批准贷款申请后,分批向成员拨付资金,同时定期对受助成员经济形势及政策执行情况进行审议。IMF的传统贷款工具包括备用信贷安排(SBA)、中期信贷便利(EFF)、灵活信贷额度(FCL)工具和预防性及流动性额度(PL)等。此外,IMF通过减贫与增长信托基金(PRGT)向低收入国家提供中长期低息贷款,帮助他们解决结构性国际收支失衡的问题。在技术援助方面,IMF在机构升级、宏观经济、金融和结构政策等方面向援助对象提供技术支持与咨询服务,包括向成员国提供中央银行业务方面的技术援助,促进中低收入国家货币与金融体系的稳定,采用针对性的货币金融政策加强对新兴经济体的金融监管与风险评估等,协助成员国加强宏观经济和金融部门政策的设计和实施。在经济监督方面,IMF持续对各国、各地区和全球的经济和金融的发展变化进行监测,并定期与成员当局就其经济和金融政策进行磋商,从全球的视角监测和分析宏观形势和风险。IMF每年出版两期《世界经济展望》《全球金融稳定报告》和《财政监测报告》,讨论全球经济金融形势,提示经济面临的风险并给出政策建议。IMF承担了维持国际金融体系稳定的责任,为国际贸易、世界经济的稳定发展创造了有利条件。

受到多种因素限制,IMF的职能难以得到充分发挥。首先,IMF在向危机国提供紧急援助贷款时往往附带较多条件,如要求危机国紧缩货币与财政政策,开放资本市场等,容易使受助成员国的经济条件进一步恶化。同时,IMF对危机国是否提供援助、援助程度如何等决策常受到大国意志的左右。此外,IMF防范危机的能力和危机发生后向成员国提供资金援助的能力比较有限,难以担起最终贷款人的职责。(胡勇,2005)

稳定的国际货币体系有利于促进国际经济的发展,而由美元主导的国际货币体系始终存在着不稳定的弊端,"特里芬两难"是当前国际货币体系不稳定的内在根源。在现今美元发行机制不受约束的条件下,随着美国经常项目失衡,美元过度发行,导致全球流动性过剩,进而增加了全球金融体系的脆弱性,使得全球金融体系的稳定面临巨大风险。美国凭借美元的货币地位一定程度上获得了调节世界经济运行的权力,却并未承担与之相对应的国际义务,使得国际货币体系深陷国家利益博弈的漩涡之中。国际货币体系平稳运行要求储备货币根据世界经济整体运行状况灵活调整，以避免储备货币供给不足或过剩而引发全球流动性不足或通货膨胀。（陆磊，2016）。

　　充分发挥特别提款权的作用，使之成为主权信用储备货币的有效补充可能是一种缓解目前问题的办法。特别提款权（SDR）是 IMF 于 1969 年创设的一种国际储备资产，分配的份额取决于会员国认缴的份额。会员国在发生国际收支逆差时，可用它向基金组织指定的其他会员国换取外汇，以偿付国际收支逆差或偿还基金组织的贷款，还可与黄金、自由兑换货币一样充当国际储备。2016 年人民币加入 SDR 货币篮子后，SDR 价值由美元、欧元、人民币、日元和英镑组成的一篮子储备货币决定。随着近年来全球经济增长呈现新格局，各国货币政策分化，美元强势上涨，引发新兴市场货币外流加剧以及不少国家货币的竞争性贬值。作为一种与主权国家脱钩的货币，SDR 的发行与单个主权国家利益脱钩，可以从根本上克服特里芬两难的问题。若能保持币值长期稳定，SDR 将有望成为国际货币体系改革的理想储备货币。但是遗憾的是 SDR 的作用由于受到分配机制和适用范围上的颇多限制，至今未能得到充分的发挥。扩大 SDR 分配规模，扩大其职能范畴，将 SDR 发展成新的基础国际储备有利于国际货币体系脱离霸权国家的干涉，也使全球流动性的创造和调控成为可能，有效提升现行国际货币体系的稳定性（李俊久，2016）。

　　2021 年 8 月 23 日，IMF 宣布新一轮规模为 6500 亿美元的 SDR 普遍分配方案正式生效。这是 IMF 历史上规模最大的 SDR 分配。约 2750 亿美元将分配给新兴和发展中国家，其中低收入国家将分配到约 210 亿美元。新冠病毒不断反复，全球经济复苏承压，这一轮分配将满足全球各经济体对储备资产的长期需求，提升全球经济的抗风险能力和稳健性。与其他融资渠道相比，增发 SDR 具有成本低、无条件快速提供流动性支持、不会造成全球通胀压力等优势。目前 IMF 正积极考虑富裕国家自愿向新兴市场和发展中经济体转借其特别提款权的可行选项,以支持这些经济体应对疫情和促进经济复苏。
(高攀,2021)

第二节　东北亚货币合作的潜力和空间

一、东亚货币合作的发展进程

东亚货币合作进程长期滞后,在包括货币政策在内的一些关键领域,货币层面的合作机制构建始终缺乏动力,未能形成制度化的多边合作框架。

二十世纪60年代至1997年亚洲金融危机前,东亚货币合作处于萌芽阶段。在这一时期,亚洲国家贸易往来主要面向欧美国家,支付交易以美元为主。在货币金融领域,亚洲国家更多的合作在于信息交换,东新澳央行组织(SEANZA)、东南亚央行组织(SEACEN)分别于1956年和1966年成立。随着亚洲经济开放发展,区域内往来加深,东盟多边互换安排(ASA)、东亚及太平洋地区央行行长会议组织(EMEAP)、亚太经合组织(APEC)财长机制等逐步建立,为区域货币合作创造了条件。

1997年亚洲金融危机后,东亚国家普遍意识到区域货币合作的重要性,亚洲各国出现了与美元脱钩,推动区域货币多边合作的广泛诉求。1997年9月,日本在IMF和亚洲开发银行会议上提出建立"亚洲货币基金"的构想,为遭受危机的国家提供援助,但最终因美国反对而搁置。1998年10月,日本继续以宫泽喜一的名义提出"新宫泽构想",倡议建立300亿美元的"亚洲基金",满足中长期危机救助与短期资金需求。1999年,时任马来西亚总理马哈蒂尔在东亚经济峰会上提出建立"东亚货币基金"。1999年11月,东盟10国与中日韩三国(简称"10+3")联合发表了《东亚合作联合声明》,各国在东亚合作方向等方面达成共识,"10+3"合作框架正式确立。"10+3"每年都会定期举行会议,主要包括外长会议、财长会议以及领导人会议等,主要讨论如何在东亚区域的经济、金融、货币和政治方面达成合作，通过建立监督机制和预警系统，推动东亚各国的政策协调，加强货币合作以及提高自我救助的能力。"10+3"合作机制标志着东亚货币一体化进入了实质阶段。

2000年5月，"10+3"各国的财政部长在泰国清迈举行的财长会议上，就东亚地区在财政金融方面的合作达成共识，并共同签订了"建立双边货币互换机制"的协议，即《清迈协议》(CMI)，CMI的目标是构建一个区域性的货币互换机制，减少由于区域内贸易造成的硬通货损耗，以便遭受金融危机时东亚各国能够互相支援。主要内容包括：①利用"10+3"的合作机制，将相关资本流动信息和数据在各国之间进行及时的交换；②进一步完善东盟货币互换协议，促进东盟10国与中日韩3国的货币互换安排；③各国拿出一部分的外汇储备建立一个贷款基金，稳定东亚区域的金融货币市场，完善金融结算体系。2000年11月，"10+3"各国的央行又将货币互换的金额从原来的2亿美元提高到10亿美元，并且扩展了"东盟互换协议"（ASA）的规模，建立了东盟和中日韩三国的"双边互换和回购协议"（BSA），进一步加强了区域抵抗危机的能力。为了纠正对银行体系的过度依赖，2003年6月《清迈宣言》推动亚洲国家联合发债，以本币或一篮子亚洲货币发债，建立区域信用担保机制。随着合作的不断深入，货币互换安排的规模也在不断提高，2006年货币互换的总金额达到750亿美元。在2007年举行的"10+3"财长会议上，各成员国通过建立一个外汇储备库，这个外汇库于2008年建成，资金规模为800亿美元，其中中日韩三国总出资占80%（赵雪倩，2020）。

《清迈协议》对亚洲货币一体化的进程有着深远的影响，其提出的多边货币互换协议和救助机制，丰富了区域内各成员国的融资渠道，增强了金融货币市场的透明度，摆脱了部分国家对美元的过分依赖，解决了流动性资金不足的问题，稳定了东亚的金融环境，有利于东亚地区的经济进步和共同发展。

2002年6月,泰国政府在东亚经济峰会上提出了设立"亚洲债券基金"(ABF)的设想,以推动东亚金融市场,尤其是债券基金的发展。2003年6月,东亚及太平洋地区中央银行行长会议组织(EMEAP)与国际清算银行(BIS)宣布共同合作设立"亚洲债券基金",同时,第一期亚洲债券基金(ABF1)正式启动,资金规模为10亿美元,由EMEAP成员的部分外汇储备构成,用于投资8个成员(中国、中国香港、印尼、韩国、马来西亚、新加坡、菲律宾和泰国)所发行的一篮子主权或准主权美元债券。截至2009年,东亚各国签署双边本币互换协议16项,总金额达780亿美元(李晓娟,2010)。

自2009年以来,东亚货币合作进入加速发展阶段,从双边到多边、从日本主导到共同推进,区域货币合作的广度和深度不断拓展。2010年各成员国决定将《清迈倡议》升级为《清迈倡议多边化协议》(CMIM),建立区域性外汇储备库。参与者从部分东盟国家扩展至东盟10国全体成员、中日韩以及中国香港地区;规模从前期双边协议的780亿美元增加至多边协议的2400亿美元;东盟与中日韩宏观经济研究办公室(AMRO)成立,东亚货币合作的重心逐渐由保持经济金融稳定转向促进经济增长和一体化发展。

2014年12月,第二期亚洲债券基金(ABF2)开始启动,资金规模扩大至20亿美元,主要分为两个部分:泛亚洲债券指数基金(PAIF)和债券基金的基金(FoBF),前者与ABF1相似,是一个单一债券基金,用于推动区域债券市场发展;后者是一个双层结构基金,投资范围为EMEAP各成员债券市场。亚洲债券基金两期规模共计约30亿美元,清晰地体现出东亚各国政府在区域本币债券市场建设方面所做出的努力,显示东亚地区建立并完善区域债券市场的决心(赵雪倩,2020)。通过发起ABF2,EMEAP为亚洲债券市场创建了一系列统一的地区市场债券指数,其中包括1个泛亚指数及8个成员市场指数。这些指数的形成,使亚洲及区外投资人投资亚洲债券市场有了重要的市场参考基准,有利于亚洲债券市场投资过程的标准化及透明化。

二、东亚货币合作面临的问题

东亚各国经济发展水平差异较大，历史积怨已久，存在诸多矛盾冲突，加之金融体系不甚完善，对美元本位仍有较大路径依赖等问题，导致东亚各国推动货币合作的动力不足，货币合作的进一步发展面临多重束缚。

首先，当前东亚各国在货币合作方面缺乏统一的制度安排和具有约束力的协调机制。推进货币一体化正常运行的两个重要前提条件就是建立较为规范的制度安排和具有约束力的协调机制，只有这样才能督促各国明确合作目标，提高区域内合作的信用度，降低合作成本，进而实现共同利益。"10+3"合作框架下的东亚货币合作机制虽然有各种各样的对话、监督和救济机制，但仍处于十分散乱的状态。

其次，区域内货币合作的规模明显不足。CMIM的资金总额无法满足东亚各经济体应对外部经济冲击的需求，亚洲债券基金的规模也远达不到建立亚洲债券市场的基本条件。CMIM框架内的东亚外汇储备库并非各国的实际出资，而是由各国自己管理，仅在危机时才动用，这降低了流动性救助的可预测性。动用CMIM的比例在30%以内可以由成员国自主投票决定，超过这一比例则需要同时获得IMF贷款。与IMF贷款挂钩大大限制了CMIM可自主动用的贷款规模和执行效率，降低了其可用性，导致CMIM象征意义大于实际意义。不断扩大合作规模，才能提高区域内应对危机的能力。

此外，中日协同推进货币合作的机制仍有待完善。1997年亚洲金融危机后，日本官方积极推动日元与其他本币互换和区域内日元本币债券市场建设。在这一时期，东亚区域内日元的使用范围和规模均在短时间内获得了较为快速的增长。2003—2004年，日本银行史无前例地大规模干预汇率市场，在已有"零利率"政策的基础上进一步通过外汇政策手段人为压低日元，这直接导致日元作为国际货币的价值持续下跌，在区域合作框架下推进国际化进程的"稳健的日元"基础不复存在。日本单边主导的区域货币合作模式陷入停滞后,人民币国际化的启动与强势推进使区域货币合作的传统模式发生了深刻变化,中日货币双寡头竞争态势逐步形成。人民币国际化快速推进后,凭借其较为稳定的币值和汇率机制,人民币在东亚区域的使用规模不断提升。尤其在"一带一路"倡议之下,随着全球海陆贸易网络建设的有序推进,人民币的基础设施不断得到完善,多层次的人民币货币合作伙伴网络逐渐形成。中国在区域货币合作中的话语权显著上升,在CMIM出资额(中国内地及中国香港地区)达32%,与日本并列第一位。随着人民币国际化推进,中国为东亚货币提供了新的锚货币选项[①](赵雪倩,谢峰,2020)。

中日双方货币合作战略的竞争与分歧一直存在。2010年,中日在东盟与中日韩宏观经济研究办公室(AMRO)首任领导人问题上争执不下,最后决定两国共同分享首任主任的一半任期;2017年,由于两国在提高CMIM与IMF贷款脱钩比例问题上产生分歧,导致该问题被搁置。由于阶段性目标重叠,当前日元与人民币在货币互换、跨境贸易结算、本币债券市场构建等主要货币职能空间都形成了竞争效应,一定程度上加剧了东北亚区域货币合作的困境。在双寡头货币模式逐步确立的情况下,如何推动形成新型中日货币竞合关系或将成为破解东亚货币合作瓶颈的一个重要契机(陆长荣,2020)。

三、东亚货币合作的发展机遇

第一,东亚区域内经济一体化程度的提升为东亚各国带来货币合作潜力。东盟"10+3"地区经济发展水平形成梯度差异,产业结构互补性强,开展垂直和水平价值链分工合作均有较大空间。2022年1月1日,区域全面经济伙伴关系协定(RCEP)正式生效,形成覆盖整个东亚地区的现代、全面、高质

---

①2022年10月27日,国际清算银行公布的《三年一度中央很行调查:2022年4月柜台市场外汇交易》数据显示,人民币成为全球外汇交易最活跃的第五大货币。

量自由贸易协定，为东亚区域货币合作奠定基础。

第二，中国扩大金融开放激发货币合作需求。以往东亚地区跨境投融资依赖于美元等区外货币进行，需要向美国缴纳铸币税，企业跨境资产负债配置也受到美元汇率波动较大影响。如果能够采用东亚区域内国家货币进行跨境投融资，将有利于减少区域内铸币税损失，降低有关国家货币错配风险，提升区域内整体福利水平。近年来，中国金融市场对外开放速度加快，截至2019年末外资持有中国股票、债券规模分别达2.1万亿元和2.26万亿元，较2018年底持仓增幅分别达82%和32%。同时，中国企业继续"走出去"，"一带一路"倡议加快推进。随着东亚各国与中国相互持有金融资产规模加大，东亚各国央行间签订货币互换协议、稳定汇率等相关需求将会增加。

第三，人民币国际化为区域货币合作增添动力。在东亚区域内有望担当国际贸易投资工具的本地货币就是日元和人民币。其中，日元已是重要的国际货币，但是受限于日本的国际政治地位，加上经济长期疲软，其进一步提升国际化水平的潜力有限。中国经济正在迈向高质量发展，经济增速在全球主要经济体中居于前列，对东亚区域经济的辐射能力还在增加，人民币有望在东亚区域货币合作中发挥更加重要的作用。

第四，柬老缅越四国对区域金融安全网有较大现实需求。在东盟国家中，柬埔寨、老挝、缅甸、越南四个最后加入的国家，因发展程度相对落后，往往被归为一类（按英文首字母简称CLMV）。CLMV经济体量小，容易受到外部经济环境变化、自然灾害等负面因素冲击，造成经济较大波动，加上自身金融监管与风险管理能力不足、公司治理机制不完善，经济金融脆弱性往往较高，对应急金融救助安排存在更大的现实需求。外汇储备方面，相比于区域内其他国家，CLMV外汇储备规模较小，低于国际上认可的需满足3个月进口的充足性水平。双边货币互换方面，CLMV受限于自身金融开放水平，没有与区域内大国签署货币互换协议。在区域金融安全救助方面，更多依赖于多边救助机制,倾向于加强区域金融安全网络建设。

东亚各国应抓住机遇、直面挑战,基于实体经济发展需要,务实推动货币合作,增强清迈倡议多边化的危机救助功能,创造中日协同推动区域货币合作的有利条件,进一步推动东亚货币合作加速发展(赵雪倩,2021)。

四、东北亚地区货币合作的路径选择

由于社会、历史、政治等多方面的原因,东北亚区域与其他国际区域相比具有十分特殊的性质,这导致东北亚地区的区域合作一直处于滞后的状态。由于货币金融合作较为远离政治军事和特殊历史背景等影响东北亚合作的敏感问题,并且在该区域内的一些地区如俄罗斯的远东地区、中国的东北地区对资金有迫切需要,因此货币金融合作最有可能突破东北亚合作的瓶颈。

东北亚区域内国家的社会制度不同,不同国家之间有着较大的社会生产力和经济发展水平差异,并且还存在着朝鲜半岛问题和中日关系等容易影响安全的隐患,这都导致该区域内的国家无法就建立统一货币和跨国中央银行等相关事宜达成共识,所以在欧洲得以成功实践的欧盟统一货币区合作机制和模式难以被东北亚区域所借鉴。东北亚货币合作的最终目标也不是建立共同货币,而是更大程度地降低区域内爆发金融危机的可能性,以保证区域经济发展的稳定和繁荣。在东北亚地区创新设计出一个符合该地区特殊情况但又不同于"最优货币区"的货币金融合作模式,才可能最大限度地降低该区域内国家的合作成本,提高合作效益,开启东北亚经济合作的大门。

弗奥贝尔提出的"平等通货联盟"式国际货币联盟对东北亚货币合作有一定的借鉴意义。平等通货联盟模式要求联盟内的各成员国保留本国货币,同时由区域内国家组成的联盟货币机构统一发行一种与各国货币同时流通的平行货币。设计出一种不完全等同于"平等通货联盟"的"东北亚区

域货币"，这种区域货币不是由区域联盟货币机构发行，而是由区域内国家按照各国货币的不同权重加权计算出的一揽子货币。在各国国内仍然流通使用本国本位币的同时，在区域国家之间的贸易结算和支付则使用区域一揽子货币，如若区域内国家遭受国际游资冲击时，可以迅速动用区域货币以保持本国货币币值和汇率的稳定。在东北亚这样一个特殊国际区域，虽然不具备建立经济和货币联盟的客观要素和条件，不能直接建立最优货币区，但仍可以设计和寻找一种特殊的货币合作模式，以求在目前状态下达到区域合作的最佳效果，从而有力地推进东北亚区域合作的步伐（杜凤英、李依凭，2006）。

第三节　人民币国际化的基础和空间

一、货币国际化的基本条件

各国货币，代表其国家的综合实力，主权信用。当一国的货币被非本国的居民使用，履行了价值尺度、贸易结算、贮藏手段等基本职能时，可以看作货币国际化。相对来说，国家综合实力越强，主权信用越高，该国主权货币在国际上越受到认可，影响力越强，市场占有率越高，因为对于该货币的境外持有者来说，这反映的是该货币的资产安全性、便利程度和投资增值机会。二战后的美元，正是凭借美国政府在政治、经济、军事等方面强大的综合实力一跃成为国际货币。货币国际化的发展，在世界货币市场上占有率高的货币，其发行国可以获得大量铸币税收入，减少汇兑风险，减少过量外汇储备，也能在国际商品市场定价上拥有更多的话语权。

理论上，某个主权货币，若想在国际货币市场上获得较大份额，经济实力强，贸易规模大，资本账户开放，金融市场发达，币值稳定，军事实力和政治影响力强是基本条件。（白晓燕，2013）

　　第一，足够大的经济规模。货币发行国的经济实力越强、经济规模越大，那么在世界经济活动中该国货币越不可或缺，这会迫使境外机构和个人增加对该国货币的持有份额，国际市场对该国货币的需求增加，进而助推货币国际化。经济实力对货币国际化的影响可以从抵御经济风险和提高信用程度来分析。首先，一国的经济实力越强，经济结构越合理，在遇到比较强烈的外部经济冲击时，抵御风险的能力越强，这意味着持有该国货币安全性越高；另外，经济实力越强的国家，违约的可能性相对越低，信用程度越高，境外的个人、机构和政府持有该国货币和以该国货币计价资产的意愿越强烈，这会推动货币计价、贸易结算、贮藏等职能的发挥，进而推动货币国际化。

　　第二，足够大的贸易规模。足够大的贸易规模是货币国际化的必要条件，一个市场占有率高的货币，其主权国家进出口贸易规模一定很大。货币发行国的贸易规模越大，产生的对外币和本币的外汇交易需求越多，该货币成为定价货币的可能性越大，而定价货币具有规模效应，以该货币计价结算的贸易规模越大，交易成本越低，促进该货币的计价结算功能进一步增强。发达国家出口贸易反映出这样一种现象，一国货币的重要性与该国贸易总额占全球贸易的份额呈正相关关系，贸易份额越高越有可能使用生产者定价(李超，2010)。

　　第三，币值稳定。币值稳定性包括两方面含义，通货膨胀率和汇率稳定。货币币值有重要的价格信号作用，币值不稳定会扭曲价格的信号传导机制，增加了货币持有者搜集信息的难度和成本，因此币值稳定、增值能力强的货币会受到私人投资者和政府官方外汇储备的青睐。一国货币币值的稳定会提高非本国居民对该国货币的认可和接受程度，增强对该货币的信心，进而增强对该货币的持有意愿，推动货币国际化的发展。

　　第四，强大的军事实力和政治影响力。拥有强大的军事实力意味着经济的发展是有安全保障的，强大的政治影响力意味着在经济规则的制定和运行方面有更大的话语权,这都会增强非本国居民对该国主权货币的信心。

第五,能够容纳足够多资金的开放的资本市场。随着货币国际化程度的加深,货币资金在境外逐渐累积,为了使资金得到有效利用,必须要有一个可以投资的资本市场来吸纳闲置资金,这也会增强境外持有者的持有意愿。

第六,发达的金融市场。彭红枫2017等指出,金融市场的发展程度,资本账户的开放程度都会显著影响货币国际化的进程。金融市场的发展程度主要体现在广度和深度上,若金融市场拥有众多的投资参与者、丰富的产品种类、庞大的交易量,那么认为该金融市场的广度较大;若金融市场规则制定完善、交易活跃、拥有高效且反应迅速的二级市场,那么认为该金融市场深度较高。一个兼备广度和深度的金融市场为投资者提供了多种多样的投资产品和风险缓冲工具,大大丰富了交易的选择,降低了交易的成本和不确定性,能够吸引更多的境外投资者投资本国的金融资产,提高货币在国际市场的地位。(彭红枫,2017;张子进,2021)

货币及其主权国家即使满足了以上的基本条件,该货币的国际化也未必就能一帆风顺,旧国际货币的使用惯性会对新国际货币的国际化进程形成一定的阻碍。以欧元为例,欧元国际化进程严重受制于美元的货币惯性。布雷顿森林体系正式确立了美元的主导货币地位,1973年美国宣布放弃布雷顿森林体系,九十年代美元出现贬值趋向,1999年欧元诞生并受到国际资本市场的追捧,但是美元在美国进出口贸易中的计价结算比例并没有因此而下降。2003年美元在美国出口贸易中的计价比例为99.8%,在进口贸易中比例反降至92.8%,在对外贸易中,美国进出口厂商拥有绝对的货币选择权。除此之外,在不涉及美国的跨境贸易中,美元也广泛的充当着计价和结算货币,作为主导货币的美元表现出强大的交易惯性。当一种货币在国际上被承认并广泛地使用时,就会产生惯性效应并持续自我强化,这对新的国际货币构成了严重的进入壁垒。(孙海霞,2011)

二、人民币国际化的基础

在经济规模方面,2010年中国GDP超过日本,成为仅次于美国的世界第二大经济体,此后十年中国的经济规模持续扩大,与美国的差距正在缩减。与美国相比,中国经济具有更大的发展潜力,尤其是疫情以来,中国依靠出口贸易和刺激内需,成为2020年唯一一个实现正增长的主要经济体,可见中国经济抵御风险甚至危机的能力较强,在未来的一段时间内,中国经济持续增长的总态势不会改变。

在贸易规模方面,据海关总署统计,2020年中国进出口贸易总额达32.16万亿人民币,同比增长1.9%。其中,出口17.93万亿元,增长4%;进口14.23万亿元,下降0.7%;贸易顺差3.7万亿元,增加27.4%。进口总额和出口总额两项数据都创新高,同时中国进出口贸易总额在国际市场所占的份额也创新高,中国外贸全球第一大国的地位进一步得到巩固,这意味着中国已经具备跟相关贸易国进行本币结算的条件。

在币值的稳定性方面,20世纪八九十年代人民币通货膨胀率曾出现过两位数,但近十年来人民币币值保持稳定。截至2022年6月末,中国外汇储备规模为30713亿美元。此外,中国黄金储备为6264万盎司;按SDR(特别提款权)计,中国外汇储备为23130.86亿SDR,总量仍然位居全球首位。巨额的外汇储备能够增强政府干预外汇市场的能力,为人民币提供一个相对稳定的预期,增强国外居民和机构对人民币的持有意愿,形成人民币国际化的有利条件。

在资本市场容纳资金的能力方面,2021年中国A股市场总成交额合计达257.16万亿元,同比增长24.76%。2021年上市公司市值规模91.2万亿元,相较于2020年末上市公司市值规模增加近11万亿元。2020年以来,中国经济在疫情之下迅速恢复,推动了中国股市的发展,外资持有A股的规模也不断变大。近几年中国的债券市场也在不断发展,未来容纳资金的能力同样可观。除此之外,中国的实体经济也有很大的发展空间,中国的新基建、数字经济,以及全球最大的消费市场等,都能为资本提供更多的投资机会。

人民币开始走出国境更多地发挥国际货币的职能。一是人民币国际贸易计价结算的职能进一步巩固,2009年中国在上海和广东省四个城市开展跨境贸易人民币结算试点,2011年将试点扩展到全国,并与八个邻近国家签署跨境贸易人民币结算协议,目前全球至少有28个国家可以直接用人民币结算,主要分布在中国邻近地区和海湾地区。据中国人民银行《2021年人民币国际化报告》显示,2020年,经常项目人民币跨境收付金额合计为6.77万亿元,同比增长12.1%,占同期本外币跨境收付的17.8%,较2019年提高1.7个百分点。其中,货物贸易人民币跨境收付金额合计为4.78万亿元,同比增长12.7%,占同期本外币跨境收付的14.8%,较上年提高1.4个百分点;服务贸易人民币跨境收付金额合计为9238.57亿元,同比下降2.9%,占同期本外币跨境收付的25.5%,较上年提高1.7个百分点。2020年,直接投资人民币跨境收付金额合计为3.81万亿元,同比增长37.1%。2020年,大宗商品贸易领域人民币跨境收付较快增长,全年原油、铁矿石、铜、大豆等大宗商品贸易跨境人民币收付金额为2525.66亿元,同比增长16.4%,当然大宗商品领域人民币跨境收付总体尚处于较低水平。2020年,人民币跨境支付系统(CIPS)稳定运行,累计处理跨境人民币业务220.49万笔,金额45.27万亿元,同比分别增长17.0%和33.4%。截至2020年末,人民银行已在25个国家和地区授权了27家境外人民币清算行。

二是人民币国际投融资职能持续深化。由于近年来我国金融市场开放程度逐步提升,制度法律等顶层设计渐趋完备,境内外越来越多的主体选择发行以人民币计价的债券进行融资,比如在境内市场发行的熊猫债和在香港市场发行的点心债。根据央行《2021年人民币国际化报告》,截至2020年末,"熊猫债"累计注册/核准(备案)额度1万亿元,累计发行金额4337.21亿元。更多的境外投资者通过人民币合格境外机构投资者(RQFII)、沪港通、深港通、沪伦通、债券通、直接入市投资、基金互认、黄金国际版、特定品种期货等渠道，参与境内金融市场交易。人民币合格境内机构投资者（RQDII）也可以按相关规定投资境外人民币金融产品。2020年，人民币合格境外机构投资者（RQFII）业务流入1.29万亿元，流出1.24万亿元，净流入526.31亿元。

三是人民币国际储备功能得到进一步发挥。根据国际货币基金组织官方外汇储备货币构成（COFER）数据，截至2021年一季度末，人民币储备规模为2874.64亿美元，占标明币种构成外汇储备总额的2.5%，居第5位，这是自2016年IMF开始将人民币储备资产规模纳入公布范围以来的最高水平。据不完全统计，目前全球有70多家央行或货币当局将人民币纳入外汇储备。

四是人民币跨境流通的范围进一步扩大。截至2020年末，中国人民银行共与40个国家和地区的中央银行或货币当局签署双边本币互换协议，互换总金额超过3.99万亿元。双边货币互换加强了地区合作，降低了汇率波动风险，减少贸易和金融往来成本，促进双方贸易规模的扩大。对于人民币国际化而言，双边货币互换提高了人民币跨境流通的范围和使用程度，扩大了人民币在这些地区的影响力。

五是离岸人民币市场健康发展。截至2020年11月，中国香港地区、中国台湾地区，以及新加坡等主要市场离岸人民币存款规模超过1万亿元。这表明中国近年来"走出去"战略成果斐然，人民币愈发受到国际金融市场的青睐。目前，中国香港是全球最大的人民币离岸中心，新加坡、法兰克福、伦敦等金融中心也在积极把握人民币国际化机遇（刘连舸，2021）。

2009年我国开始推行跨境贸易人民币计价结算试点，人民币国际化工作持续推进。2014年，中国倡导建立亚洲基础设施投资银行和丝路基金，更好地推动了人民币在亚太地区的使用和流通。2015年8月11日，中国人民银行宣布调整人民币兑美元汇率中间价报价机制，做市商参考上日银行间外汇市场收盘汇率，向中国外汇交易中心提供中间价报价。人民币汇率不再盯住单一美元，而是选择若干种主要货币，赋予相应的权重，组成一个货币篮子。同时,以市场供求为基础,参考一篮子货币计算人民币多边汇率指数的变化,维护人民币汇率在合理均衡水平上的基本稳定。此次改革使汇率的形成机制更加市场化,并促进了人民币国际化。2016年人民币正式加入国际货币基金组织(SDR)货币篮子,在SDR货币篮子中的权重为10.92%,排名第三,仅次于美元和欧元,人民币第一次成为国际储备货币。经过多年的努力,人民币国际化取得了显著的进展,根据央行《2021年人民币国际化报告》,2020年人民币国际化指数(RII)为5.02,同比大幅增长54.20%,创历史新高。人民币在计价结算、金融交易、国际储备等方面的地位不断得到巩固加强,奠定了人民币国际流动性的坚实基础(《2021人民币国际化报告》,2021)。

三、人民币国际化的不足

虽然人民币国际化已经满足了经济实力,贸易规模等基本条件,但是金融市场发展滞后,未形成成熟的多层次资本市场,资本账户非可自由兑换,贸易附加值低,主流货币使用惯性等问题还是给人民币国际化带来一定困难。当前,人民币国际化发展尚存在不足,在未来要想能够进一步推进人民币国际化,必须要进一步满足人民币国际化的基本条件,为其夯实基础。

要稳妥有序推进人民币资本项目可兑换,拓宽资金双向流通渠道,将外汇管理方式从正面清单转变为负面清单,将事前审批转变为事后监管;逐渐放宽境外投资汇兑限制,为境外机构投资者提供便利性;进一步完善沪港通、伦港通等,为境内外个人投资者畅通投资渠道。要进一步深化人民币汇率市场化改革,增强汇率弹性,加强预期管理,促进内外平衡。还要推动建设开放、积极、有深度的多层次金融市场,为人民币回流提供空间。

虽然人民币在计价结算、金融交易、国际储备等方面的职能得到进一步的发挥,但同时需要看到的是,人民币跨境贸易结算的范围还不够广,交易规模还不够大,而且由于受到多种因素限制,人民币计价结算、国际储备等功能的发展进度比较缓慢。

四、人民币国际化的发展空间

尽管当前人民币在SDR篮子中的占比还较低,在全球支付和外汇储备中的排名较低,但人民币国际化仍然具有广阔的发展空间。人民币国际化的成败,涉及实体和金融两个层面的发展状况。在实体层面,中国脚踏实地地坚守实体经济,积极推动实体经济转型升级,为人民币国际化发展提供坚实后盾;在金融领域,人民币国际化发展空间很大。

2022年5月11日,IMF执行董事会完成了对于构成SDR一篮子货币的定值审查,决定维持现有SDR篮子货币构成不变,即仍由美元、欧元、人民币、日元和英镑构成。但对各类货币的比重进行了调整,人民币权重由10.92%上调至12.28%,执董们普遍认可中国金融市场改革取得的进展。此外,美元的权重由41.73%上升到43.38%,欧元、日元、英镑的权重均有所下降,欧元由30.93%下降至29.31%,日元由8.33%下降至7.59%,英镑由8.09%下降至7.44%。调整后的人民币权重仍然保持在第三位。SDR入篮权重的计算需要参考的指标有其在全球储备及国际贸易中的占比,中国虽然是贸易第一大国,但是出口贸易中仅有20%~25%以人民币计价结算,这一比例明显低于国际化上升时期的日元(30%)和马克(80%)。随着中国经济地位,特别是贸易地位的稳固,预计未来可能会进一步提高。

当前人民币外汇成交量全球占比为4.3%,未来成长可期。据2021年初英国央行发布的半年度外汇交易量调查报告显示,人民币期权在全球最大外汇交易中心伦敦的日均交易量历史首次超过日元和英镑。据芝加哥商品交易所旗下的外汇即期交易平台EBS显示,EBS在伦敦和纽约的平台上,2015—2020年人民币日均交易量的增幅分别达到90%和131%。这对人民币在国际外汇市场具有划时代的意义,因为IMF在考察储备货币、确定SDR份额时,货币在全球外汇市场的交易量是重要参考之一,近年来人民币表现优异，人民币作为储备货币的份额以及货币地位不断提升（曹誉波，2021）。

从两次世界大战到推动建立布雷顿森林体系，可以说，美国政府对数次机遇的有效把握，是替代英镑体系确立以美元为核心的国际货币体系的关键因素。当今中国正面临百年未有之大变局，逆全球化思潮愈演愈烈，贸易保护主义抬头，美国挑起贸易战，并在经济金融等领域实行"去中国化"。而中国也提出了"一带一路"倡议、高质量转型发展战略、双循环新发展格局等，在立足于自身经济高质量发展的同时，与周边国家搞好关系，积极"走出去"，通过对外贸易、投资、援助等形式扩大人民币的使用范围，提升中国的国际形象。抓住机遇，顺势而为，定能将人民币国际化的发展推升至一个新的高度。

借助"一带一路"倡议，推动与周边国家贸易使用人民币计价结算，鼓励境内企业直接用人民币对外投资，政府使用人民币对外经济援助，反过来这些周边国家用人民币购买中国的商品和服务，投资于中国的金融市场，形成人民币的回流机制，再从"一带一路"推广到其他国家，逐步提高国际贸易中人民币计价结算的比例。很多研究人民币国际化的学者都提出了以大宗商品破题人民币国际化。一带一路沿线的多个国家，如沙特阿拉伯、委内瑞拉等都是世界上主要的石油出口国，而中国是世界上最大的大宗商品进口国，在一带一路沿线，推动大宗商品交易以人民币计价结算，打破美元的垄断，既可以规避使用第三方货币计价结算的汇率风险，这些国家又能够满足中国巨大的进口需求，进而在双边贸易增长和经济良性互动中实现大宗商品贸易人民币计价。同时挖掘"一带一路"倡议、对外援助战略等实施过程中大宗商品潜在的交易对象，提振周边国家人民币结算的接受度。通过促进大宗商品交易人民币计价，进而提高人民币计价的期货价格在大宗商品贸易中的定价话语权，带动人民币在国际支付结算和储备权重上升的路径，是最具市场化的竞争手段（巴曙松，2019）。

借助高质量转型发展战略，提高中国制造在全球产业链中的地位，进而提高人民币在国际贸易中的定价议价权,推动跨境贸易人民币结算。高质量发展有助于提高境外机构、政府对人民币未来发展的信心,将人民币纳入外汇储备,提高人民币在国际储备货币中的地位。在当前,美国频频发动贸易战和金融战,很多国家外汇储备的币种选择和投资方向都趋向于多样化以降低风险。以此为契机,迫切需要为与中国建立合作互惠关系的国家和地区的外汇储备提供便利的人民币资产投资渠道和丰富的产品,为各国将人民币纳入外汇储备提供选择和信心。

人民银行在《2020年人民币国际化报告》中,将人民币国际化定义为人民币在国际货币体系中具备支付货币、投融资货币、储备货币和计价货币这四项功能。从人民币国际化的四项职能看,结算货币职能基于贸易领域,是其他三项职能得以稳定发展的基础,继续做大并分好经济"蛋糕",推动贸易规模的扩大和贸易自由化,是人民币国际化的基本保障;投资货币职能依赖于资本项目开放,资本项目开放是当前人民币国际化的重要方向,加快落实人民币资本项目可自由兑换,放宽人民币境内外投资汇兑限制,畅通境外个人和机构投资者的投资渠道,但相关风险防范需求意味着资本项目开放必须是审慎有序的;储备货币职能则基于储备资产参与的市场交易,需要同时参考结算和投资货币职能表现,储备货币份额的提升是投资者行为的结果,受历史惯性和政治因素影响较大,因此在夯实人民币跨境结算、推动高水平开放和保持经济政治基本面稳定的条件下,储备货币份额将自然提升;计价货币职能与结算、投资、储备职能不同,其他三项职能更偏向于货币的媒介功能,而计价货币偏向于货币的价值尺度功能,是更高层次的国际货币要求,意味着"国际话语权",全球贸易模式变化为推广人民币计价提供机遇,而我国庞大的大宗商品交易量为人民币计价提供了天然条件(巴曙松,2019)。

第四节　东北亚区域货币合作的试点效应

为了在东北亚区域进一步提升区域货币的核心地位,进一步推进东北亚货币合作进程,提高人民币在东北亚区域的地位,推行人民币区域化,本文提出以下试点对策:

(一)形成东北亚独特的货币板块

人民币应该主动推进与东北亚区域其他国家的货币合作,促成东北亚自贸区建设,在中日韩三国经济联系日益紧密的基础上促进东北亚贸易自由化及货币合作,促进东北亚区域贸易以区域内货币结算,提升区域货币的核心地位。成立东北亚区域货币合作基金,加强东北亚货币政策的协调,形成独特的东北亚货币板块。

(二)加强东北亚货币合作,提高人民币的区域核心货币地位

东北亚地区货币合作应该首先着眼于提升经济金融一体化水平,从服务实体经济出发,促进跨境贸易投资便利化。支持跨境贸易投资中使用双边货币进行计价结算,扩大双边货币互换签署的覆盖面和资金规模,促进区域贸易投资的发展。完善人民币在东亚地区使用的激励机制,以区域贸易和投资的需求带动人民币区域化,提高人民币在东北亚地区的地位。通过税收减免等优惠政策鼓励国内企业"走出去",在东北亚区域对外投资时使用人民币,同时继续扩大金融市场的开放,设计更多面向东北亚区域投资者的金融产品,建立人民币回流机制。通过使用人民币开展对外投资,欢迎东北亚区域各国使用人民币购买中国的商品和服务,吸引各国使用人民币投资于境内金融市场,在满足区域贸易和投资需求的同时,逐步推进人民币在区域内的使用,提高人民币的区域核心货币地位。

支持东北亚各国央行在外汇储备中持有人民币资产,完善人民币在东北亚各国的支付清算安排和配套基础设施,便利有关国家货币与人民币之

间的兑换与清算。(蔡彤娟、林润红,2020;赵雪倩,2020)

(三)以中日韩货币合作带动东北亚货币合作发展

东北亚区域内贸易规模的扩大,资本流动的增强以及贸易投资中本币使用频率的提高,都为东北亚区域货币合作提供了前提条件。中日韩是东北亚区域内经济交往最为密切的三个国家,以中日韩货币合作带动东北亚区域货币合作发展是一条行之有效的路径。中日韩货币合作可以从微观和宏观两个方面开展。

在微观层面,首先是加强金融机构之间的合作,比如银行间资金头寸的拆借,互相为对方提供本国跨国企业的资信调查情况,共同参与组建银团贷款,互相为对方提供交易担保等,以及开展一些如支付清算系统对接的技术性合作;加快中资银行进入日韩市场的步伐。其次是加强中日韩功能性合作,功能性合作先易后难,即先在各方易于接受的领域达成共识,再逐步往难度更大的领域推进,比如可以按照工业制成品自由贸易到服务自由贸易再到农产品自由贸易的顺序推进,促进中日韩自贸区先行示范区的落实,进一步促成中日韩自贸区谈判。以中日韩自贸区带动东北亚自贸区的建立,逐步提高东北亚贸易自由化和经济一体化的程度。

在宏观层面,实现功能性合作基础上的制度性合作。首先,完善中日韩货币互换机制。目前,中日、中韩、日韩之间已经签订了货币互换协定,但还应尽快做出三边货币互换机制安排,并推动与俄罗斯、蒙古等区域内其他国家缔结双边货币互换协议。其次,建立区域性紧急救援机构,其主要功能是充当区域性最后贷款人,管理和提供区域性救援基金,协调和管理危机救援行动,与IMF等国际组织形成互补。最后,建立中日韩清算支付体系,这样能保证三国之间顺利实现贸易的非美元结算,也可以提高三国货币在国际金融市场上的利用率,还可以推动东北亚地区的经济、金融合作(武玉兰,2008)。

不论是人民币国际化还是东北亚货币合作,都需要协调经济因素、政治因素和文化历史因素,这都将是一个长期而艰巨的过程。要积极而谨慎地推进货币合作和人民币国际化,就要在维护人民币国际化现有成果的前提下,积极承担区域发展和金融稳定的责任,提升自身的影响力和话语权,从而在世界货币体系的变动中赢得竞争优势和主动权(刘文,2013)。

参考文献

一、期刊

[1] 积极持续推进中国-东盟旅游交流合作[J].中国报道,2021(11).

[2] 解读全球最大自贸协定达成:RCEP的签署对中国和世界有何重大意义?[J].大社会,2020(11).

[3] 陈东升.长寿时代的理论与对策[J].管理世界,2020(04).

[4] "布雷顿森林机构改革研究"课题组.布雷顿森林机构改革[J].经济研究参考,2006(49).

[5] Ashraf Mahmood Wathra.加强区域合作 共同应对全球金融危机带来的挑战[J].金融发展评论,2013(09).

[6] 巴曙松,王珂.中美贸易战引致全球经贸不确定性预期下的人民币国际化——基于大宗商品推动路径的分析[J].武汉大学学报(哲学社会科学版),2019(06).

[7] 白当伟.东亚货币联盟的收益与成本分析[J].亚太经济,2002(03).

[8] 白晓燕,邓明明.货币国际化影响因素与作用机制的实证分析[J].数量经济技术经济研究,2013,(12).

[9] 保建云.病毒种族主义、极端民粹主义与超级保护主义——2020年反全球化思潮的新表现[J].人民论坛,2020(36).

[10] 财经剪贴[J].世界知识,2022(11).

[11] 蔡琦.中美贸易摩擦背景下中国-东盟经贸关系的新态势及中国对策[J].区域与全球发展,2020,(04).

[12] 蔡彤娟,林润红.中日韩货币合作与东亚独立货币板块的构建:基于核心货币汇率联动的实证研究[J].世界经济研究,2020(06).

[13] 曹誉波,刘猛."双循环"新发展格局下人民币国际化路径研究[J].中国货币市场,2021(09).

[14] 陈柳钦.发展中国家金融自由化实践与中国金融开放[J].广东金融学院学报,2006(01).

[15] 陈柳钦.金融自由化在发展中国家的实践及中国的金融开放[J].南都学坛,2006(03).

[16] 陈敏.新阶段我国核能公众沟通的协同机制建设[J].决策与信息,2022(03).

[17] 陈四清.去全球化背景下亚洲金融合作的新思路[J].国际金融研究,2016(08).

[18] 陈宪良.中俄能源合作的现状、前景分析及启示[J].西伯利亚研究,2010,(03).

[19] 陈向国.打赢"碳达峰、碳中和"这场硬仗离不开绿色金融[J].节能与环保,2021(04).

[20] 陈志恒.东北亚区域自由贸易区建设的进展与挑战[J].东亚评论,2018(02).

[21] 程琳,刘薇,陈韵涵.碳中和愿景下的绿色金融国际合作新方向[J].中国外汇,2021(05).

[22] 丛晓男,李国昌.全球变局背景下的"一带一路"建设:进展、挑战与应对措施[J].全球化,2022(01).

[23] 笪志刚.新冠疫情下东北亚区域合作的新挑战与新机遇[J].外语学刊,2021(01).

[24] 党红超.人民币贬值的意味[J].金融博览,2012(09).

[25] 第十二届中国-东北亚博览会:推动形成开放型东北亚经济圈[J].中国对外贸易,2019(09).

[26] 董亮.逆全球化事件对巴黎气候进程的影响[J].阅江学刊,2018,(01).

[27] 杜凤英,李依凭.关于东北亚区域货币金融合作问题探讨[J].长白学刊,2006(04).

[28] 费婧蓉.RCEP发展历程与我国贸易投资现状及问题[J].河北金融,2021(12).

[29] 冯邦彦,武艳杰.亚洲金融合作与"亚元"的前景[J].当代亚太,2003(01).

[30] 付波航.高质量发展背景下人民币国际化的新路径[J].湖北经济学院学报,2021,(02).

[31] 傅郭鑫,孙佳.中日韩自贸区建设困难及建议[J].合作经济与科技,2021(06).

[32] 傅梦孜,徐刚.当前中国与周边国家经贸关系发展评析[J].边界与海洋研究,2017,(03).

[33] 高海红.亚洲区域金融合作:挑战和未来发展方向[J].国际经济评论,2017(03).

[34] 高杨.逆全球化的实质与应对之策[J].人民论坛,2019(14).

[35] 顾炜.三方合作的困境与解困之道[J].东北亚论坛,2020,(05).

[36] 郭继光.中国与东盟:互联互通带来的成就、挑战与前景[J].旗帜,2021(12).

[37] 郭振,许林.双循环新发展格局下推动中日韩贸易创新发展[J].商业经济,2021(04).

[38] 国际部分[J].当代金融家,2021(11).

[39] 韩克勇.关于中国货币政策有效性问题的探讨[J].兰州商学院学报,2007(01).

[40] 韩升,王朋朋.RCEP背景下我国在经济全球化发展中的角色定位及策略选择[J].长白学刊,2022(03).

[41] 贺俊.从效率到安全：疫情冲击下的全球供应链调整及应对[J].学习与探索,2020(05).

[42] 贺满萍.欧洲经济会向好吗?[J].金融博览(财富),2021(04).

[43] 侯越.百年变局与当代青年使命担当[J].辽宁省交通高等专科学校学报,2021,(02).

[44] 胡鞍钢,王蔚.从"逆全球化"到"新全球化"：中国角色与世界作用[J].学术界,2017(03).

[45] 胡鞍钢.中国实现2030年前碳达峰目标及主要途径[J].北京工业大学学报(社会科学版),2021(3).

[46] 胡蔓,杨明,杜萍静.东北亚能源互联网虚拟仿真实验教学项目建设及应用[J].实验室研究与探索,2020,(08).

[47] 胡勇,李占卫.IMF、货币合作和国际货币体系的稳定[J].世界经济与政治论坛,2005(02).

[48] 黄大慧.东亚经济共同体建设的成效及挑战[J].人民论坛,2020(04).

[49] 黄梅波.最优货币区理论与东亚货币合作的可能性分析[J].世界经济,2001(10).

[50] 黄宁,鄢佩.经济区域化与全球化发展及其关系分析[J].经济问题探索,2015(09).

[51] 黄鹏.重构全球化：全球经济治理的改革取向[J].探索与争鸣,2021(02).

[52] 黄群慧.新冠肺炎疫情对供给侧的影响与应对:短期和长期视角[J].经济纵横,2020(05).

[53] 黄仁伟,高雁霞.从亚洲金融危机看经济全球化下的相互依存理论[J].世界经济研究,1999(04).

[54] 黄志龙.拉美国家货币与金融区域合作任重而道远[J].中国金融,2007(16).

[55] 季哲."新时代公共管理知识体系反思与重建"学术研讨会暨《公共管理与政策评论》年度论坛在京召开[J].中国行政管理,2021(01).

[56] 江瑞平.大格局:"东亚奇迹"再造[J].东亚评论,2020(02).

[57] 江涌.金融全球化与欧盟金融一体化[J].欧洲,2002(01).

[58] 姜跃春,张玉环.新冠疫情不会中断经济全球化进程[J].世界知识,2020(7).

[59] 晋益文.东北亚新型地区秩序构建:中日韩合作的进展与前景[J].亚太安全与海洋研究,2021(06).

[60] 柯隆.值得思考的日本经济现状[J].沿海企业与科技,2001(02).

[61] 昆仑银行课题组.能源金融纵横观(上)[J].当代金融家,2015(06).

[62] 李超.中国的贸易基础支持人民币区域化吗?[J].金融研究,2010(07).

[63] 李富有,李敏.拉美国家汇率制度的选择及其对中国的启示[J].拉丁美洲研究,2003(06).

[64] 李富有.亚洲金融合作的研究现状、发展历程与路径选择[J].华南金融研究,2003(03).

[65] 李鸿阶,张元钊.双循环新发展格局下中国与东盟经贸关系前瞻[J].亚太经济,2021(01).

[66] 李鸿阶.《区域全面经济伙伴关系协定》签署及中国的策略选择[J].东北亚论坛,2020,(03).

[67] 李建军,李俊成.全球化真的损害了发达国家的经济利益吗——来自全球化收益分配及其决定因素的证据[J].经济学家,2019(07).

[68] 李俊久,姜默竹.人民币"入篮"与国际货币体系未来走向[J].现代国际关系,2016(06).

[69] 李旻.中韩关系,还需克服什么困难[J].世界知识,2021(03).

[70] 李栯.新冠疫情期间朝韩美三边关系调整与朝鲜半岛局势走向[J].东北亚学刊,2020(05).

[71] 李文龙.亚洲债券基金的由来与发展[J].中国金融,2005(22).

[72] 李小娟.亚洲货币合作前景探析[J].当代经济研究,2010(04).

[73] 李勇,谢继翔.如何看待信息产业发展中的"生产力悖论"现象[J].中国信息导报,2000(11).

[74] 李悦,顾苏秦,孙宇.欧洲、北美金融合作的做法及启示[J].经济纵横,2007(11).

[75] 李忠民,邹明东.能源金融问题研究评述[J].经济学动态,2009(10).

[76] 林化森.欧元的发展历程及前景展望[J].经贸实践,2017(06).

[77] 凌菲霞.有效的全球化与无效的全球治理——新冠疫情背景下西方学者的新思考[J].东北亚论坛,2020(05).

[78] 刘军会,田春筝,白宏坤,等.基于LMDI分解的河南省能源效率研究[J].河南电力,2021(S1).

[79] 刘军梅,郑民.国际经验视野下的SCO金融合作:约束条件与突破方向[J].复旦学报(社会科学版),2011(06).

[80] 刘均胜.特朗普贸易保护主义背景下的中日韩自贸区[J].太平洋学报,2018(12).

[81] 刘连舸.人民币国际化之路该怎么走[J].国际金融,2021(03).

[82] 刘满平.我国实现"碳中和"目标的意义、基础、挑战与政策着力点[J].价格理论与实践,2021(2).

[83] 刘平,刘亮.日本迈向碳中和的产业绿色发展战略——基于对《2050年实现碳中和的绿色成长战略》的考察[J].现代日本经济,2021(4).

[84] 刘荣增.共生理论及其在我国区域协调发展中的运用[J].工业技术经济,2006(03).

[85] 刘卫东.新冠肺炎疫情对经济全球化的影响分析[J].地理研究,2020(07).

[86] 刘文,刘婷.后金融危机时期中日韩货币合作研究[J].东北亚论坛,2013(02).

[87] 刘文.RCEP框架下的中日韩产业合作[J].亚太安全与海洋研究,2021(03).

[88] 刘向东.新形势下中日韩应共同维护世界自由贸易秩序[J].人民论坛·学术前沿,2020(18).

[89] 刘晓玲,徐靖.RCEP规则研究与政策建议[J].商业经济,2022(07).

[90] 刘晓钰,辜萍萍.基于移动互联网的互动互助养老模式研究[J].软件,2019(12).

[91] 刘星.后疫情时代中日安全关系的复杂性与风险[J].日本研究,2021(02).

[92] 刘燕霄.发展中国家金融自由化改革实践及对中国之启示[J].金融经济,2009(02).

[93] 陆磊,李宏瑾.纳入SDR后的人民币国际化与国际货币体系改革:基于货币功能和储备货币供求的视角[J].国际经济评论,2016(03).

[94] 陆长荣,崔玉明,王越.东亚货币合作困境分析的新视角:货币竞争与货币合作的悖论[J].亚太经济,2020(01).

[95] 罗克研.政策利好产业投资超2万亿元[J].中国质量万里行,2021(02).

[96] 罗帅．海上丝绸之路建设中的区域金融监管协调机理研究[J].商场现代化,2021(05).

[97] 罗雨泽．疫情后的全球化与中国对策[J].开放导报,2020(06).

[98] 马涛,徐秀军.新发展格局下RCEP签署与东亚区域经贸合作的中国策略[J].东北亚论坛,2021(03).

[99] 马兴超,韩娇,刘彦君.新时期东北亚金融合作的趋势、发展路径及中国战略[J].俄罗斯中亚东欧市场,2013(01).

[100] 毛建华.张永利代表:生态文明建设绘就新蓝图[J].中国有色金属,2018(07).

[101] 孟娜,刘钱凤.生态伦理视域下江苏省生态文明建设研究[J].吉林广播电视大学学报,2021(02).

[102] 孟月明,王毅男.2019—2020年中韩关系:回顾与展望[J].当代韩国,2020(01).

[103] 慕丽杰,孙菁苗.东北亚区域金融合作的策略选择[J].中国商贸,2013(16).

[104] 慕丽杰,张微微.中国参与和推动东北亚区域金融合作的路径选择[J].国际金融,2014(11).

[105] 穆良平,姬振天.货币区域化视角下国际区域金融合作对东亚的启示[J].理论探讨,2016(04).

[106] 欧洲债务危机的进程及起因[J].内蒙古金融研究,2011(10).

[107] 潘晓滨.韩国碳排放交易制度实践综述[J].资源节约与环保,2018(06).

[108] 庞德良,张建政.中、日、韩金融合作与东北亚区域经济发展[J].东北亚论坛,2002(04).

[109] 庞飞.区域性金融合作问题的研究与展望——以中日韩金融合作为例[J].济南职业学院学报,2012(03).

[110] 彭红枫,谭小玉.人民币国际化研究:程度测算与影响因素分析[J].经济研究,2017(02).

[111] 朴光海.新冠疫情下的中韩关系及其发展前景[J].当代韩国,2020(02).

[112] 郄永忠.美国金融业混业经营之路[J].经济导刊,2004(11).

[113] 饶林.全球化的进退之问[J].产城,2020(04).

[114] 任飞.上海合作组织区域人民币国际化研究[J].欧亚经济,2016(04).

[115] 任海平.东北亚石油消费与进口[J].科学决策,2004(05).

[116] 桑百川,王伟.逆全球化背景下东亚经济合作的机遇[J].东北亚论坛,2018(03).

[117] 商务部解读《区域全面经济伙伴关系协定》[J].中国外资,2020(23).

[118] 沈洁.RCEP协定生效面临的问题与风险防范[J].区域经济评论,2021(03).

[119] 盛斌,黎峰.逆全球化:思潮、原因与反思[J].中国经济问题,2020(02).

[120] 施锦芳,隋霄.新冠疫情对中日韩价值链的影响[J].日本问题研究,2021(01).

[121] 史丹,余菁.全球价值链重构与跨国公司战略分化——基于全球化转向的探讨[J].经济管理,2021(02).

[122] 司文.世界经济指标[J].国际研究参考,2021(08).

[123] 宋永辉,任福真,康捷瑜.新形势下中国与东北亚区域金融合作研究[J].对外经贸,2021(09).

[124] 宋志勇."一带一路"框架下有效推进东北亚国家协同发展[J].东北亚经济研究,2020(03).

[125] 苏英,刘江永.韩日关系恶化的成因、背景及前景[J].东北亚论坛,2020(01).

[126] 孙海霞,谢露露.国际货币的选择:基于外汇储备职能的分析[J].国际金融研究,2010(12).

[127] 孙海霞,杨玲玲.货币国际化进程影响因素研究——基于外汇储备职能的实证分析[J].上海财经大学学报,2010(06).

[128] 孙海霞.美元国际化:历程与启示[J].兰州商学院学报,2012(01).

[129] 孙焕民,吴德进.欧盟金融监管演进分析——兼论对中国金融监管区域国际合作的启示[J].亚太经济,2004(03).

[130] 孙杰.深化亚洲金融合作的途径:日本的作用和影响[J].世界经济与政治,2007(05).

[131] 孙丽,冯卓.东北亚区域经贸合作状况、面临问题及推进路径[J].沈阳师范大学学报(社会科学版),2020(01).

[132] 孙丽.超主权储备货币的可行性分析[J].上海金融,2009(08).

[133] 孙伶伶,高洪.日本在逆全球化进程中的战略选择[J].东北亚学刊,2020(06).

[134] 孙茹.朝核问题与美韩同盟的未来[J].中国国际战略评论,2018(02).

[135] 孙天昊,盛斌.墙还是梯子?——美国在全球化进程中的价值冲突与特朗普政府的选择[J].美国研究,2019(04).

[136] 唐彦林,焦健.拜登政府的东北亚政策与东北亚地区关系走向[J].日本研究,2021(01).

[137] 万喆.RCEP为亚太经济注入新动力[J].中国金融,2021(24).

[138] 万志宏,戴金平.东亚货币合作的现实基础——从最优货币区指数进行的解读[J].广东社会科学,2005(03).

[139] 王栋,贾子方.新冠肺炎疫情与技术进步双重影响下的全球化趋势[J].国际论坛,2021(01).

[140] 王灏晨.2020年全球贸易形势分析与2021年展望[J].中国物价,2021(2).

[141] 王杰.金融自由化与金融风险——从美国次贷危机说起[J].经济师,2009(03).

[142] 王劲松,韩克勇,王建明.开放经济条件下我国货币政策有效性研究[J].经济问题,2006(07).

[143] 王菊红,魏冬.欧洲主权债务危机的成因分析[J].时代金融,2013(08).

[144] 王勤,赵雪霏.论中国–东盟自贸区与共建"一带一路"[J].厦门大学学报(哲学社会科学版),2020(05).

[145] 王勤.走向2025年的东盟经济共同体[J].南洋问题研究,2016(03).

[146] 王素花,高书琴.俄罗斯天然气资源基础及出口潜力[J].国际石油经济,2020(06).

[147] 王玮.对东北亚区域经济合作的再思考[J].商业经济,2008(01).

[148] 王霞,季雨."一带一路"背景下中日韩FTA缔结影响因素研究[J].北方经贸,2021(03).

[149] 王宇宸.韩国经济现状及其发展前景[J].现代经济信息,2019(13).

[150] 王玉主.中日之争与东亚合作——以"10+3"、"10+6"为主的分析[J].创新,2010(03).

[151] 王允贵.金融自由化理论诱发经济动荡[J].经济研究参考,1999(75).

[152] 韦倩青,农宁宇.后疫情时代全球产业链重构趋势与中国的应对[J].全国流通经济,2021(19).

[153] 魏建国.中非经贸合作的经验与前景[J].经济研究参考,2011(49).

[154] 吴婷婷.美国的金融自由化进程:经验、教训与启示[J].金融发展研究,2010(08).

[155] 吴伟波.中日韩自贸区：机遇、挑战与前景[J].对外经贸,2020(11).

[156] 武兰玉.以中日韩货币合作为先导的东亚货币合作模式[J].合作经济与科技,2008(17).

[157] 习近平.同舟共济克时艰,命运与共创未来——在博鳌亚洲论坛2021年年会开幕式上的视频主旨演讲[J].中国政协,2021(08).

[158] 谢伏瞻.引领区域经济合作新实践 深入构建周边命运共同体[J].当代世界,2022(04).

[159] 谢世清,刘晓璇.国际货币基金组织(IMF)的能力建设及其改革[J].国际贸易,2018(08).

[160] 谢文玉.财政政策、货币政策和汇率制度分析[J].经济师,2007(08).

[161] 熊爱宗.特别提款权的历史演变[J].中国外汇,2021(21).

[162] 徐博,威廉·瑞辛格.国际关系角色理论视角下俄罗斯对中国能源外交决策探析[J].东北亚论坛,2019(04).

[163] 徐坚.逆全球化风潮与全球化的转型发展[J].国际问题研究,2017(03).

[164] 徐梅.中日经贸合作面临历史新机遇[J].人民论坛,2022(09).

[165] 许刚雁.东北亚区域经济合作途径探析[J].商业时代,2014(10).

[166] 许国平.亚洲金融合作方式的比较分析[J].中国金融,2000(12).

[167] 许佳,付争.新冠肺炎疫情冲击下亚太地区区域化进程分析[J].亚太经济,2020(06).

[168] 薛洁琼.石油经济要闻[J].国际石油经济,2021(10).

[169] 杨春蕾,张二震.疫情冲击下全球经济治理的挑战与中国应对[J].南京社会科学,2021(02).

[170] 杨蕾,勾焕蕾.欧洲联盟军事外交及其睦邻政策初探[J].法制与社会,2009(27).

[171] 杨首国.拉美国家货币美元化问题[J].国际资料信息,2001(09).

[172] 杨涛.两大国际金融组织的是非功过[J].时事报告,2009(08).

[173] 杨玉花.论东南亚国家的金融危机与改革[J].亚太经济,1999(01).

[174] 叶敏华.新冠肺炎疫情影响下的全球产业链重构与中国应对之策[J].上海市经济管理干部学院学报,2021(01).

[175] 益达.中日韩自贸区有利于亚洲地区经济发展[J].中国对外贸易,2020(07).

[176] 余南平.新冠疫情下全球价值链结构调整特征与未来挑战[J].国际关系研究,2021(01).

[177] 余维彬.欧盟金融市场一体化进展[J].资本市场,2003(11).

[178] 袁中华."逆全球化"趋势下中国制造业价值链的重构与攀升[J].宏观经济研究,2021(08).

[179] 詹德斌.韩国对美国"印太战略"的认知与政策[J].东北亚论坛,2021(02).

[180] 张彬,胡晓珊.改革开放以来中国对外区域金融合作的回顾与展望[J].亚太经济,2018(05).

[181] 张灿华.拉美经济"美元化":原因、利弊与前景[J].现代国际关系,2000(10).

[182] 张丹."发展模式"下小组工作协同老年学习共同体的构建[J].长沙民政职业技术学院学报,2022(01).

[183] 张国庆,马立国."一带一路"倡议下中蒙科教文化关系发展现状及前景[J].内蒙古电大学刊,2021(06).

[184] 张慧智,张健.新形势下东北亚能源合作的路径:延伸与拓展[J].亚太经济,2019(01).

[185] 张建平,董亮.《区域全面经济伙伴关系协定》与亚太区域经济合作[J].当代世界,2021(01).

[186] 张健.中日俄石油期货市场发展与合作[J].俄罗斯东欧中亚研究，2019(04).

[187] 张丽娟.为何区域经济一体化再次成为潮流[J].世界知识，2020(06).

[188] 张美英，陈孝明.国际货币体系新问题探析——兼论中国的应对之道[J].江苏商论，2012(03).

[189] 张明.中国当前应推动亚洲区域金融合作[J].中国经济信息，2016(08).

[190] 张锐.世界经济2020年运行态势与2021年趋势预判(之三)[J].对外经贸实务，2021(03).

[191] 张锐.世界经济2020年运行态势与2021年趋势预判[J].东北财经大学学报，2021(01).

[192] 张姝.延边州对韩跨国劳务输出现状及影响[J].长春理工大学学报(社会科学版)，2012(06).

[193] 张天佐，郭永田，杨洁梅.基于价格支持和补贴导向的农业支持保护制度改革回顾与展望[J].农业经济问题，2018(11).

[194] 张雪鹿.人民币国际化现状与未来发展[J].中国国情国力，2020(12).

[195] 张怡姮，刘强.二十年，金融业开放奏出"最强音"[J].金融博览(财富)，2021(11).

[196] 张屹.以跨境金融合作机制推进区域贸易合作机制探讨[J].现代金融导刊，2020(07).

[197] 张子进.货币国际化影响因素及启示[J].合作经济与科技，2021(19).

[198] 赵磊.新冠肺炎疫情下的百年未有之大变局:特点与影响[J].当代世界，2021(02).

[199] 赵立新.中韩关系:能否迎来"第二个春天"?[J].延边大学学报(社会科学版),2020,(02).

[200] 赵儒煜,于亮,娜塔莉亚.大图们江国际合作回顾与展望[J].社会科学战线,2022(03).

[201] 赵雪情,谢峰.东亚区域货币合作:挑战、机遇与政策建议[J].中国货币市场,2020(05).

[202] 赵英臣.疫情后经济全球化新趋势与双循环发展格局的构建[J].人文杂志,2020(11).

[203] 赵越,刘建民,韩淑琴,等.冰上丝绸之路与北极油气资源[J].地质力学学报,2021(05).

[204] 郑建成,胡江林.经济新常态下中日韩自贸区建设影响因素研究[J].东北亚经济研究,2021(01).

[205] 郑联盛,张明.国际货币体系改革与全球金融安全机制构建:关联与问题[J].国际安全研究,2015(06).

[206] 郑长德,李海峰.论建立"中元区"的必要性和可行性[J].外国经济学说与中国研究报告,2010(00).

[207] 中国人民银行行长易纲:推动亚洲区域合作 共促绿色金融发展[J].中国金融家,2021(04).

[208] 中国社会科学院日本研究所课题组.从政局变动看日本内政外交走向——以自民党总裁选举与第49届众议院大选为中心[J].日本学刊,2021(06).

[209] 中日韩加强合作 重振东亚经济活力[J].中国对外贸易,2020(07).

[210] 钟宇平,刘漾.气候变化对金融稳定和货币政策的影响综述[J].当代金融研究,2021(Z2).

[211] 周锡生.世界大变局下的东北亚地区合作:机遇与挑战[J].国际关系研究,2020(02).

[212] 周永生.安倍政府时期日本对韩国外交政策演变：从拉拢到打压[J].当代韩国,2020(03).

[213] 周永生.中日韩自由贸易的现实障碍与前景展望[J].人民论坛·学术前沿,2020(18).

[214] 周赞文,闫娅琦.亚洲货币合作历程与前景[J].中国金融,2012(04).

[215] 朱广娇.人民币SDR权重上升意义重大[J].金融博览,2022(06).

[216] 朱显平,张建政."上海合作组织"框架下的中国与中亚国家金融合作目标及途径[J].东北亚论坛,2007(03).

[217] 诸廷助,何起东.论区域化对全球化的推动作用[J].商业研究,2005(19).

[218] 祝滨滨,支大林.金融危机背景下东北亚区域金融合作的路径选择[J].社会科学战线,2010(05).

二、论文

[1] Klad Egor.一带一路背景下俄罗斯远东地区与中国贸易研究[D].天津财经大学,2020.

[2] Popova Valentina.俄中能源合作状况与对策研究[D].苏州大学,2020.

[3] 白桦.地缘政治视角下的中国石油外交战略研究[D].电子科技大学,2006.

[4] 陈剑波.中国-东盟自由贸易区区域金融合作[D].云南财经大学,2012.

[5] 崔秀明.东北亚区域金融合作的基础研究[D].吉林大学,2009.

[6] 丁源."逆全球化"探究与中国应对[D].河北经贸大学,2020.

[7] 鄢佩.经济区域化对经济全球化的作用分析[D].云南大学,2015

[8] 韩聿芃.东亚货币一体化分析及中国的战略选择[D].青岛大学,2015.

[9] 黄嘉瑜.周边格局中的中国[D].外交学院,2020.

[10] 黄伟荣. 中国–东盟自由贸易区升级版研究[D]. 对外经济贸易大学, 2019.

[11] 金胤静(Kim Yoon Jung). 中国和韩国的中亚能源合作与外交比较研究[D]. 华东师范大学, 2015.

[12] 李宏佳. 欧洲金融合作的制度变迁研究[D]. 对外经济贸易大学, 2018.

[13] 李杨. 韩国–东盟自由贸易协定研究[D]. 西南政法大学, 2015.

[14] 梁懿贞. "冰上丝绸之路"框架下的中俄能源合作分析[D]. 山东大学, 2020.

[15] 林宣佐. 基于绩效评价的我国森林碳汇支持政策体系研究[D]. 东北农业大学, 2019.

[16] 刘春喜. 金融发展差异与中美经常项目失衡的关系研究[D]. 长沙理工大学, 2012.

[17] 刘方影. 日本与东盟经济贸易关系[D]. 东北财经大学, 2010.

[18] 马孟启. 战后日本对韩国经济外交研究[D]. 外交学院, 2022.

[19] 马兴超. 新时期东北亚区域金融合作的发展路径及中国的战略选择[D]. 浙江师范大学, 2012.

[20] 秦昌俊. 欧债危机成因及其对东亚金融合作的启示[D]. 湘潭大学, 2013.

[21] 饶译晨. 我国跨境破产核心规则研究[D]. 浙江工商大学, 2021.

[22] 沈亦豪. 俄罗斯东向能源发展战略的国际合作评估[D]. 上海社会科学院, 2020.

[23] 石晓宇. 国家身份视角下的俄罗斯能源外交研究[D]. 山东大学, 2020.

[24] 孙海霞. 货币国际化条件研究[D]. 复旦大学, 2011.

[25] 唐陶然. 新时代中俄关系研究[D]. 哈尔滨师范大学, 2020.

[26] 汪心宇. 2000年以来中美对非经贸政策比较研究[D].北京外国语大学,2020.

[27] 魏爱臣. 中日韩金融合作问题探析[D].吉林大学,2006.

[28] 吴佳丽. 单向高频隔离矩阵变换器设计与控制[D].东南大学,2021.

[29] 谢芳. 亚洲金融危机与金融自由化的机制和次序[D].暨南大学,2000.

[30] 谢锐. 东亚区域经济一体化进程中中国贸易结构变迁与经济效应研究[D].湖南大学,2011.

[31] 叶冠世. 人民币汇率制度改革的有效性研究[D].东北师范大学,2018.

[32] 张建政. 国际区域金融合作的制度分析[D].吉林大学,2008.

[33] 张健. 东北亚能源合作的路径研究[D].吉林大学,2019.

[34] 张树明. 均衡中的困境:美国对阿富汗政策研究(1947-1961)[D].南开大学,2013.

[35] 张肃. 东亚货币合作与货币竞争问题研究[D].东北师范大学,2007.

[36] 张轶. "丝绸之路经济带"背景下中国与中亚国家金融合作研究[D].陕西师范大学,2017.

[37] 张长新. 全球金融危机背景下的东北亚区域经济合作[D].吉林大学,2011.

[38] 赵怡然. 文在寅政府"新北方政策"研究[D].中共中央党校,2021.

[39] 朱小梅. 拉美国家美元化问题研究[D].武汉大学,2004.

三、相关报告

[1] 李克强.抗击疫情,复苏经济,绿色发展[R].东亚峰会,2021.

[2] 李治平.人民币国际化空间巨大[R].国金证券,2015.

[3] 易纲.推动亚洲区域合作,共促绿色金融发展[R].博鳌亚洲论坛,2021.

[4] 英国石油公司.BP世界能源统计年鉴[R].2021.

[5] 中国人民银行.2021年人民币国际化报告[R].2021.

[6] 中华人民共和国商务部.东盟经济共同体2025年蓝图[R].2015.

[7] Bank of Korea. Impacts of Climate Change Response on Industries [R].2021.

[8] Hangwei Li. From Politics to Business: How a state-led fund is investing in Africa? The case of the China-Africa[R]. Global Development Policy Center, 2021.

[9] International Energy Agency. Japan 2021 Energy Policy Review[R].2021.

[10] International Energy Agency. Korea 2020 Energy Policy Review [R].2020.

[11] Kim Seonjin. Effects of Major Countries'Climate Change Responses on Korea's Exports:Centering on Carbon Border Tax[R]. 2021.

[12] Sang-Hyup Kim. Green Finance in the Republic of Korea:Barriers and Solutions[R]. Green Finance Compilation Group of Urumqi Central Branch of the People's Bank of China,2019.

[13] 国际劳工组织.新冠病毒与全球工作[R].2021.

[14] 经济产业省.2050年カーボニュートラルに伴うグリーン成长战略 [R].令和2年.

[15] 经济产业省.成长战略实行计画[R].令和3年.

四、报刊网站

[1] 武志成,柴宴宾.加强金融物流合作 促进东北亚经济发展[N].天津日报,2007-07-26(001).

[2] 朱宝琛.众多外资机构看好中国经济缘于两大原因[N].证券日报,2021-11-27(A01).

[3] 高健. 欧美大手笔整改金融监管体系[N]. 中国证券报, 2009-12-27 (A07).

[4] 高攀, 许缘, 熊茂伶. IMF特别提款权增发助力世界经济复苏[N]. 经济参考报, 2021-08-26.

[5] 林志吟. 被新冠改写的全球疫苗行业: 辉瑞跃居首位 赛诺菲酝酿反攻[N]. 第一财经日报, 2021-08-05(A10).

[6] 柳立. "十四五"规划纲要: 开启"第二个百年"新征程的行动纲领[N]. 金融时报, 2021-04-19(009).

[7] 路虹. 日韩经贸关系呈微妙变化[N]. 国际商报, 2021-03-05(004).

[8] 亚洲金融合作协会"一带一路"合作委员会. "一带一路"金融合作的宏观政策环境(中)[N]. 中国银行保险报, 2021.

[9] 杨雪冬. 疫情危机带来全球化新动向[N]. 光明日报, 2020-05-07.

[10] 张衡. 支持自由贸易和多边贸易体制的强烈信号[N]. 中国财经报, 2022-01-01(005).

[11] 张锐. 全球金融市场: 2020年的至暗与微光(上篇)[N]. 中国财经报, 2021-01-12(005).

[12] IMF批准特别提款权增发为世界经济复苏注入"强心针", 新华社客户端, (2021-08-04). https://baijiahao.baidu.com/s?id=1707124171552958106&wfr=spider&for=pc.

[13] 百分百落实"碳中和"目标 引导未来资金技术投向绿色低碳循环发展领域, 中国发展网, (2020-11-19). https://baijiahao.baidu.com/s?id=1683753866639408380&wfr=spider&for=pc.

[14] 东盟-中日韩外长会及东亚峰会外长非正式磋商举行, 中华人民共和国中央人民政府网站, (2008-07-23). http://www.gov.cn/jrzg/2008-07/23/content_1053208.htm.

[15] 韩国能源转型挑战重重, 光明网, (2021-04-01). https://m.gmw.cn/baijia/2021-04-01/1302203751.html.

[16] 金融发展、碳金融与低碳经济, 豆丁网, (2012-01-13). https://www. docin.com/p-325208660.html.

[17] 金融合作的新发展, 豆丁网, (2012-08-06). https://www.docin.com/ p-456042617.html.

[18] 金融深化论与金融抑制论, 百度文库, https://wenku.baidu.com/view/ 8b41fd35eefdc8d376ee3261.html.

[19] 李克强出席第16届东亚峰会, 中华人民共和国中央人民政府, (2021-10-28). http://www.gov.cn/premier/2021-10/28/content_5647394.htm.

[20] 李克强出席第23次东盟与中日韩领导人会议, 中华人民共和国中央人民政府网站, (2020-11-14). http://www.gov.cn/xinwen/2020-11/14/content_5561542.htm.

[21] 李乾孙, 温雪琴. 欧洲债务危机的成因、解决途径及启示. 新湖期货研究所报告, 豆丁网转载(2011-12-06). https://www.docin.com/p-301979930. html.

[22] 欧洲债务危机浅谈, 百度文库, https://wenku.baidu.com/view/ a2bb81e8102de2bd96058896.html.

[23] 全国碳市场待启 如何调动百万亿元投资, 低碳资讯, https://xw.qq. com/partner/vivoscreen/20210526A06W2600.

[24] 日本经济复苏之路曲折坎坷, 中国债券信息网, (2021-07-22). https:// www.chinabond.com.cn/cb/cn/xwgg/zsxw/gjdt/20210722/158425099.shtml.

[25] 日本酝酿全国性碳交易市场, 光明网, (2021-09-02). https://m.gmw. cn/baijia/2021-09/02/1302530838.html.

[26] 世界能源形势及中国面临的挑战, 爱问共享资料, (2018-11-21). https://ishare.iask.sina.com.cn/f/1GYyoPxZRaxa.html.

[27] 世贸组织总干事候选人马姆杜: 世贸组织需重振多边贸易谈判, 东方网, (2020-09-08). https://j.eastday.com/p/1599541576026966.

[28] 为区域和全球经济增长注入强劲动力 ——解读区域全面经济伙伴关系协定签署, 新华社, (2020-11-16). http://www.gov.cn/xinwen/2020-11/16/1content_5561754.html.

[29] 以双循环促进经济全球化良性发展, 中国经济时报中国经济新闻网, (2020-08-05). https://lib.cet.com.cn/paper/szb_con/515048.html.

[30] 易纲: 推动亚洲区域合作 共促绿色金融发展, 金融时报, 2021-04-21, https://finance-Sina.com.cn/roll/2021-04-21/doc-ikmx2fmk8006228.shtml.

[31] 中国-东盟外交关系总结, 百度文库, https://wenku.baidu.com/view/6bb8171aa300a6c30c229fd3.html.

[32] 中国人民银行与日本银行续签货币互换协议, 新京报, (2021-10-26). https://baijiahao.baidu.com/s?id=1714643699074727429&wfr=spider&for=pc.

[33] 中日韩金融合作问题探析, 道客巴巴, (2012-04-22). https://www.doc88.com/p-588672035658.html.

[34] 中日贸易稳定增长, 人民日报, (2021-02-09). http://paper.people.com.cn/rmrb/html/2021-02/09/nw.D110000renmrb_20210209_2-17.htm.

五、著作

[1] 李玉潭, 庞德良. 经济全球化与东北亚区域经济合作[M]. 长春: 吉林人民出版社, 2009.

[2] 罗伯特·基欧汉, 约瑟夫·奈合. 权力与相互依赖[M]. 门洪华, 译. 北京: 北京大学出版社, 2002.

[3] 托马斯·皮凯蒂. 21世纪资本论[M]. 巴曙松, 译. 北京: 中信出版社, 2014.

六、论文集、电子资源

[1] 中日韩合作未来十年展望[EB/OL].中华人民共和国外交部声明公报,2019年12月24日.

[2] 2020中日韩合作展望[EB/OL].中华人民共和国外交部声明公报.2010年5月30日.

[3] 中日韩推进三方合作联合宣言[EB/OL].国务院公报,2003(33).

[4] 建设中蒙俄经济走廊规划纲要[EB/OL].中华人民共和国国家发展和改革委员会规划文本,2016年9月13日.

七、其他

[1]曹誉波.人民币储备货币份额提升可期[G].证券市场周刊,2021.

[2] 秦兵.日韩贸易战的影响分析[C]//.第十七届沈阳科学学术年会论文集,2020:1287-1290.

用坚持谱写信念,用合作推动和平

——纪念赵利济先生和他的东北亚合作事业

以本文纪念东北亚经济论坛主席赵利济先生。赵利济先生于1959年在韩国外国语大学的英文专业和韩国国民大学的政治科学专业分别获得两个学士学位,然后又前往美国深造,1962年获得乔治华盛顿大学商务和公共管理学硕士学位,1964和1965年分别获得芝加哥大学的社会学硕士、博士学位。

赵利济先生毕业后在东南亚度过了很长一段时间,见证了东盟的成立与发展。作为一个次区域的经济体,在东盟成立前后,并不宁静,伴随着其后种种矛盾的不断克服,才慢慢走向了和平。后来的东盟又逐渐成为区域经济合作共同体的成功典范,为全球的区域合作和次区域合作提供了丰富的案例和经验。这段东南亚的人生经历为赵先生后来的思想奠定了深厚的基础,也让他坚定了和平来之不易,合作才能发展的信念。

20世纪70年代后期,赵利济先生返回美国,担任坐落在美国夏威夷的重要智库东西方中心(East-West Center)的临时主席,后来就任执行副主席、主席。此后,赵利济先生利用自己长期在社会学、人口学和经济学领域的学术能力、社会网络,促进亚洲区域的各种合作。此外,赵先生刻苦学习各国语言,他的英语、日语和韩语都达到了非常高的水平。而且他的德文和西班牙文水平也不错,能够阅读德文原版图书,俄语也可以进行生活中的简单交流。除了精通多国语言以外,他还在工作之余钻研学术,于1984年获得了日本东京大学的人口学博士,于1990年获得了日本庆应大学的经济学博士,这些并不是他的荣誉学历,而是真实的学术学历。

20世纪80年代,在赵先生的倡议下,东西方中心与中国国家科学技术委员会(SSTC)建立了联合研究和对话项目,目标是不仅解决人口问题,还要解决水资源、发电管理和沿海开发问题。这是美国和中国之间最早的合作项目之一。

1980年代后期,随着大图们江流域开发项目的推进,各国专家一起进行了多次的讨论。赵利济先生作为主要协调人之一,穿梭于各国间,与各国政府、研究机构、大学和企业等探讨合作的具体办法。经过多方沟通磋商,联合国大图们江流域开发项目正式落地。在1988年新潟召开的日本海合作会议上,各国专家提议将这个合作平台固定下来,这促成了1991年在长春和天津召开的东北亚经济论坛的成立会议。会议上各国专家一致同意设立东北亚经济论坛,赵利济先生作为号召者和组织者,被当时与会的六方代表共同推举为东北亚经济论坛主席。东北亚经济论坛是一个区域性国际合作组织,其设立初始是基于大图们江开发项目的六方参与者,包括中国、日本、韩国、俄罗斯、蒙古及美国。因此东北亚经济论坛也就自然地包括了这六个国家的政府、研究机构、大学、公司企业和世行、亚行等多个合作方。东北亚经济论坛的秘书处设立在了赵利济先生的居住地夏威夷。自此以后,身兼多职的赵利济先生就开始为东北亚合作、和平和发展不断地奔走努力,耗尽心血。

东北亚经济论坛的宗旨是赞助和促进与东北亚经济合作与发展相关的研究、联系和对话。同时还致力于促进区域内人民间以及与北美人民之间的交流和理解。东北亚经济论坛还致力于加强美国与东北亚之间的合作关系。到2020年，东北亚经济论坛就已经有三十年的历史。在这段时期内，赵利济先生一直担任主席，他为区域内的交通能源建设合作、区域内的文化沟通与交流等做了大量工作，尤其在东北亚合作与开发银行设立上，几十年如一日地为之奋斗。到2019年，东北亚经济论坛完成了28次年度会议和数百次的关于能源、环境、运输和物流、通信、跨境基础设施、金融等领域的专题会议。这28次年会，分别在中国的长春、天津、沈阳、海南、香港、北京，日本的新泻、米子、富山、仙台，韩国的釜山、首尔、仁川，俄罗斯的符拉迪沃斯托克（海参崴）、哈巴罗夫斯克，蒙古的乌兰巴托，朝鲜的平壤，美国的夏威夷火奴鲁鲁、阿拉斯加的安克雷奇等地召开。每次的年会都会吸引大量的政界要员、学者、专家、企业家的广泛关注和参与，也都获得了丰硕的成果。

在历次的年会中，最受人瞩目的是推动设立东北亚合作与开发银行。在东北亚地区设立区域性金融机构的构想，最初是在1991年东北亚经济论坛第一次年会上提出的。此次会议上，当时的中国国务院发展研究中心主任马洪先生和韩国前总理南德佑先生不约而同地提出了建立东北亚区域性金融机构的建议，并得到了当时与会者的普遍支持。当时提议的机构名称为东北亚开发银行。到2004年，为避免被视为亚洲开发银行的分支机构，天津市有关部门建议改名为东北亚银行。后来经过各国专家商谈正式确定新的金融机构名字为东北亚合作与开发银行。

此后，在历次的东北亚经济论坛年会上，推动建立东北亚（开发）银行都成为重要的议题。例如1991年天津会议、1993年韩国龙坪金融专题会议和1997年乌兰巴托会议上，东北亚（开发）银行的议题都得到了充分的讨论和研究。此外，东北亚经济论坛还专门组织了大量的人力物力进行研究和推动。东北亚经济论坛还特别委托亚洲开发银行前常务副行长、美国财政部前副部长Stanley Katz主持研究，提出了建立东北亚（开发）银行的可行性报告，并得到了热烈的反响。1999年10月，在天津召开的第九届东北亚经济会议上,继续讨论东北亚(开发)银行课题,会后发表的天津宣言特别强调了东北亚各国准备共同促进建立东北亚(开发)银行并宣布成立东北亚银行特别委员会。此后的每次年会,银行议题都得到了充分的论证和支持。另外特别委员会还分别在天津、洛杉矶、夏威夷、东京等地举行了六次会议,专门探讨这一问题,特别委员会专家也基本达成了一致的赞同意见。历次会议也形成了一系列关于设立银行的可行性与必要性的历史文件和宝贵的研究资料。在历次的东北亚银行特别委员会会议上,赵先生最先意识到中国参与推动区域金融合作的重要作用,也对中国天津市从地方政府角度孜孜追求设立东北亚银行的大局观和研究精神非常钦佩和肯定。因此,在赵先生力排众议,积极倡议并身体力行地推动下,最终在2008年11月,在天津南开大学设立了东北亚金融合作研究中心(以下简称"研究中心")。中国全国人大常委会前副委员长蒋正华先生担任了名誉理事长,这个国际化的研究机构的主要负责人、督导和顾问委员会成员均为享有国际声誉的知名专家。中心为东北亚金融合作提供了大量的研究报告,为东北亚乃至亚洲金融合作研究打下了坚实的基础。

值得注意的是,东北亚银行的民间筹备论证尽管比较充分,但一直未能在政府层面取得明显进展,这是由东北亚地区政治经济环境决定的。早期的问题是日本作为发达国家,也是亚洲开发银行的最主要的设立国,对次区域开发性金融机构的态度并不明朗。韩国虽然十分积极,但始终希望将东北亚银行与朝鲜半岛的政治问题关联。而中国的国力在1990年代距离发达国家的差距依然较大,加上韬光养晦的原则,导致前期的研究虽然热烈,但是在具体落实方面很难得以切实地推进。进入2000年以后,中国经济的迅速崛起给东北亚区域的政治经济格局和地缘政治都带来了巨大的变化。无论在区域内还是区域外,中国的经济政治影响力已经达到了一个新的高度,已经具备了首先启动区域性跨国金融机构的各种条件,并且中国要求建立东北亚银行的需求也更加强烈。中国走向世界的步伐逐渐加快,地缘政治经济环境的稳定是中国的迫切需求。鉴于东北亚地区复杂的历史、政治等各方面的现实情况,率先推动建立这样的区域性金融机构,不仅能够使中国提高区域内的地位,而且能够增强世界对中国经济发展的信心并为地区的政治经济稳定做出重要贡献。因此,中日韩三方的态度都有了明显的转变。日本内部意识到东北亚区域的和平合作与发展是21世纪最为关键的方向,因此态度发生转变。中国也逐渐意识到了随着经济的增长,需要承担更多的国际责任,而且原有的国际经济秩序和规则理应进行调整,需要提升国际话语权,这也就使得中国更加积极。

2010年后,中国的国际影响力进一步增强。建立以本国为主的国际金融机构的需求更加明确。上海合作组织银行、金砖银行的提议纷纷推出,快速设立这样的国际金融机构成为中国当时的主要需求。东北亚金融合作以其丰富的研究,被越来越多的有织之士所认可。在成立东北亚银行尚需时机,无法快速实现的情况下,东北亚金融合作的理念、研究文献,被后来中国开展的许多国际多边金融合作事业所借鉴和采纳。

2020年8月,因为新冠疫情的影响,原计划召开的第29届东北亚经济论坛年会转为线上举办,各国的专家学者利用互联网会议渠道,分别就全球经济与东北亚区域的交通物流、能源环境和疫情影响下的东北亚旅游业,特别是对进一步推动东北亚金融合作进行了详细的研讨。赵利济先生主持了本次会议。彼时的各位专家,在网络上互道尊重,期待着疫情之后能够继续合作,推动东北亚区域经济的进一步发展。

然而,仅仅两个月后,噩耗传来。赵利济先生在夏威夷医院中进行常规体检时感染了新冠肺炎,84周岁的老人最终没能战胜病魔,于美国夏威夷当地时间2020年11月1日凌晨4点与世长辞。留下的是东北亚区域合作未竟的事业,和他永不放弃、永不言败的努力精神。

在赵先生离世之前,身体一直很好。2015年,赵先生在北京会议期间,曾经在浴室滑倒,眉骨摔伤,出了一个巨大的伤口,缝了40多针。但是赵先生一直坚持完成会议。他回到美国的时候，进行了全面的体检，医生形容他身体健康，八十岁的人具有一颗六十岁一样强壮的心。他也一直坚持锻炼。但是可惜的是，他最终没能躲过异常凶狠的新冠疫情。

现在想来，他给我们留下的，令我们回忆颇深的更多的是他坚持乐观的精神。他曾经这样回顾：东北亚合作的道路其实很崎岖，但是我们却也不必沮丧。很多的历史进程充满了偶然性，但是偶然中也还有着必然。坚持不一定就会成功，但是坚持就总会有机会实现。赵先生在会议上最喜欢引用李白《行路难》中的几句话，"行路难、行路难，多歧路、今安在？乘风破浪会有时，直挂云帆济沧海"。天津市原副市长、天津市人大常委会原副主任王述祖先生，在参加东北亚金融合作专题会议时曾赠送赵先生一副仿郑板桥的画，画上提诗也让赵先生深有感触："咬定青山不放松，立根原在破岩中，千磨万击还坚劲，任尔东西南北风"。这也成为赵利济先生后来经常吟诵的诗句。在这种坚持的品格下，他一直没有放弃东北亚合作的事业。

很遗憾的是，他期待的东北亚合作的硕果最终还是没能亲眼见到。但是幸运的是，东北亚经济论坛的事业还将由我们继续下去、坚持下去。疫情之后，年会继续，青年班也会继续。他未竟的事业，我们将替他完成。

最后，我们想引用杜甫称赞诸葛亮的诗来缅怀赵利济先生：

丞相祠堂何处寻，锦官城外柏森森。

映阶碧草自春色，隔叶黄鹂空好音。

三顾频烦天下计，两朝开济老臣心。

出师未捷身先死，长使英雄泪满襟。

——《蜀相》

2022 年 12 月 1 日

后　记

　　第二次世界大战以后，特别是朝鲜战争之后，东北亚区域地缘政治格局看起来一直处于剑拔弩张的状态。朝核问题，中日、韩日、日俄之间此起彼伏的领土争端问题，历史教科书问题，慰安妇问题，日本对历史问题的自省不足等一系列问题，似乎从未停止。但事实上，与世界其他有着矛盾重重的次区域相比，这个区域内各国的表现却是相当理性的，诸多问题仅仅局限在各国外交和社会层面互相的口诛笔伐。而在经济合作方面，东北亚各国的合作态度都十分务实。这也使得无论区域内各国的政局如何变幻，在竞选时的态度如何激进，但最后各国执政纲领在区域关系方面一直都相对比较稳定。这当然最主要得益于各国的经济合作。作为区域内最重要经济体的中日韩三国，在过去的七十年里经济发展速度迅猛，都逐渐摆脱了贫穷落后，使本区域成为世界上最富庶的地区之一。而且随着经济腾飞，各国的合作空间越来越大，相互之间的经济依存度和经济利益远远超出矛盾。这让各国发生剧烈政治军事冲突的意义大大降低。

　　随着几十年过去，东北亚与全球的格局一样，来到了一个关键的转折期。中国的经济腾飞本来有利于区域内的进一步合作。但是，这让在东北亚区域内有着显著存在感的美国感受到了巨大的危机。事实上，东北亚区域一直以来都受到美国的巨大影响,日韩两国很大程度上被美国所制约,因此区域内地缘政治情况很难避免受中美关系的影响。自中美建交以来,中美之间一直保持着相对稳定的关系,区域内的各种矛盾也就有所克制。但是当美国战略转身,将中国视为其主要竞争对手,甚至可能将中国当作敌人的时候,形势就产生了非常大的变数。当然,这需要各国通过高超的政治智慧去化解问题和矛盾。

在过去的几十年里,东北亚区域内各国的领导人和有识之士都从历史中吸取教训,通过各种交流、呼吁、研究和合作,以和平为前提,以合作为手段,以发展为目标,引导着东北亚区域越来越理性化,发展越来越繁荣。因此,我们有理由相信,即使外部条件有所转变,和平、合作和发展仍然对东北亚人民至关重要,我们不会因为眼前的困境就放弃寻求和平与合作的路径。这应该是广大东北亚人民的共识。

合作的路径有很多,从我们共同的实践来看,经济合作的稳健有助于提升各国人民的生活水平,在贸易、能源、环境、气候、人文、旅游等各领域,东北亚区域合作都有着得天独厚的优势。东北亚金融合作研究中心,正是在这样的背景下,由东北亚经济论坛、天津市人民政府和南开大学于2008年共同成立。中日韩等国的很多政要、前政要、政府高级官员、著名专家学者和研究人员,对东北亚金融合作研究中心的设立和后续的研究都曾做出非常重要的贡献。东北亚金融合作研究中心在过去的十几年中做出了很多重量级的研究,特别是在2017年,东北亚金融合作研究中心为了总结历史,同时也是为了纪念研究中心创始人之一,著名金融学家马君潞教授,出版了《东北亚金融合作:历程与展望》一书,引起了较大的社会反响,取得了区域内各国专家学者的一致赞誉。

此后的五年时间,全球遇到了新冠肺炎病毒以及诸如环境、能源、气候、贸易,甚至战争等更大的变局,东北亚金融合作事业显然也需要更多地重新思考。同时,在这段时间内,推动东北亚金融合作的重量级专家,中国亚太研究会会长邹平先生，东北亚经济论坛主席赵利济先生先后离世，这给我们东北亚金融合作事业带来了巨大的损失。为了纪念，更是为了展望，我们研究、探讨并出版了《东北亚金融合作：未来十年》一书。我们期待着能够抛砖引玉，开展更理性的思考，启发青年学者们，更加努力地向着未来前行。

最后，特别感谢王述祖先生、张晓雁先生在本书的策划和写作过程中给予的重要帮助和咨询。感谢范小云教授作为全国政协委员一直以来对东北亚金融合作事业的孜孜推动。该书由刘澜飚、柳明负责全书总体的编撰、校订工作，同时感谢在本书的初稿写作、完成和校对过程中付出心血和努力的南开大学金融学院袁新（第一章）、刘孟翔（第二章）、潘美岑（第三章）、江荣（第四章）、田建男（第五章）、王鹤然（第六章）、王乡怡（第七章）、张瑞韬（第八章）、黄兆彤（第九章）、邸超伦（全书审校）等的辛苦工作。

刘澜飚

2022 年 12 月 12 日

于南开大学津南校区